U0937968

铁路职工岗位培训系列教材

铁路电力线路工（理论部分）

中国铁路呼和浩特局集团有限公司　编

中国铁道出版社有限公司

2024年·北　京

内 容 简 介

本书为中国铁路呼和浩特局集团有限公司编写的“铁路职工岗位培训系列教材”之一，介绍了铁路电力线路工应该掌握的理论知识。书中包括：电工和工程力学等基础知识；电力供电系统，电力常用材料、仪器仪表、工具、安全用具、设备，电力设备的运行、维护、施工，电力远动技术以及电力应急故障处理等专业知识；铁路电力系统相关基础知识。

本书适合铁路电力线路工工种及相关人员培训及自学使用。

图书在版编目(CIP)数据

铁路电力线路工. 理论部分 / 中国铁路呼和浩特局集团有限公司编. -- 北京 : 中国铁道出版社有限公司, 2024. 9. --(铁路职工岗位培训系列教材). -- ISBN 978-7-113-31461-3

Ⅰ. U22

中国国家版本馆 CIP 数据核字第 202405K9R9 号

书　　名：**铁路电力线路工**(理论部分)
作　　者：中国铁路呼和浩特局集团有限公司

责任编辑：魏　娟　　　　**编辑部电话**：(010)51873116
编辑助理：刘雪庭
封面设计：郑春鹏
责任校对：苗　丹
责任印制：高春晓

出版发行：中国铁道出版社有限公司(100054，北京市西城区右安门西街 8 号)
网　　址：http://www.tdpress.com
印　　刷：天津嘉恒印务有限公司
版　　次：2024 年 9 月第 1 版　2024 年 9 月第 1 次印刷
开　　本：787 mm×1 092 mm　1/16　**印张**：15.75　**字数**：366 千
书　　号：ISBN 978-7-113-31461-3
定　　价：108.00 元

版权所有　侵权必究

凡购买铁道版图书，如有印制质量问题，请与本社读者服务部联系调换。电话：(010)51873174

打击盗版举报电话：(010)63549461

编 委 会

主　　任：田春亮

副 主 任：魏秀琴　张燕铭

主　　编：李铁楠　胡建龙　姜海春　郭妍君
（按姓氏笔画排序）　黄钰欣

主　　审：胡建龙　李春龙

前　言

技能是强国之基、立业之本，技能人才是支撑铁路高质量发展的重要力量。为加强铁路专业技能人才队伍建设，加快铁路创新型、应用型、技能型人才培养，依据铁路特有工种技能培训规范，中国铁路呼和浩特局集团有限公司组织编写了铁路职工岗位培训系列教材。

本教材从各工种岗位实际出发，注重专业性、实用性和指导性。教材内容主要包括基础知识篇、专业知识篇和相关知识篇三部分。各篇章节内容紧扣培训规范，通过深入浅出的讲解，力求通俗易懂。本教材可作为铁路职工岗位培训和业务学习用书，亦可供有兴趣的职工自学使用。

本教材由中国铁路呼和浩特局集团有限公司教材编审委员会组织，集团公司运输、客运、货运、机务、工务、电务、车辆及供电部编写、审稿，职工培训部校订并实施完成。本书第一章、第五章、第六章及第八章由黄钰欣编写；第二章由姜海春编写；第三章、第七章、第十一章及第十二章由郭妍君编写；第四章、第九章及第十章由李铁楠编写；第十三章由胡建龙编写。胡建龙、李春龙审核。在此对所有编审人员及支持帮助本书编写的同志表示衷心的感谢。

本教材编写时间较短，难免存在疏漏之处，欢迎读者朋友予以批评指正。

编委会

2024 年 7 月

目 录

第一篇 基础知识

第二篇 专业知识

第三篇　相关知识

第一篇　基础知识

第一章 电工基础知识

第一节 交直流电路的基础概念

一、电路的概念

电路是电流流通的路径，也就是由各种元器件（或电工设备）按一定方式连接起来的总体，它既能实现电能的传输、分配与转换，也能实现信号的传递与处理。

（一）电路的基本组成

电路的基本组成包括以下四个部分：

1. 电源（供能元件）：为电路提供电能的设备和元器件，将非电能（如化学能、光能、机械能等）转化为电能。

2. 负载（耗能元件）：使用（消耗）电能的设备和元器件（如灯泡等用电器），将电能转化成其他形式的能量。

3. 控制元件：控制电路工作状态的元器件或设备（如开关等），起着接通、断开、保护、测量电路的作用。

4. 连接导线：连接电源和负载的导体，为电能提供通路并传输电能，将电气设备和元器件按一定方式连接起来（如各种铜、铝电缆线等）。

（二）电路的工作状态

1. 通路（闭路）：电源与负载接通，电路中有电流通过，电气设备或元器件获得一定的电压和电功率，进行能量转换。在实际电路中，往往根据负载的大小分为满载、轻载、过载三种情况。负载在额定功率条件下的工作状态称为额定工作状态或满载，低于额定功率条件下的工作状态称为轻载，高于额定功率条件下的工作状态称为过载。过载容易损坏用电设备及供电设施，所以电路不允许出现过载现象。

2. 短路：如果电路的负载被零阻值的导体接通，则该部分负载就处于短路状态。短路状态下，电路部分电流（短路电流）会比正常工作电流大很多。输出电流过大对电源来说属于严重过载，如没有保护措施，电源或电器会被烧毁或发生火灾，所以通常要在电路或电气设备中安装熔断器、熔丝等保护装置，以避免发生短路时出现不良后果。

3. 开路（断路）：电路中没有电流通过，又称为空载状态。

二、电流的基本概念

（一）电流的定义

电路中导体内部存在大量自由电子，当导体在外电场作用下，里面的自由电子就会做定向移动形成电子电流。而电工学中对电流方向的定义是正电荷的流动方向，也就是跟电子电流方向相反的方向，其大小等于在单位时间内通过导体横截面的电量。

电流的单位为安培(A)，常用的单位还有毫安(mA)、微安(μA)、千安(kA)等，它们与安培的换算关系为：1 mA＝10^{-3} A；1 μA＝10^{-6} A；1 kA＝10^{3} A。

（二）直流电流

直流电流(DC)是指电流在电路中沿着一个方向持续不变的电流。直流电流的特点是电流方向固定，不会周期性地改变。如果电流的大小及方向都不随时间变化，即在单位时间内通过导体横截面的电量相等，则称之为恒定电流，用大写字母“I”表示。

（三）交流电流

交流电流(AC)是指电流在电路中周期性地改变方向的电流。交流电流的特点是电流方向随时间呈周期性变化，通常以正弦波形式表示。正弦交流电是一种特殊形式的交流电流，其电流随时间变化的规律符合正弦函数的特性，交流电流的瞬时值用小写字母 i 或 $i(t)$ 表示。正弦交流电在电力系统中应用广泛，因为它的性质使得在传输和变换过程中能够更容易地进行分析和计算。

三、电压的基本概念

（一）电压的定义

电压是指电路中 A、B 两点之间的电位差(简称为电压)。电压是推动电荷定向移动形成电流的原因，电流能够在导线中流动是由于在电流中存在高电势和低电势的差别。其大小等于单位正电荷因受电场力作用从 A 点移动到 B 点所做的功，电压的方向规定为从高电位指向低电位方向。

电压的单位为伏特(V)，常用的单位还有毫伏(mV)、微伏(μV)、千伏(kV)等，它们与伏特的换算关系为：1 mV＝10^{-3} V；1 μV＝10^{-6} V；1 kV＝10^{3} V。

（二）直流电压与交流电压

如果电压的大小及方向都不随时间变化，则称之为稳恒电压或恒定电压，简称为直流电压，用大写字母“U”表示。

电压的大小及方向均随时间按正弦规律做周期性变化，则称为交流电压。交流电压的瞬时值要用小写字母“u”或“$u(t)$”表示。

四、电阻元件的基本概念

（一）电阻的定义

电阻是描述导体对电流阻碍能力的物理量。导体的电阻越大，表示导体对电流的阻碍作用越大。不同导体，电阻一般不同，电阻是导体本身的一种特性。电阻的量值与导体的材料、形状、体积以及周围环境等因素有关。导体的电阻通常用字母“R”表示。

电阻的单位为欧姆(Ω)，常用的单位还有千欧(kΩ)、兆欧(MΩ)，它们与欧姆的换算关系为：1 kΩ＝10^{3} Ω；1 MΩ＝10^{6} Ω。

（二）电阻率

电阻率又叫电阻系数或比电阻，是衡量电性能好坏的一个物理量，用字母“ρ”表示，单位为欧·平方毫米/米($\Omega \cdot mm^2/m$)。电阻率在数值上等于用该种物质做的长度为 1 m,截面积为 1 mm^2 的导线,在温度为 20 ℃时的电阻值。电阻率越大,则电阻越大,导电性能越低。

五、电容元件的基本概念

(一)电容的定义

在工程技术中,电容器的应用极为广泛。电容器虽然品种、规格各异,但就其构成原理来说,电容器都是由间隔以不同介质(如云母、绝缘纸、空气等)的两块金属板组成。当在两极板加上电压后,两极板上分别聚集起等量的正、负电荷,并在介质中建立电场而具有电场能量。将电源移去后,电荷可继续聚集在极板上,电场继续存在。所以电容器是一种能储存电荷或者说储存电场能量的元器件。电容元件就是反映这种物理现象的电路模型,用字母“C”表示,单位为法拉(F)。

(二)电容的作用

1. 旁路

旁路电容是为本地器件提供能量的储能器件,它能使稳压器的输出均匀化,降低负载需求。

2. 去耦

去耦,又称解耦。去耦电容就是起到一个“电池”的作用,满足驱动电路电流的变化,避免相互间的耦合干扰,在电路中进一步减小电源与参考地之间的高频干扰阻抗。

3. 滤波

从理论上说(即假设电容为纯电容),电容越大,阻抗越小,通过的频率也越高。但实际上超过 1 μF 的电容大多为电解电容,有很大的电感成分,所以频率高后反而阻抗会增大。

4. 储能

储能型电容器通过整流器收集电荷,并将存储的能量通过变换器引线传送至电源的输出端。电压额定值为 DC 40～450 V、电容值在 220～150 000 μF 之间的铝电解电容器是较为常用的。根据不同的电源要求,器件有时会采用串联、并联或其组合的形式,对于功率超过 10 kW 的电源,通常采用体积较大的罐形螺旋端子电容器。

六、电感元件的基本概念

(一)电感的定义

电感是导体的一种性质,用导体中感生的电动势或电压与产生此电压的电流变化率之比来量度。稳恒电流产生稳定的磁场,不断变化的电流(交流)或涨落的直流产生变化的磁场,变化的磁场反过来使处于此磁场的导体产生感生电动势。感生电动势的大小与电流的变化率成正比,比例因数称为电感,用字母“L”表示,单位为亨利(H)。

(二)自感

当线圈中有电流通过时,线圈的周围就会产生磁场。当线圈中电流发生变化时,其周围的磁场也产生相应的变化,此变化的磁场可使线圈自身产生感应电动势,也叫感生电动势(电动势用以表示有源元件理想电源的端电压),这就是自感。

（三）互感

两个电感线圈相互靠近时，一个电感线圈的磁场变化将影响另一个电感线圈，这种影响就是互感。互感的大小取决于电感线圈的自感与两个电感线圈耦合的程度，利用此原理制成的元件叫作互感器。

七、半导体材料的基本概念

（一）半导体的定义

半导体指常温下导电性能介于导体与绝缘体之间的材料。其导电性可受控制，范围可从绝缘体至导体之间变化。

（二）半导体的分类

半导体材料很多，按化学成分可分为元素半导体和化合物半导体两大类。

锗和硅是最常用的元素半导体；化合物半导体包括第Ⅲ和第Ⅴ族化合物（砷化镓、磷化镓等）、第Ⅱ和第Ⅵ族化合物（硫化镉、硫化锌等）、氧化物（锰、铬、铁、铜的氧化物），以及由Ⅲ～Ⅴ族化合物和Ⅱ～Ⅵ族化合物组成的固溶体（镓铝砷、镓砷磷等）。

除上述晶态半导体外，还有非晶态的玻璃半导体、有机半导体等。

此外，还有按照其所处理的信号，可以分成模拟、数字、模拟数字混合及功能进行分类的方法。

第二节　简单交直流电路的计算

一、直流电路计算公式

（一）欧姆定律

1. 无源支路（图 1-1）

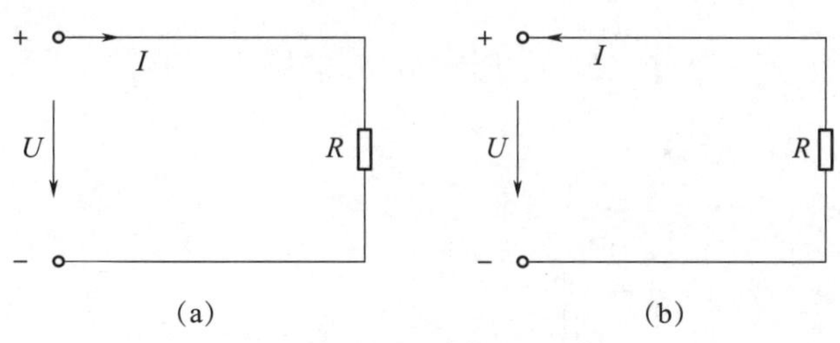

图 1-1　无源支路

$$I=\pm\frac{U}{R} \tag{1-1}$$

式中　U——支路端电压，单位为 V；

I——支路电流，单位为 A；

R——支路电阻，单位为 Ω。

当 U 与 I 同向取"+"号，如图 1-1(a)所示，即 $I=\frac{U}{R}$；否则取"−"号，如图 1-1(b)所示，

即 $I=-\dfrac{U}{R}$。

2. 有源支路(图 1-2)

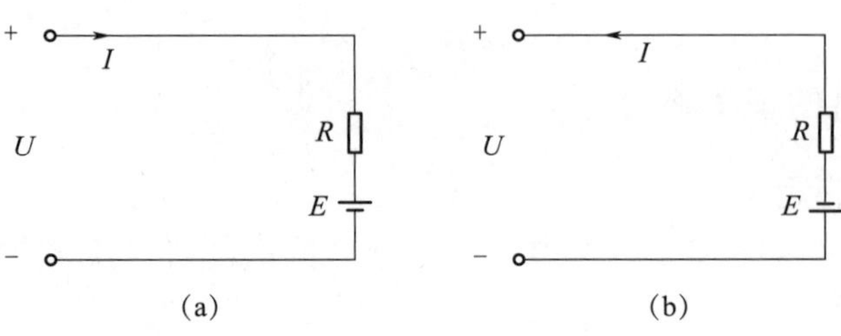

图 1-2　有源支路

$$I=\frac{\pm U \pm E}{R} \tag{1-2}$$

式中　E——支路电动势，单位为 V；

U、I、R 与无源支路相同。

当 U 与 I 同向、E 与 I 同向取“＋”号，如图 1-2(a)所示，即 $I=\dfrac{U-E}{R}$；否则取“－”号，如图 1-2(b)所示，即 $I=\dfrac{-U-E}{R}$。

3. 全电路(图 1-3)

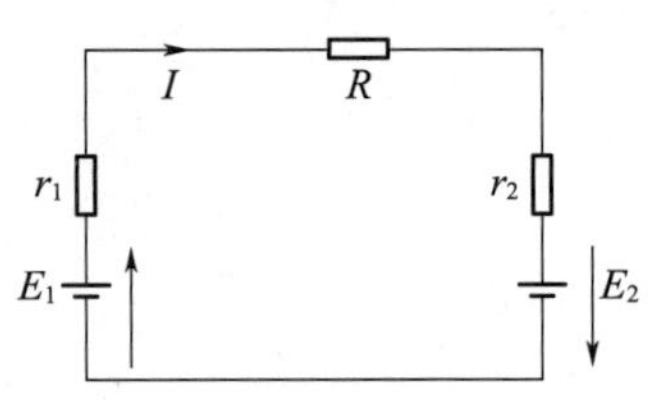

图 1-3　全电路

$$I=\frac{\pm E_1 \pm E_2}{\sum R} \tag{1-3}$$

式中　E_1,E_2——回路电动势，单位为 V；

I——回路电流，单位为 A；

$\sum R$——回路电阻之和，单位为 Ω。

当 E_1、E_2 与 I 同向取“＋”号，即 $I=\dfrac{E_1+E_2}{R+r_1+r_2}$；否则取“－”号。

（二）电阻串、并、复联

1. 串联(图 1-4)

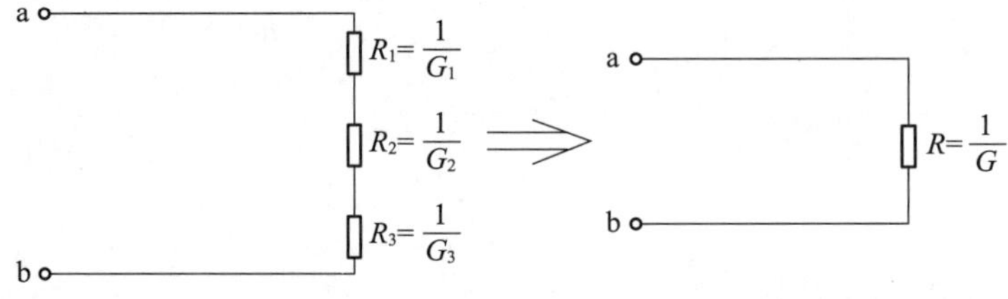

图 1-4　电阻串联

串联电阻计算公式为

$$R=R_1+R_2+R_3+\cdots \tag{1-4}$$

串联电导计算公式为

$$G=\frac{1}{\frac{1}{G_1}+\frac{1}{G_2}+\frac{1}{G_3}+\cdots} \tag{1-5}$$

当 $R_3=0$ 时，R_2 上的分电压为

$$U_2=\frac{R_2}{R_1+R_3}U_{ab} \tag{1-6}$$

式中 U_{ab}——a、b 两端端电压，单位为 V；

$\frac{R_2}{R_1+R_3}$——分压比。

2. 并联(图 1-5)

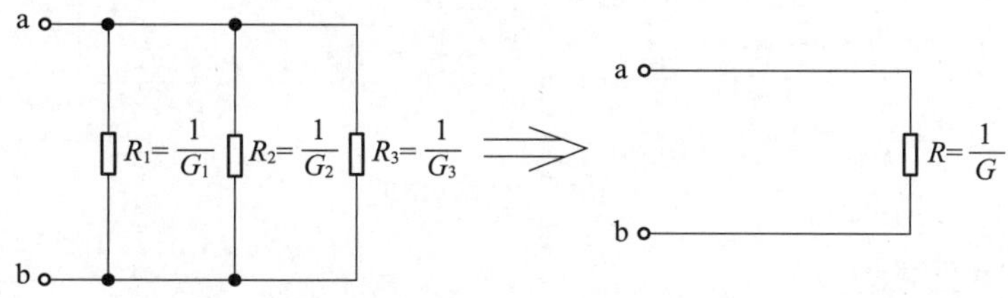

图 1-5　电阻并联

并联电阻计算公式为

$$\frac{1}{R}=\frac{1}{R_1}+\frac{1}{R_2}+\frac{1}{R_3}+\cdots \tag{1-7}$$

并联电导计算公式为

$$G=G_1+G_2+G_3+\cdots \tag{1-8}$$

当 $R_3=0$ 时，R_2 上的分电流为

$$I_2=\frac{R_1}{R_1+R_2}I_{ab} \tag{1-9}$$

式中 I_{ab}——流经 a、b 的端电流，单位为 A；

$\frac{R_1}{R_1+R_2}$——分流比。

3. 复联(图 1-6)

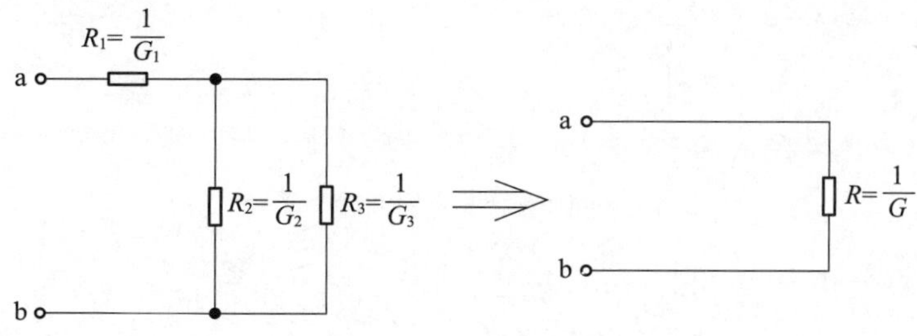

图 1-6　电阻复联

复联电阻计算公式为

$$R = R_1 + \frac{R_2 R_3}{R_2 + R_3} \tag{1-10}$$

复联电导计算公式为

$$G = \frac{1}{\frac{1}{G_1} + \frac{1}{G_2 + G_3}} \tag{1-11}$$

（三）电容器串、并联

1. 串联(图 1-7)

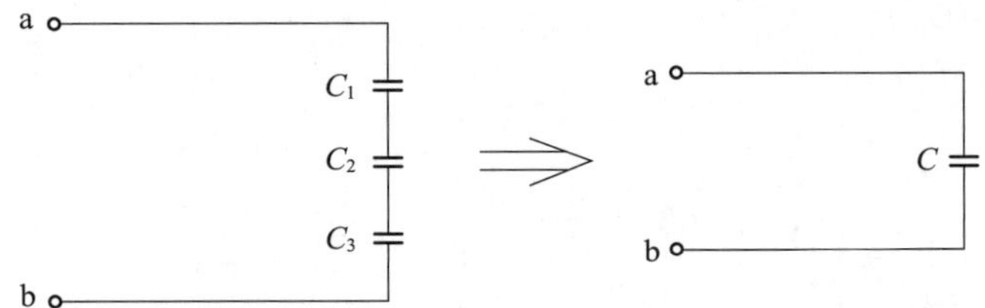

图 1-7　电容器串联

串联电容计算公式为

$$\frac{1}{C} = \frac{1}{C_1} + \frac{1}{C_2} + \frac{1}{C_3} + \cdots \tag{1-12}$$

当 n 个相等的 C_0 串联时，$C = \frac{1}{n} C_0$；

当 C_3 被短路时，C_2 上的分电压为

$$U_{C2} = \frac{C_1}{C_1 + C_2} U_{ab} \tag{1-13}$$

式中　U_{ab}——a、b 两端端电压，单位为 V；

$\frac{C_1}{C_1 + C_2}$——电容分压比。

2. 并联(图 1-8)

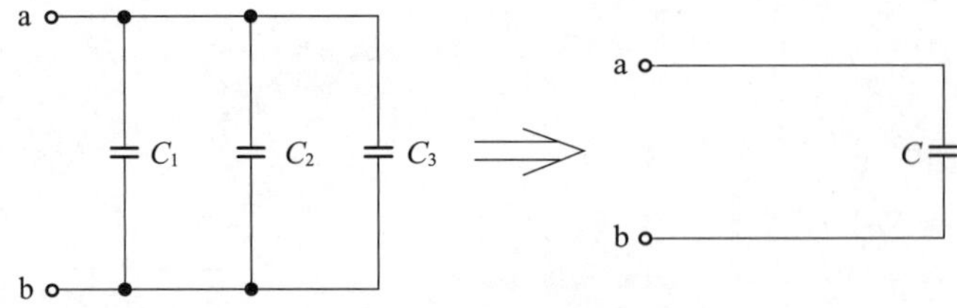

图 1-8　电容器并联

并联电容计算公式为

$$C = C_1 + C_2 + C_3 + \cdots \tag{1-14}$$

当 n 个相等的 C_0 并联时，$C = nC_0$。

（四）电源串联（图 1-9）

串联电源计算公式为

$$E = E_1 + E_2 + \cdots E_n \tag{1-15}$$

$$I = I_1 + I_2 + \cdots + I_n \tag{1-16}$$

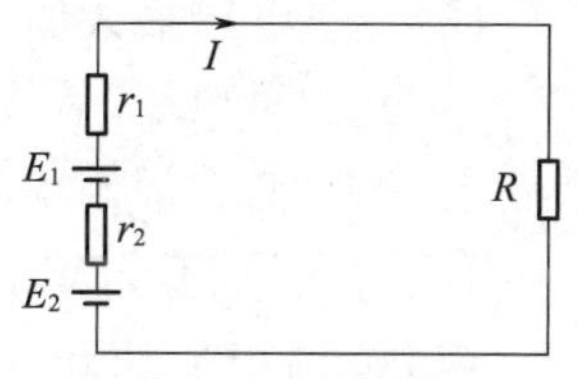

图 1-9 电池串联

r_1、r_2 分别为电源的内阻，当 n 个电池的电动势均为 E_0，内阻均为 r_0，此时电流的计算公式为

$$I = \frac{nE_0}{R + nr_0} \tag{1-17}$$

（五）功率

电源输出功率计算公式为

$$P = UI = I^2R = \frac{U^2}{R} \tag{1-18}$$

式中 P——功率，单位为 W；

U——电压，单位为 V；

I——电流，单位为 A；

R——电阻，单位为 Ω。

I 不变（电阻串联）时，P 与 R 成正比；U 不变（电阻并联）时，P 与 R 成反比。

二、交流电路计算公式

（一）周期和频率（图 1-10）

周期表示交流量变化一周所需时间，频率表示 1 s 内交流量变化的次数。周期和频率的计算公式为

$$T = \frac{1}{f} = \frac{2\pi}{\omega} \tag{1-19}$$

式中 T——周期，单位为 s；

f——频率，单位为 Hz；

ω——角频率，单位为 rad/s。

（二）正弦交流电压（图 1-11）

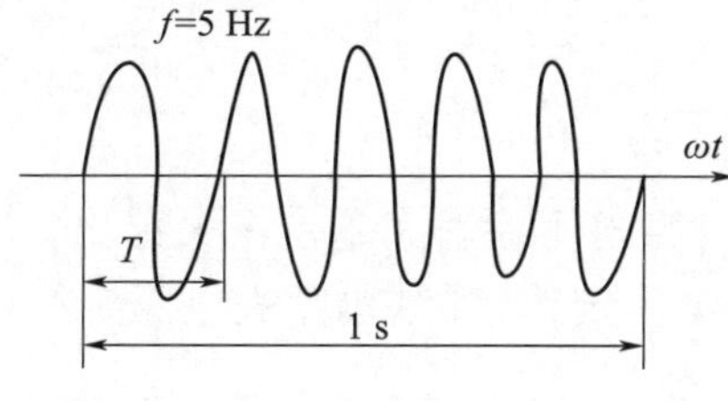

图 1-10 周期和频率

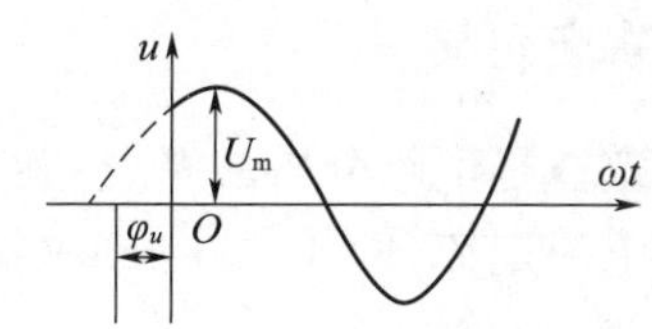

图 1-11 正弦交流电压

正弦交流电压的计算公式为

$$u = U_m \sin(\omega t + \varphi_u) \tag{1-20}$$

式中 u——电压瞬时值，单位为 V；

U_m——电压最大值，单位为 V；

ω——角频率，单位为 rad/s；

φ_u——电压初相角，单位为 rad。

（三）正弦交流电流（图 1-12）

正弦交流电流的计算公式为

$$i = I_m \sin(\omega t + \varphi_i) \tag{1-21}$$

式中 i——电流瞬时值，单位为 A；

I_m——电流最大值，单位为 A；

ω——角频率，单位为 rad/s；

φ_i——电流初相角，单位为 rad。

（四）电流最大值、有效值、平均值（图 1-13）

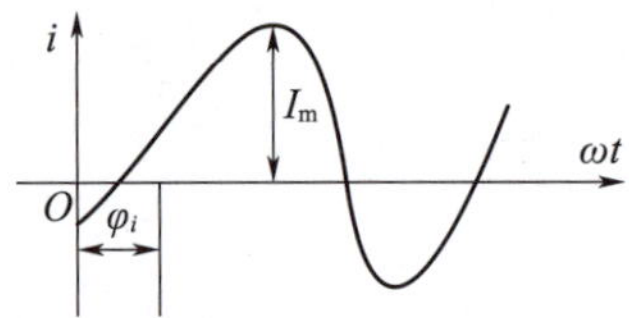

图 1-12　正弦交流电流

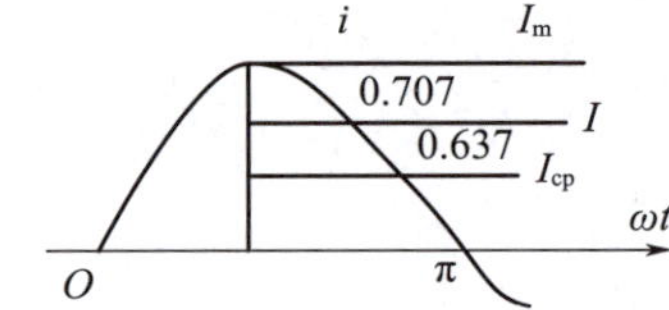

图 1-13　电流最大值、有效值、平均值

电流有效值的计算公式为

$$I = \frac{I_m}{\sqrt{2}} = 0.707 I_m \tag{1-22}$$

电流平均值的计算公式为

$$I_{cp} = \frac{2}{\pi} I_m = 0.637 I_m \tag{1-23}$$

式中 I——电流有效值，单位为 A；

I_m——电流最大值，单位为 A；

I_{cp}——电流平均值，单位为 A。

第三节　电路分析的基本定律

一、基尔霍夫定律

基尔霍夫定律是电路分析的重要定律，由德国物理学家基尔霍夫提出。基尔霍夫定律包括基尔霍夫电流定律（KCL，或称基尔霍夫第一定律）和基尔霍夫电压定律（KVL，或称基尔霍夫第二定律）。

（一）基尔霍夫电流定律

在任一瞬间，流入任意一个节点的电流之和必定等于从该节点流出的电流之和，所有电流均为正，即

$$\sum i_{入} = \sum i_{出} \tag{1-24}$$

如果规定流入节点的电流为正，流出节点的电流为负，则在任一瞬间，通过任意一节点电流的代数和恒等于零，即

$$\sum i = 0 \tag{1-25}$$

基尔霍夫电流定律从本质上反映了电路中电荷守恒的原则，运用基尔霍夫电流定律时应注意：

1. 通过任意节点支路电流的代数和等于零。首先需要假定各支路电流的参考方向，这样各支路电流都是代数量，在列节点 KCL 方程时，可以规定流入节点的电流为正，流出节点的电流为负（也可以进行相反的规定）。流入节点的电流必然等于流出节点的电流，即通过节点各支路电流的代数和等于零。

2. 基尔霍夫电流定律与电路元件的性质无关。

3. 基尔霍夫电流定律不仅适用于电路中任何一个节点，也可以推广应用于包围部分电路的任何一个假想的封闭面（该封闭面称为广义节点）。任一瞬间通过广义节点，即封闭面电流的代数和等于零。图 1-14 所示为基尔霍夫电流定律应用于广义节点，在该广义节点中，有三条支路与节点相连，对应的电流的代数和为零。

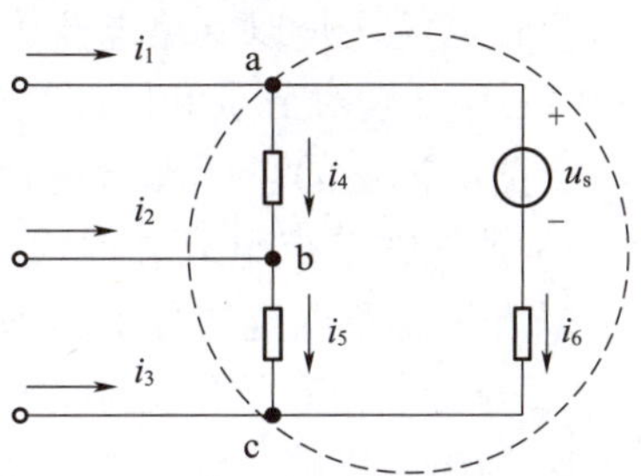

图 1-14 基尔霍夫电流定律应用于广义节点

（二）基尔霍夫电压定律

在任一瞬间，沿任意回路绕行一周（顺时针或逆时针方向），电路中各元件上电压降的代数和恒等于零，即

$$\sum u = 0 \tag{1-26}$$

注意：一般假设电压参考方向与回路绕行方向一致时取正号，相反时取负号。

基尔霍夫电压定律也可以这样理解：在任一瞬间，在任一回路上的电位升之和等于电位降之和，即

$$\sum u_{升} = \sum u_{降} \tag{1-27}$$

注意：这里所有电压值均为正，同向相加之和与反向相加之和的差为零。

运用基尔霍夫电压定律时应注意：

1. 进行电路分析时，在列回路 KVL 方程前，需要选定回路绕行方向（回路方向可以随意假设，不会影响分析结果），然后确定回路中各元件在绕行方向上属于电压降还是电压升。

2. 基尔霍夫电压定律与回路中各元件的性质无关。

3. 基尔霍夫电压定律不仅适用于电路中的任一闭合回路，而且也可以推广应用于电路中任一假想闭合回路。任一瞬间沿假想闭合回路各元件电压的代数和等于零。图 1-15 所示为基尔霍夫电压定律应用于假想闭合回路，在该假想回路中，可以假设 ab 两点之间用一个电压源替代，对应的回路电压的代数和为零。

（三）支路电流法

在进行电路分析时，往往需要求出电路中通过元件或支路的电流。对于单电源电路，可以直接运用欧姆定律进行分析。对于复杂电路，可以应用支路电流法进行电路分析，如图 1-16 所示。

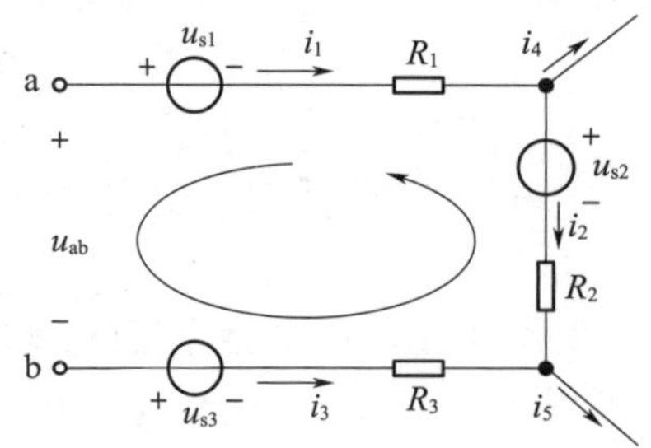

图 1-15　基尔霍夫电压定律应用于假想闭合回路

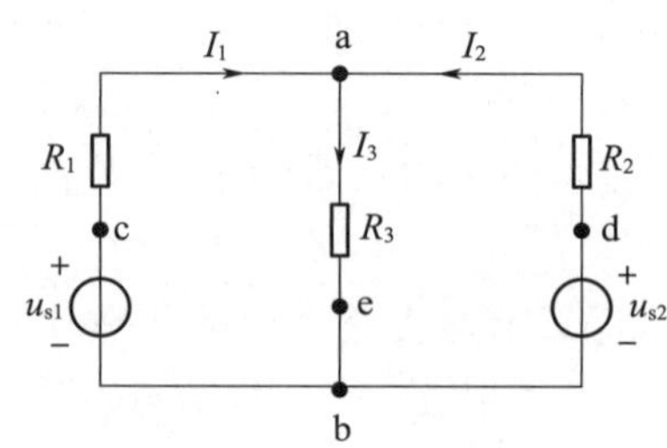

图 1-16　支路电流法示意

支路电流法是以支路电流为未知量，应用基尔霍夫电流定律（KCL）和基尔霍夫电压定律（KVL），分别对节点和回路列出所需的方程式，然后联立求解出各未知电流的方法。

支路电流法的总体思路是，对于一个具有 m 条支路、n 个节点的电路，根据 KCL 可列出 $n-1$ 个独立的节点电流方程式，根据 KVL 可列出 $m-(n-1)$个独立的回路电压方程式。

以下是支路电流法分析步骤：

1. 分析电路有几条支路、几个节点和几个回路。

2. 标出各支路电流的参考方向。

3. 根据基尔霍夫电流定律列出 $n-1$ 个节点电流方程式。不足的未知量根据基尔霍夫电压定律列出 $m-(n-1)$个独立回路电压方程式。在列回路电压方程式时一般选取独立回路，独立回路尽可能选用网孔列 KVL 方程。

4. 联立求解方程组，求得各支路电流，若电流数值为负，说明电流实际方向与标定的参考方向相反。

二、电位计算

电路中某点的电位是指这个点到参考点的电压。当需要计算电路中某点的电位时，必须选定电路中的一个点作为参考点，参考点的电位称为参考电位。参考电位通常设定为零，常称为零电位点。电位在电路中用“V”表示，如电路中 A 点电位一般用“V_A”表示。与之对应的是电压，在电路中用“U”表示，如电路中 A 点对 B 点电压用“U_{AB}”表示。

电路中其他点的电位与参考点电位进行比较，比参考点高的为正电位，比参考点低的为负电位。应该注意的是，电位具有相对性，当参考点改变时，电路中各点的电位也随之改变。图 1-17(a)中设 b 为参考点，这时 $V_b=0$ V，$V_a=5$ V。在图 1-17(b)中，设 a 为参考点，这时 $V_a=0$ V，$V_b=-5$ V。

在实际应用中往往选取大地作为参考点，电子线路中常常以多数支路汇集的公共点作为参考点。参考点在电路图上标注接地符号，用“⊥”表示。

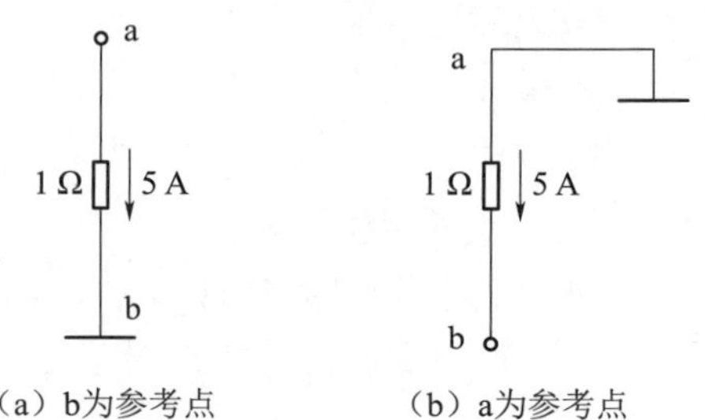

图 1-17　电位与参考点示意

三、叠加原理

多个电源同时作用的线性电路中，任何支路的电流或任意两点间的电压，都是各个电源单独作用时所得结果的代数和。图 1-18(a)所示为原电路,该电路有两个电源,包括一个恒压源和一个恒流源。图 1-18(b)所示为恒压源单独作用时的等效电路。图 1-18(c)所示为恒流源单独作用时的等效电路。

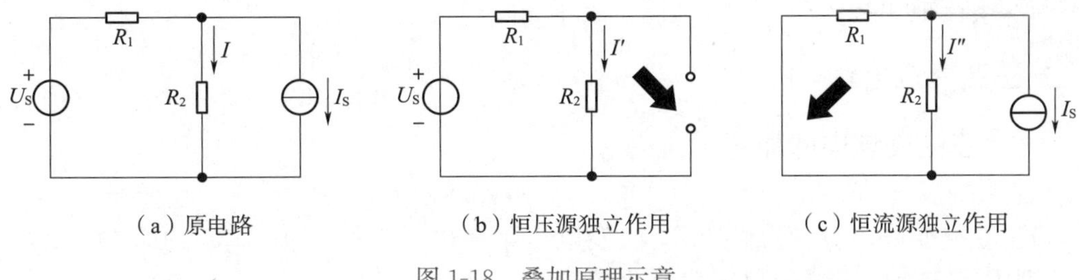

图 1-18　叠加原理示意

应用叠加原理的原则如下:

1. 叠加定理只适用于线性电路。

2. 等效分解时只将电源分别考虑,电路的其他非电源结构和参数不变。不作用的恒压源应予以短路(即 $U_S=0$);不作用的恒流源应予以开(断)路(即 $I_S=0$)。

3. 叠加定理只用于电流(或电压)的计算,功率不能叠加。

4. 每个分解电路应标明各支路电流(或电压)参考方向;原电路中电流(或电压)是各分解电流(或电压)的代数和。

四、戴维南定理

戴维南定理又称为等效电压源定理,如图 1-19 所示。对于外部电路来说,任何一个线性有源二端网络,对端口及端口外部电路而言,都可以用电压源串联内阻的等效电路来代替。电压源的电压是二端网络端口的开路电压 U_{oc},串联电阻是网络中所有独立电源置零(电压源短路,电流源开路)时端口的输入电阻。

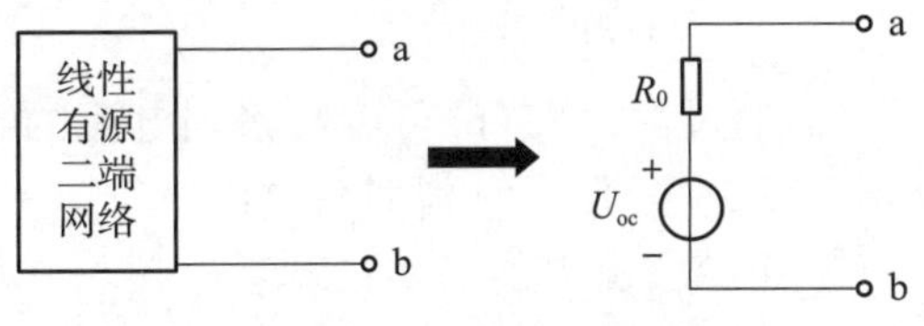

图 1-19　戴维南定理

二端网络就是有两个出线端的电路,二端网络中有电源时称为有源二端网络。

戴维南定理一般用于求解复杂电路中的某一条支路电流或电压。运用戴维南定理时,第一步把需要求解的负载与有源二端网络分开。第二步是把有源二端网络与外电路断开,求出开路电压 U,即等效电压源电压 U_{oc}。第三步是将有源二端网络内部恒压源短路、恒流源开路,变为无源二端网络,求出等效电压源的内阻 R_0。然后把有源二端网络用等效电压源串联内阻代替,画出等效电路图并接上需要求解的支路负载,求出支路的电流或电压。

第四节　交直流电路分析

一、直流电路

直流电路是指电流流向不变的电路,是由直流电源、控制器件及负载(电阻、灯泡、电动机等)构成的闭合导电回路。该电路是将一个控制器件(开关)、一个电池和一个灯泡(负载)通过导线进行首尾相连来构成的一个简单的直流电路。当开关闭合时,直流电流可以流通,灯泡点亮,此时灯泡处的电压与电池电压值相等;当开关断开时,电流被切断,灯泡熄灭,如图 1-20 所示。

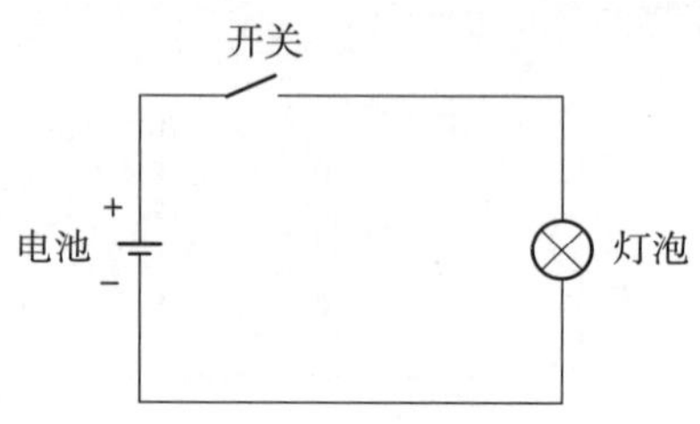

图 1-20 直流电路

二、正弦交流电路

(一)正弦交流电的概述

1. 正弦交流电动势的产生

(1)正弦交变电动势,通常可用交流发电机来产生。为使线圈中能产生按正弦函数规律变化的感应电动势,需将磁极 N 和 S 做成特殊的形状,使其转子和磁极之间形成一个按正弦函数规律分布的磁通密度,如图 1-21(a)所示。

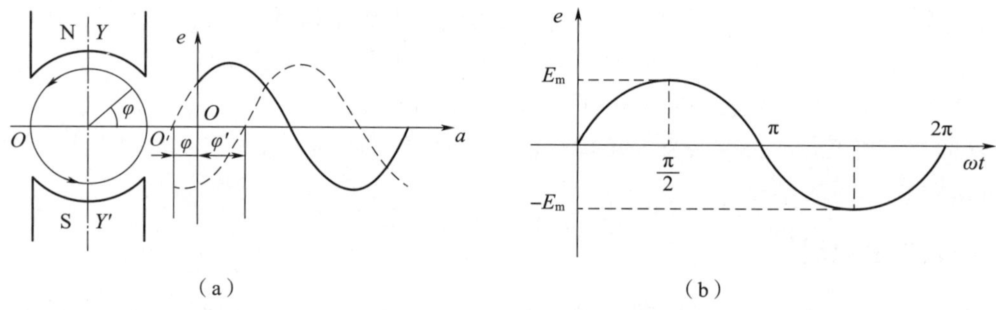

图 1-21 正弦交流电波形

(2)线圈每旋转一周,在线圈两端就会产生一个随时间按正弦函数规律交变一周的电动势,即 0→正最大→0→负最大→0,这种线圈中的感应电动势与时间变化的规律可用波形图表示,如图 1-21(b)所示。

(3)通过图 1-21(b)可以观察到电流的大小和方向都是随时间不断变化的,也就是说对应横坐标 ωt 上任一时刻都在曲线上对应一个瞬时值 e。

2. 正弦交流电的基本物理量

(1)周期、频率和角频率

①周期:正弦交流电每重复变化一个循环所需要的时间,称为周期,用字母“T”表示,单位为秒(s),正弦交流电从 0 到 2π 变化所需的时间为一个周期。

②频率:正弦交流电在单位时间(1 s)内重复变化的循环次数,称为交流电的频率,用字母“f”表示,单位为赫兹(Hz)。如某交流电在 1 s 之内变化了一次,称该交流电的频率是 1 Hz。一般 50 Hz、60 Hz 的交流电称为工频交流电。一般来说,频率越高,正弦交流电随时间变化就越快。

从上述可知,频率与周期互为倒数关系,即

$$f=1/T(\text{或 } T=1/f) \tag{1-28}$$

③角频率(三要素之一):

电角度:以电磁关系来计量交流电变化的度称为电角度,以“α”表示。

交流电在 1 s 内所变化的弧度数(指电角度)称为角频率,用字母“ω”表示,单位是弧度/秒(rad/s),角频率计算公式为

$$\omega = \alpha / t \tag{1-29}$$

交流电在 1 s 内变化一次,则电角度刚好变化 2π,也就是说该交流电的角频率为$\omega = 2\pi$。若交流电变化 f 次,则可得角频率与频率及周期的关系为

$$\omega = 2\pi f = 2\pi / T \tag{1-30}$$

由弧度的定义可知:1 rad≈57.3°。

(2)瞬时值、最大值、有效值和平均值

①瞬时值:正弦交流电在变化过程中,任一时刻 t 所对应的交流量的数值,称为交流电的瞬时值,用小写字母“e”“i”“u”等表示,瞬时值有正有负,也可以为零,如图 1-22 所示的 e_1。

瞬时值的函数表达式为

$$e = E_{\mathrm{m}} \sin(\omega t + \varphi) \tag{1-31}$$

②最大值(三要素之一):正弦交流电变化一周中出现的最大瞬时值,称为最大值。用字母“E_{m}”“I_{m}”“U_{m}”表示,如图 1-22 所示的 E_{m}。

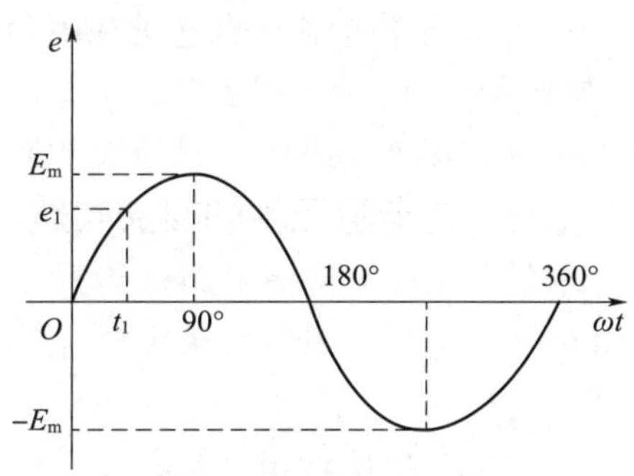

图 1-22 初相角示意

③有效值:指与交流电具有相同热效应的直流电数值,即无论是交流电还是直流电,只要它们对同一负载的热效应相等,那么交流电流的有效值在数值上等于直流电流的数值。用大写字母“E”“I”“U”表示。

有效值与最大值的关系为:最大值是有效值的$\sqrt{2}$倍,即

$$U_{\mathrm{m}} = \sqrt{2}U = 1.414U \left[\text{或 } U = (1/\sqrt{2})U_{\mathrm{m}} = 0.707U_{\mathrm{m}}\right] \tag{1-32}$$

交流电路经常采用有效值进行测量和计算。电气设备上标注的额定电压或电流和电工仪表的测量读数也是指有效值。例如通常所说的照明电路的电源电压 220 V,电动机的电源电压 380 V,都是指的有效值,它们的最大值分别为 311 V 和 537 V。

④平均值:正弦量作为一个周期量,在一个周期内的平均值等于零。平常说的正弦量的平均值,是指它在半个周期或 1/4 周期内的平均值。用数学的方法可以证明,正弦量的平均值等于最大值的 2/π(0.637)倍,或者说,正弦量的最大值等于平均值的 π/2(1.57)倍,即

$$I_{\mathrm{p}} = \frac{2}{\pi} I_{\mathrm{m}} = 0.637 I_{\mathrm{m}} \left(\text{或 } I_{\mathrm{m}} = \frac{\pi}{2} I_{\mathrm{p}} = 1.57 I_{\mathrm{p}}\right) \tag{1-33}$$

(3)初相角和相位差

①初相角(三要素之一):正弦交流电初始时刻(常定为 $t=0$ 的时刻)所经变化过的角度称为该正弦交流电的初相角,初相角也可称作初相位。初相角反映了正弦交流电在计时起始点的状态,初相角的范围在±180°,用字母“φ”表示,单位是度或弧度,如图 1-22 所示。

②相位差:为了比较同频率正弦交流电在变化过程中的相位关系以及顺序,引入了相位差概念。相位差是指两个同频率正弦交流量之间的初相位之差。两个同频交流量的相位差为零时,称作同相;相位差为 180°时,称作反相。

3. 正弦交流电的三要素

正弦交流电的三要素为最大值、角频率和初相角。

（二）单相正弦交流电路

1. 交流电路是指由交流电源、用电器、连接导线和开关等组成的电路。

2. 单相交流电路是指电源中只有一个交变电动势。

3. 交流负载一般是电阻、电感、电容或它们的不同组合。

4. 单相交流电路分为纯电阻电路、纯电感电路和纯电容电路。纯电阻电路，负载中只有电阻的电路；纯电感电路，负载中只有电感的电路；纯电容电路，负载中只有电容的电路。

5. 严格意义上，几乎没有单一参数的纯电路存在，但为了方便分析交流电路，常常先从分析纯电路所具有的特点着手。

6. 由于交流电路中的电压和电流都是交变的，因而有两个作用方向。为方便分析电路，常把其中的一个方向规定为正方向，且同一电路中的电压和电流以及电动势的正方向完全一致，即三者的关系与直流电路相同。

（三）纯电阻元件的交流电路

纯电阻元件的交流电路是指只含有电阻的交流电路，在实用中常常遇到，如白炽灯、电阻炉等。电路中电阻起决定性作用，电感电容的影响可忽略不计的电路可视为纯电阻电路。

1. 电流与电压的相位关系

在纯电阻电路中，电压与电流的相位相同，这意味着它们之间的相位差为零。这种相位关系是由于纯电阻电路中的电压和电流同步变化，即当电阻上的电压发生变化时，电流也会以相同的方式变化，且两者之间的相位关系保持一致。

2. 电流与电压的数量关系

（1）由 $U_m=RI_m$ 可知，在计算电路中的电压和电流时，常常采用有效值，将等式两边除以$\sqrt{2}$，即 $U=RI$。

（2）在纯电阻电路中由于电阻是一个确定的值，所以电压与电流成正比，其有效值之间的关系为 $I=U/R$，仍然符合欧姆定律的关系。

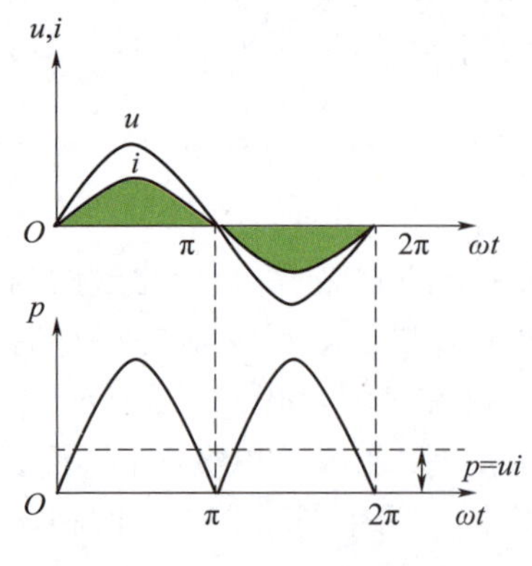

图 1-23　功率曲线

3. 纯电阻电路的功率

（1）在纯电阻电路中，由于电流、电压都是随时间变化的，所以功率也是随时间变化的。把电压瞬时值 u 与电流的瞬时值 i 的乘积，称为瞬时功率，用字母“p”表示，公式表示为

$$p=ui \tag{1-34}$$

（2）根据式(1-34)，把同一瞬间电压 u 与电流 i 的数值逐点对应相乘，就可画出瞬时功率曲线，如图 1-23 所示。

（3）在前半周 i 和 u 为正值，所以 p 也为正值。在后半周由于 i 和 u 均为负值，相乘后 p 仍为正值，所以纯电阻电路的瞬时功率均为正值。由此可见,电阻总是要消耗功率的。

(4)一个周期内瞬时功率的平均值,叫作平均功率。由于这个功率是由电阻所消耗掉的,所以也叫作有功功率,用字母"P"表示,单位是瓦,用字母"W"表示。

(5)经数学推导证明,平均功率(有功功率)等于最大瞬时功率的一半,用公式表示为

$$P=\frac{1}{2}U_{\mathrm{m}}I_{\mathrm{m}}=\frac{1}{2}\sqrt{2}U\sqrt{2}I=UI(\text{或 }P=I^2R=U^2/R) \tag{1-35}$$

式中 P——有功功率,单位为 W;

U——电阻上交流电压,单位为 V;

I——电阻上交流电流,单位为 A;

R——电阻,单位为 Ω。

三、三相交流电路

(一)三相交流电源

1. 三相交流电路的产生原理

(1)三相交流电一般由三相发电机产生,其原理如图 1-24 所示。

(2)发电机定子上有 U_1-U_2、V_1-V_2、W_1-W_2 三组绕组,每组绕组称为一相,各相绕组匝数相等,结构相同,对称地排放在定子铁芯内侧的线槽里。

(3)在转子上有对磁极的情况下,三相绕组在排放位置上互差 120°,转子转动时 U_1-U_2、V_1-V_2、W_1-W_2 绕组中分别都产生同样的正弦感应电动势。但当 N 极正对哪一相绕组时,该相感应电动势取得最大值。

(4)显然,V 相比 U 相滞后 120°,W 相比 V 相滞后 120°,U 相比 W 相滞后 120°。三相电动势随时间变化的曲线如图 1-25 所示。

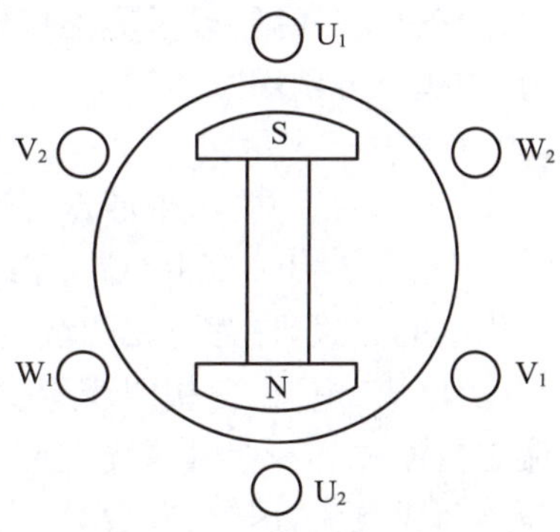

图 1-24 三相发电机原理

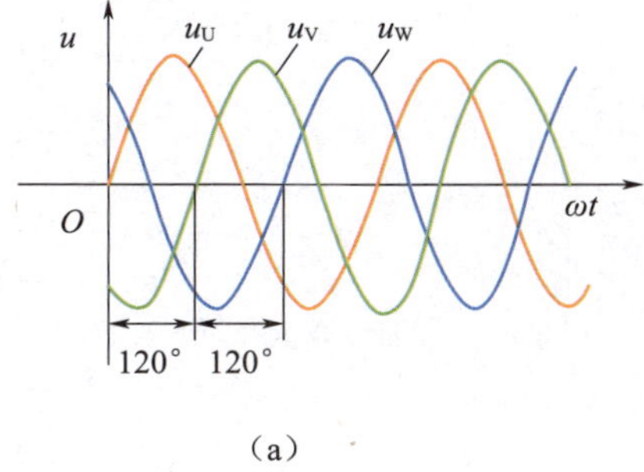

(a)

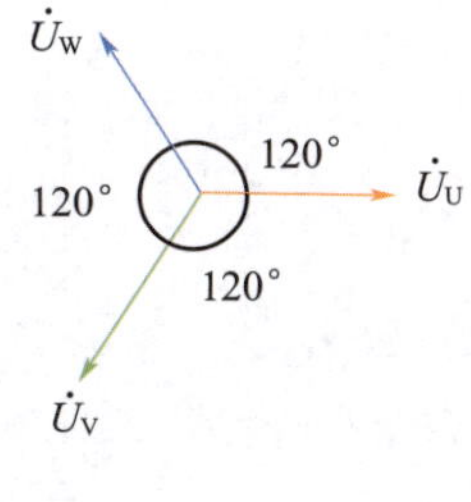

(b)

图 1-25 三相交流电波形和相量

2. 三相交流电的概念

(1)对称三相电动势:大小相等、频率相同,但在相位上互差 120°的电动势称为对称三相电动势。

（2）对称三相电压和对称三相电流：最大值相等、频率相同、相位相差120°的三相电压和电流分别称为对称三相电压和对称三相电流。

（3）相序：三相交流电动势在时间上出现最大值的先后次序称为相序，相序一般分为正相序、负相序。

（4）正、负相序：最大值按U—V—W—U顺序循环出现的为正相序，最大值按U—W—V—U顺序循环出现的为负相序。

（5）三相交流电表达式：如令三个相电压的参考极性都是起始端U_1、V_1、W_1为正，尾端U_2、V_2、W_2为负，又令U_1-U_2绕组中的电动势e_U为参考正弦量，表达式为

$$\begin{cases} e_U = E_{Um}\sin \omega t \\ e_V = E_{Vm}\sin(\omega t - 120°) \\ e_W = E_{Wm}\sin(\omega t + 120°) \end{cases} \tag{1-36}$$

（二）三相交流电源的接法

1. 星形连接（图1-26）

（1）定义：将电源三相绕组的末端U_2、V_2、W_2连接在一起，成为一个公共点（中性点），而由三个首端U_1、V_1、W_1分别引出三条导线向外供电的连接形式称为星形连接（Y）。

（2）三相三线制：以星形连接形式向负载供电的方式称为三相三线制供电。这三条导线称为"相线"，分别用"L_1""L_2""L_3"表示。在这三条相线中，任意两条相线间的电压称为线电压，用符号"U_L"表示。

（3）三相四线制：由中性点（已采取中性点工作接地的）引出的一条导线，称为"零线"，用字母"N"表示。任一条相线与零线间的电压称为相电压，用"U_P"表示。这种以四条导线向负载供电的方式，称为三相四线制供电。

（4）电压、电流：三相四线制供电方式，可向负载提供两种电压，即相电压和线电压。相电流是指流过每一相电源绕组或每一相负载中的电流，用符号"I_P"表示。任一条相线上的电流称为线电流，用"I_L"表示。在三相交流电星形接法中，三相平衡时，线电压为相电压的$\sqrt{3}$倍，线电流等于相电流，即$U_L=\sqrt{3}U_P$，$I_L=I_P$。

2. 三角形连接（图1-27）

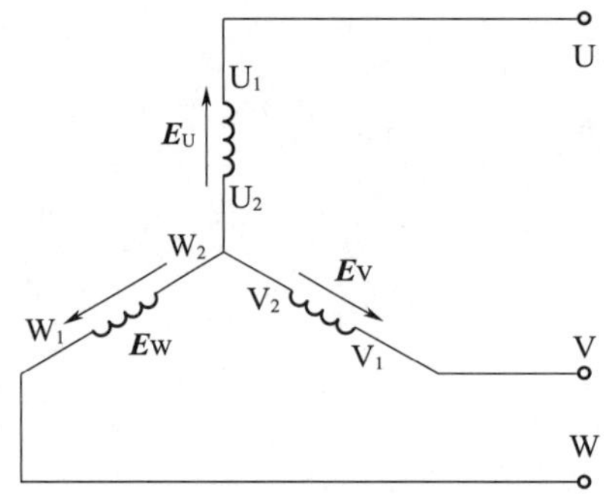

图1-26 三相交流电源的星形连接

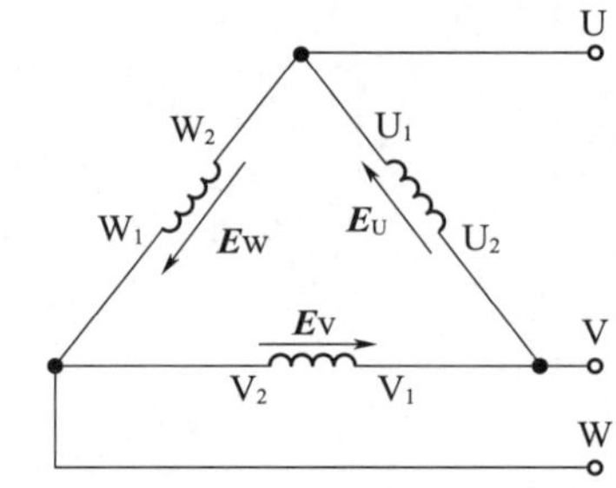

图1-27 三相交流电源的三角形连接

（1）定义：将三相绕组的各相末端与相邻绕组的首端依次相连，即U_2与V_1、V_2与W_1、W_2与U_1相连，使三个绕组构成一个闭合的三角形回路，这种连接方式称为三角形连接（Δ）。

(2)三角形连接方法只能引出三条相线向负载供电,因其不存在中性点,故引不出零线(N线)。所以这种供电方式只能提供给电动机等三相负载的用电,或仅提供线电压的单相用电。

(3)电压、电流:这种连接方式,线电压等于相电压,线电流等于$\sqrt{3}$倍相电流,即$U_L=U_P$,$I_L=\sqrt{3}I_P$。

(三)三相负载的连接

1. 负载的星形连接

(1)三组单相负载接入三相四线制供电系统中适用图1-28(a)的接法。

(2)三相负载星形连接适用图1-28(b)的接法。

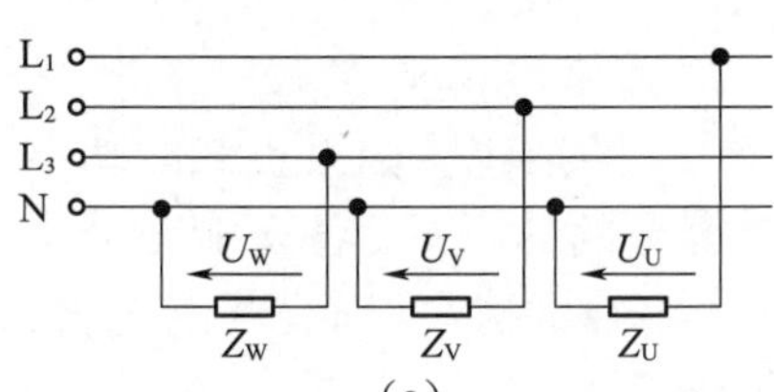

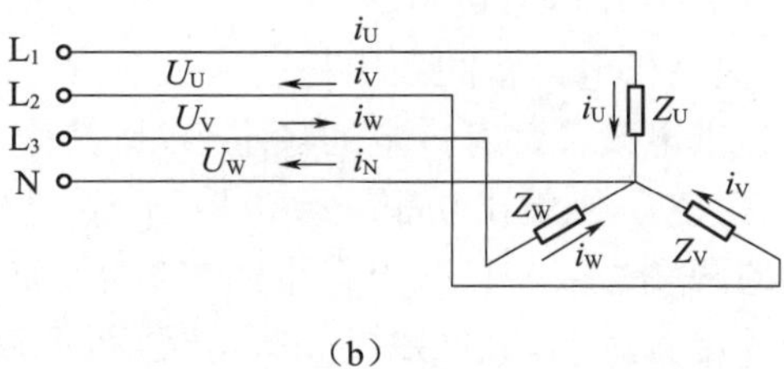

图1-28 负载为星形连接

(3)在星形连接的三相负载电路中,线电流等于相电流,这种关系对于对称星形和不对称星形电路都是成立的;如果是对称的三相负载,线电压等于相电压的$\sqrt{3}$倍,即$U_L=\sqrt{3}U_P$,$I_L=I_P$。

2. 负载的三角形连接

在三角形连接的三相负载,如图1-29所示,线电压等于相电压,无论三角形负载对称与否都成立。三相对称负载做三角形连接时,线电流等于相电流的$\sqrt{3}$倍,即$U_L=U_P$,$I_L=\sqrt{3}I_P$。

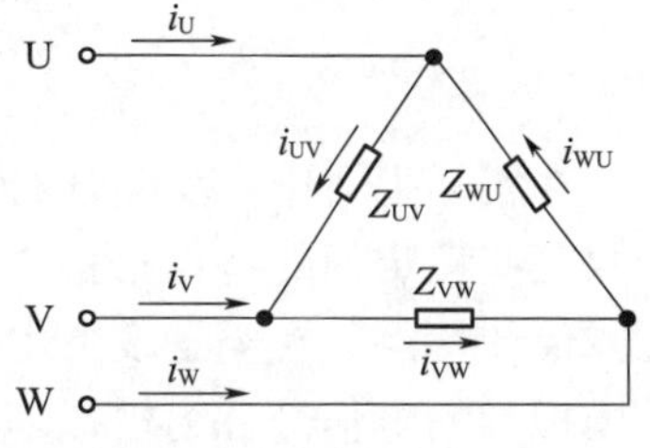

图1-29 负载为三角形连接

(四)三相交流电路的功率计算及功率因数(图1-30)

1. 功率计算

(1)三相负载所消耗的有功功率(平均功率)等于各相有功功率之和,即

$$P=P_U+P_V+P_W=U_UI_U\cos\varphi_U+U_VI_V\cos\varphi_V+U_WI_W\cos\varphi_W \tag{1-37}$$

式中,P_U、P_V、P_W分别为U、V、W各项的功率,W;U_U、U_V、U_W分别为各项电压,V;I_U、I_V、I_W分别为各项电流,A;$\cos\varphi_U$、$\cos\varphi_V$、$\cos\varphi_W$分别为各项功率因数。

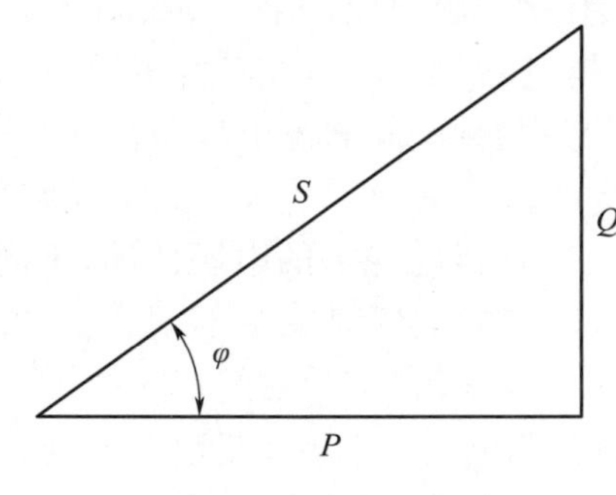

图1-30 功率三角形

(2)负载对称时,有功功率的计算公式为

$$P=3U_PI_P\cos\varphi=\sqrt{3}U_LI_L\cos\varphi \tag{1-38}$$

(3)无功功率的计算公式为

$$Q=3U_PI_P\sin\varphi=\sqrt{3}U_LI_L\sin\varphi \tag{1-39}$$

(4)视在功率的计算公式为

$$S=3U_{P}I_{P}=\sqrt{3}U_{L}I_{L} \tag{1-40}$$

$$S=\sqrt{P^{2}+Q^{2}} \tag{1-41}$$

2. 功率因数

(1)定义:有功功率 P 与视在功率 S 的比值,称为功率因数,用符号“$\cos\varphi$”表示,其表达式为

$$\cos\varphi=P/S \tag{1-42}$$

(2)功率种类:在交流电路中,电源提供的电功率可分为两种,一种是有功功率 P,另一种是无功功率 Q。常用功率因数来表示电源视在功率被利用的程度。

3. 提高功率因数的意义

(1)提高供电设备的利用程度

因为供电设备都有一定的额定容量,其值为 $U_{额}$ 和 $I_{额}$ 的乘积。如果负载的功率因数较低,例如为 0.5,则输出功率 $P=0.5U_{额}I_{额}$,仅占额定容量的 50%,设备未能充分利用。如在负载的两端并接一只适当容量的电容器,将负载的功率因数提高,则线路电流将减小,在同样的额定容量下,可再并接一些负载,而不致损坏供电设备。

(2)提高输电效率

由于线路电流的减小,输电线上的损耗也随之减小,输电效率就提高了。

第五节　数字电路基础知识

在实际生活中,存在着两类物理量:一类称为数字量,它具有时间上离散变化、值域内只能取某些特定值的特点;另一类称为模拟量,它具有时间上连续变化、在一定动态范围内任意取值的特点。在电子设备中,数字量和模拟量都是以电信号形式出现的。人们常常将表示模拟量的电信号称为模拟信号,将表示数字量的电信号称为数字信号。数字信号是一种脉冲信号,脉冲信号具有边沿陡峭、持续时间短的特点。广义地讲,凡是非正弦信号都称为脉冲信号。

在电子电路中,具有对数字信号进行产生、存储、变换、处理、传送的电子电路称为数字电路。数字电路不仅能够完成算术运算,而且能够完成逻辑运算。它具有逻辑推理和逻辑判断的能力,因此也称数字逻辑电路或逻辑电路。在数字逻辑电路中,输入量和输出量的稳定状态通常都用电位的高和低、脉冲的有和无来表示,因此数字逻辑电路的输入和输出可以抽象为逻辑命题的真和假。在二值逻辑中,变量的取值不是“1”就是“0”,没有第三种可能。而且这里的“1”和“0”并不是表示数值的大小,它们代表的只是两种不同的逻辑状态。

数字电路中的电子器件都工作在开关状态,电路的输出只有高、低两个电平,因而很容易实现二值逻辑。在分析实际电路时,逻辑高电平和逻辑低电平都对应一定的电压范围,不同系列的数字集成电路,其输入、输出为高电平或低电平时所对应的电压范围是不同的,一般用逻辑高电平表示逻辑“1”和二进制数的“1”,用逻辑低电平表示逻辑“0”和二进制数的“0”。

数字电路只能处理用二进制数表示的数字信号,而人们习惯使用的十进制数是不能被数字电路直接识别并处理的,因此,为了便于人与数字电路的信号交换和传输,需要研究各

种进制之间的相互转换以及不同的编码方式。

数字电路可分为组合逻辑电路和时序逻辑电路。在组合逻辑电路中，电路在任一时刻的输出状态只取决于该时刻的输入状态，而与该时刻前电路的原始状态无关。在时序逻辑电路中，电路在任一时刻的输出状态不仅取决于当时的输入状态，而且还取决于电路的原始状态。

逻辑电路是由逻辑门电路组成的。最基本的逻辑门是与门、或门和非门，分别用以表示输出与输入之间与、或、非的逻辑关系。复合门中最常见的是与非门、或非门、与或非门、异或门。

组合逻辑电路是由逻辑门组合而成，用于实现各种控制要求的逻辑电路。加法器、编码器、译码器、数据选择器等是组合逻辑电路的实例。其中，编码器的功能是将相应的信息转换成二进制代码；译码器的功能是将二进制代码译成相应信息输出。

时序逻辑电路有记忆性功能，其输入和输出之间有明确的时间顺序关系。触发器、寄存器、计数器是时序逻辑电路的实例。

第六节　磁场与电磁感应的基本概念

一、磁场的基本概念

（一）磁场与磁感线

1. 两个磁极互不接触，却存在相互作用力，这是因为在磁体周围的空间中存在着一种特殊的物质——磁场。

当两个磁极靠近时，它们之间会发生相互作用：同名磁极相互排斥，异名磁极相互吸引。

2. 用一些互不交叉的闭合曲线来描述磁场，这样的曲线称为磁感线。

磁感线上每一点的切线方向就是该点的磁场方向。磁感线在磁体外部由 N 极指向 S 极，在磁体内部由 S 极指向 N 极。

3. 磁感线的疏密程度表现了各处磁场的强弱。在磁场的某一区域里，如果磁感线是一些方向相同分布均匀的平行直线，则称这一区域为匀强磁场。

（二）磁效应

电流周围存在着磁场，电流产生磁场的这种现象称为电流的磁效应。

（三）磁场的方向

通电长直导线及通电螺线管周围的磁场方向可用安培定则来确定。

（四）磁场的主要物理量

1. 磁感应强度

磁感应强度是描述磁场内各点磁场强弱和方向的物理量，用字母“$\boldsymbol{B}$”表示，单位是特斯拉(T)。磁感应强度的大小，可通过位于该点且与磁场方向垂直的直导体在单位电流和单位有效长度上所受到的电磁力来表示，即

$$\boldsymbol{B}=\frac{\boldsymbol{F}}{IL} \tag{1-43}$$

式中 $\boldsymbol{B}$——磁感应强度，单位为 T；

$\boldsymbol{F}$——磁场作用力，单位为 N；

L——通电导体长度，单位为 m。

2. 磁通量

磁通量的物理意义是表示磁场内穿过某个面积为 S 的磁感线的总量，用字母“Φ”表示，单位是韦伯(Wb)，1 Wb=1 V·s。

在一个匀强磁场中，与磁场方向垂直的面积为 S 的平面上的磁通量为

$$\Phi=\boldsymbol{B}S \tag{1-44}$$

3. 磁导率

磁导率是反映磁场中介质导磁能力的物理量，用字母“μ”表示。磁导率单位是亨利每米，简称亨每米，用符号“H/m”表示。

由于各种物质的导磁性能不同，因此把物质根据其导磁性能划分为铁磁物质(如铁、镍等)和非铁磁物质(如铜、铝、空气等)。为便于比较各种物质的导磁能力，实际应用中以各种物质的磁导率与真空磁导率的比值——相对磁导率，用来衡量该物质的导磁性能。

真空磁导率 μ_0：是真空的磁导率，实验测定真空磁导率 $\mu_0=4\pi\times10^{-7}$ H/m，是一个常量。

相对磁导率 μ_r：任一介质的相对磁导率是该介质的磁导率与真空磁导率的比值，用 μ_r 表示，即

$$\mu_r=\frac{\mu}{\mu_0} \tag{1-45}$$

4. 磁场强度

磁场强度是反映磁场强弱的物理量，用字母“$\boldsymbol{H}$”表示，单位是安培每米，简称安每米，用符号“A/m”表示。磁场强度的方向和磁感应强度方向相一致，其大小为磁感应强度与磁导率的比值，即

$$\boldsymbol{H}=\frac{\boldsymbol{B}}{\mu} \tag{1-46}$$

（五）磁路欧姆定律

变压器的铁芯磁路通常由软磁材料硅钢片叠压制成，磁导率高。当铁芯上的线圈通电后，铁芯迅速被磁化，形成一个强磁场。把磁通集中经过的路径称为磁路，很少一部分磁通经过空气或其他材料闭合，形成漏磁通。铁芯内的磁感应强度为

$$\boldsymbol{B}=\mu\boldsymbol{H}=\mu\frac{NI}{l} \tag{1-47}$$

磁阻 R_m 用来描述磁性材料对磁通的阻碍作用。磁阻大小与磁路长度成正比，与磁路截面积和磁导率 μ 成反比，即

$$R_m=\frac{l}{\mu S} \tag{1-48}$$

磁路欧姆定律，可表示为

$$\Phi=\frac{Nl}{\frac{l}{\mu S}}=\frac{F}{R_m} \tag{1-49}$$

式中 N——线圈匝数；
F——磁动势；
l——磁路的平均长度；
S——磁路的截面积。

磁路欧姆定律表明，磁路中的磁通与磁动势成正比，与磁阻成反比。

实际应用中，磁路欧姆定律的定量计算很复杂，一般只用来定性分析磁路的情况。

二、电磁感应的基本概念

（一）法拉第电磁感应定律

根据法拉第电磁感应定律，线圈在变化磁通中会产生感应电动势，产生的感应电动势的大小与穿过该线圈的磁通变化率成正比，即

$$e = N\left|\frac{\Delta\Phi}{\Delta t}\right| \tag{1-50}$$

式中 N——线圈的匝数；
$\Delta\Phi$——单匝线圈中磁通量的变化量；
Δt——磁通变化 $\Delta\Phi$ 所用时间；
e——产生的感应电动势。

线圈中感应电动势的大小，与磁通变化速度有关，与磁通大小无关。

（二）自感

1. 自感现象

由于流过线圈自身的电流发生变化而引起的电磁感应现象称为自感现象，简称自感。在自感现象中产生的感应电动势称为自感电动势，用“e_L”表示，自感电流用“i_L”表示。自感电动势的方向可结合楞次定律和右手螺旋定则来确定。

2. 自感系数

当线圈中通入电流后，这一电流使每匝线圈所产生的磁通称为自感磁通。为了衡量不同线圈产生自感磁通的能力，引入自感系数（又称电感）这一物理量，用“L”表示，它在数值上等于一个线圈中通过单位电流所产生的自感磁通。

3. 自感电动势的大小和方向

自感现象是一种特殊的电磁感应现象，它必然也遵从法拉第电磁感应定律。自感电动势的大小与电流的变化率和自感系数之积成正比，电流变化率越大，自感电动势越大，反之亦然。所以，电感也反映了线圈产生自感电动势的能力。自感电动势的方向应根据楞次定律判定。

（三）互感

1. 互感现象

这种由一个线圈中的电流发生变化而在另一线圈中产生电磁感应的现象称为互感现象，简称互感。由互感产生的感应电动势称为互感电动势，用 e_M 表示。

2. 互感电动势的大小和方向

互感现象遵从法拉第电磁感应定律，互感电动势方向也应根据楞次定律判定。

3. 同名端

由于线圈绕向一致而产生感应电动势的极性始终保持一致的端子称为线圈的同名端，用“·”或“*”表示。

4. 互感线圈的连接

两个线圈的一对异名端相接称为顺串，这时两个线圈的磁通方向是相同的。两个线圈的一对同名端相接称为反串，这时两个线圈的磁通方向是相反的。

三、铁磁材料与磁路

（一）铁磁材料

铁磁物质，如铁、镍等导磁性能良好，可被强烈磁化。现实中往往应用铁磁物质这种特性制造变压器、电动机等各种电工设备。

铁磁物质在磁场作用下，会呈现出特殊的磁性能，主要有高磁性、磁饱和性及磁滞性。

（二）铁磁材料的分类和用途

铁磁材料根据工程上用途的不同可以分为三大类：

1. 软磁材料

软磁材料的特点是磁导率高、易磁化、易去磁。常用材料有纯铁、硅钢、铁镍合金、铁铝合金和铁氧体等，实际应用中用于制作各种电机、电器的铁芯。

2. 硬磁材料

硬磁材料的特点是磁导率不太高，但一经磁化能保留很大剩磁且不易去磁。常用材料有碳钢、铁镍铝钴合金等，实际应用中用来制作各种永久磁铁，如永磁发电机、扬声器等设备中的永久磁铁用硬磁性材料制作。

3. 矩磁材料

矩磁材料的特点是磁导率极高，磁化过程中只有正、负两个饱和点，磁滞回线几乎成矩形。常用材料有镁锰铁氧化体等，一般用于制作各类存储器中记忆元件的磁芯。

（三）磁路

磁路是指磁通集中通过的路径。磁路可分为无分支磁路和有分支磁路。

全部在磁路内部闭合的磁通称主磁通，部分经过磁路周围物质而自成回路的磁通称为漏磁通。

由于制造和结构上的原因，磁路中常有气隙，当气隙很小时，气隙中的磁感线是平行而均匀的，只有极少数磁感线扩散出去形成所谓的边缘效应。

第七节　磁场对电流的作用

一、安培定则

（一）安培定则的定义

安培定则也叫右手螺旋定则，是表示电流和电流激发磁场的磁感线方向间关系的定则。

（二）安培力的方向

安培力的方向用左手定则判定：伸开左手，使拇指与其余四个手指垂直，并且都与手掌在同一个平面内；让磁感线从掌心进入，并使四指指向电流的方向，这时拇指所指的方向就是通电导线在磁场中所受安培力的方向。

二、磁场的全电流定律

由于磁路中的磁阻 R_{m} 是随磁导率变化的非线性变量，因此磁路的计算和分析相对电路而言复杂很多。前面关于磁场强度的定义中已说明，磁场强度 $\boldsymbol{H}$ 不随磁导率变化，只与磁场的激励源相关。对于一个电磁铁芯的线圈而言，只要线圈的匝数和励磁电流恒定，磁场强度即为常数。为方便分析磁路，这里引入通过磁场强度来描述磁路的另一重要定律，即磁路的全电流定律。

因为

$$\Phi=\frac{F}{R_{\mathrm{m}}}$$

而

$$F=IN$$

$$R_{\mathrm{m}}=\frac{l}{\mu S}$$

$$\Phi=\boldsymbol{B}S$$

所以

$$\Phi=\boldsymbol{B}S=\frac{IN}{\dfrac{l}{\mu S}}=\frac{\mu IN}{l}S$$

即

$$\boldsymbol{B}=\frac{\mu IN}{l}$$

所以有

$$\boldsymbol{H}=\frac{IN}{l}$$

$$\boldsymbol{H}l=IN \tag{1-51}$$

式(1-51)中的 $\boldsymbol{H}l$ 表示一段材料上的磁压降，用符号 U_{m} 表示，单位为安(A)。在一个由 n 段不同材料组成的磁路中，总磁通势是各段磁压降的代数和，即

$$F_{总}=IN=\sum_{i=1}^{n}\boldsymbol{H}_1 l_1+\boldsymbol{H}_2 l_2+\cdots+\boldsymbol{H}_n l_n \tag{1-52}$$

第八节　电气绝缘知识

一、基本的电气绝缘性能

在电气绝缘系统中所使用的绝缘材料，根据使用目的和使用环境，要求它应具有多方面

的性能，但作为必要条件，从电气绝缘物理性能方面来看，其基本的电气绝缘性能至少可按图 1-31 进行归纳。

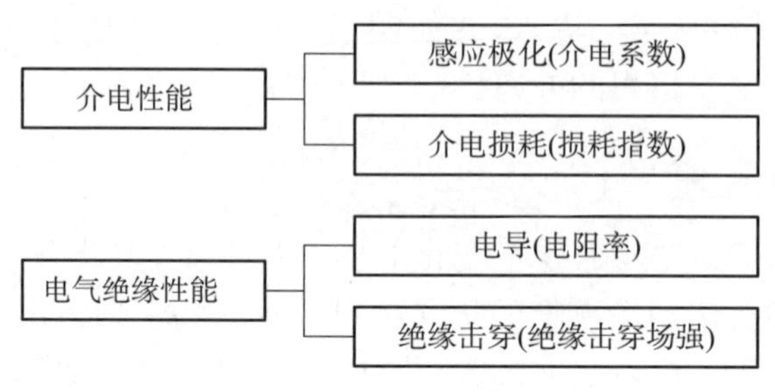

图 1-31　基本的电气绝缘性能

二、电气绝缘性能

电气绝缘性能主要包括电导和绝缘击穿两个关键方面。绝缘击穿是决定最终绝缘性能的关键因素，而电导则是控制击穿的先导现象，具有不容忽视的重要性。

（一）电导

当在物体上施加电场时，会有电导电流流过，其大小取决于物质的电阻率。电阻率是评估材料导电或绝缘性能的关键参数，通常以欧姆・米（Ω・m）为单位。一般来说，电阻率较高的材料被认为是绝缘体，但这一标准仅是从工程应用的角度出发，给出了作为绝缘材料使用的可能范围。

（二）绝缘击穿

绝缘体在特定电场强度下，其原有的优良电气绝缘性能会消失，转变为高电导状态，这种现象被称为绝缘击穿。在不均匀电场中，高电场区域可能首先发生局部击穿，而低电场区域则可能保持稳定的绝缘状态。这种局部击穿现象对于电气设备的设计和运行具有重要影响。

绝缘击穿是一个渐进的过程，需要一定的时间和空间来完成。在施加电场后，直至击穿完成，会存在一个时延。这个时延与施加电压的大小密切相关，通常可以用电压—时间曲线来表示。对于绝缘配合和电气设备寿命的绝缘设计来说，这一时间效应既是极其重要的考量因素，也是工程上一个极其重要的信息量。

三、稳态电压

稳态电压是持续作用电压，指的是工频交流和直流电压。

（一）均匀电场在稳态电压下的击穿特性

1. 没有极性效应；

2. 与电压作用时间无关；

3. 不会出现电晕放电。

（二）不均匀电场在稳态电压下的击穿特性

1. 稍不均匀电场：不能维持稳定的电晕放电。与均匀电场一样，击穿电压等于自持放电电压。

实例：$D/S \geqslant 2$ 的球间隙、GIS 的母线。

2. 极不均匀电场：能维持稳定的电晕放电。击穿电压远大于自持放电电压。

实例：$D/S < 2$ 的球间隙、棒棒间隙、棒板间隙。

四、气体介质的绝缘特性

（一）空气间隙的击穿机理

1. 电离（游离）的定义

电子脱离原子核的束缚使原子成为自由电子和正离子的过程称为电离。

2. 电离的形式

(1)气体分子本身的电离（包括碰撞电离、光电离、热电离等）；

(2)气体中的固体和液体金属的表面电离。

（二）空气间隙的击穿过程

带电粒子在足够大的电场作用下，高速运动并不断加速，出现强烈的碰撞电离，形成电子崩，由许多电子崩产生大量正负带电质点混合的离子通道即流注，当流注把空气间隙的两极接通时，整个间隙随之击穿。

整个过程：碰撞电离→电子崩（非自持放电）→二次电子崩→流注→间隙被击穿。

在均匀电场中发生自持放电，间隙即被击穿；在极不均匀电场中发生自持放电，会发生电晕放电，但间隙并不被击穿，必须增高电压，才可以击穿间隙。

（三）均匀电场中气体间隙击穿电压与气体密度的关系

在温度不变的条件下气体间隙击穿电压与气体密度的关系：压力越大，密度越大，电子的自由行程短，间隙不容易被击穿，击穿电压升高；反之，击穿电压减小。但气体过于稀薄，碰撞次数太小，导致击穿电压升高。

（四）电场是否均匀对空气间隙击穿电压的影响

在标准大气压下，温度为 20 ℃，均匀电场空气间隙的击穿场强大约为 30 kV/cm，不均匀电场空气间隙的击穿场强大大下降。

当空间间隙距离大于 50 cm 时，负极性的直流平均击穿场强为 10 kV/cm，正极性的直流平均击穿场强为 4.5 kV/cm。

（五）气体间隙的直流击穿电压和极性效应

1. 在均匀电场中，直流击穿电压和工频击穿电压的大小相等，不存在极性效应。

在不均匀电场中，正极性的直流击穿电压远低于负极性的直流击穿电压，这就是极性效应。

击穿电压比较：负棒－正板>棒－棒>正棒－负板。

2. 冲击电压作用下的击穿电压：

雷电和操作冲击电压，持续时间很短（μs 或 ms），属于瞬态作用电压，但其幅值很大，对电气设备的绝缘危害大。

(1)雷电冲击电压：±1.2/50 μs。

(2)操作冲击电压：±250/2 500 μs。

（六）影响气体间隙击穿电压的各种因素

影响气体间隙击穿电压的各种因素有：气体状态、电压作用时间（电压波形）、电压极性、电场均匀程度、电极材料和光洁度、气体种类等。

（七）六氟化硫（SF_6）气体的绝缘特性

1. SF_6 气体是一种无色、无臭、无毒和不可燃的惰性气体，化学性能稳定，具有优良的灭弧和绝缘性能。

2. SF_6 气体的液化特性：液化温度随压力变化，压力越高，液化温度越低；反之亦然。

3. SF_6 气体的灭弧性能特别强的原因主要是：在高温时分解出的硫、氟原子和正负离子，与其他灭弧介质相比，在分解时吸收的能量多，对弧柱的冷却作用强，弧柱温度较低。因此，SF_6 气体中电弧电压较低，燃弧时的电弧能量小，对灭弧有利。

SF_6 气体分子的负电性强。所谓负电性，是指 SF_6 气体吸附自由电子形成负离子的特性。SF_6 气体负电性强，加强了去游离，降低电导率。在电弧电流过零后，弧柱温度将急剧下降，分解物急速复合。因此，SF_6 气体弧隙的绝缘性能恢复速度很高，能耐受很高恢复电压，电弧在电流过零后难重燃。

4. SF_6 气体分解物的毒性：SF_6 气体在水分和电弧的作用下会产生有毒或有腐蚀性的物质。因此，必须做好电气设备的密封处理，加强漏气和含水率检测。

在 SF_6 断路器中，在水分参与下将产生强腐蚀性的分解产物 HF。这种物质对绝缘材料、金属材料、玻璃、电瓷等含硅材料有很强的腐蚀性。因此，必须严格控制 SF_6 气体中的水分。常采用的措施有：加强断路器的密封；组装断路器时，先要对零部件进行彻底烘干；严格控制 SF_6 气体中含水率；严格控制断路器充气前的含水率；在 SF_6 断路器内部加装吸附剂。

（八）气体放电的不同形式

1. 辉光放电（低气压下）

特点：放电电流密度较小，放电区域通常占据放电电极间的整个空间，如霓虹管中的放电。

2. 电弧放电（常压或高压下）

特点：放电电流密度极大，耀眼而细长的放电通道，温度极高，具有短路的性质。

3. 火花放电（常压或高压下）

特点：外电路的阻抗很大，限制了放电电流，出现贯穿两极的断续的明亮细火花。

4. 电晕放电

特点：空气间隙极不均匀，在电极电场最强处出现发光层，放电电流小，气体间隙大部分尚未丧失绝缘性能，间隙仍能耐受电压作用。

5. 刷状放电

特点：电场极不均匀的情况下发生电晕放电，如果电压继续升高到一定程度时，从电晕电极伸展出许多较明亮的细小放电通道。

（九）气体中固体介质的沿面放电

1. 沿面放电

（1）定义

沿固体介质表面发生的气体放电现象称之为沿面放电。

沿面放电发展成贯穿性短路（类似于击穿）时称之为沿面闪络。

(2)过程

电晕放电→刷状放电→滑闪放电→沿面放电→间隙被击穿。

2. 影响空气中固体介质沿面放电电压的各种因素

(1)固体绝缘表面的光洁度。

(2)大气湿度和固体绝缘表面吸潮状况。

(3)导体与固体绝缘结合状况。

(4)电场分布的均匀程度:

①均匀电场:沿面闪络电压<纯空气间隙放电电压。

②弱垂直分量的不均匀电场:沿面闪络电压<同样间隙距离,极不均匀电场纯空气间隙放电电压。

③强垂直分量的不均匀电场:沿面闪络电压≪同样间隙距离,极不均匀电场纯空气间隙放电电压。

3. 提高空气中固体绝缘沿面放电电压的措施

(1)户外安装的绝缘子设置裙边,减小绝缘的吸潮。

(2)在绝缘子表面涂防水涂料。

(3)尽量使配电装置导电部位电场均匀:

①减小电极附近单位面积的体积电容;

②减小电极附近固体绝缘表面电阻系数;

③减少空气间隙。

五、液体介质的绝缘特性

(一)液体介质的种类

液体介质按其来源分为矿物油、植物油、人工合成液体。

(二)液体介质的击穿过程

液体介质的击穿过程与所含的杂质,如气泡、水滴或纤维等密切相关。

(三)影响液体介质击穿电压的各种因素(以变压器油为例)

只要油里含有水,则耐压值显著下降。此外,压力、温度、电场均匀度、电场的作用时间和油隙宽度对击穿电压都有影响。

1. 压力的影响

压力越大,工频击穿电压升高;反之,则下降。

2. 温度的影响

在 25 ℃以下时,因油中含有的水分呈乳化状态,所以油的击穿电压的数值随温度的降低而降低。但温度低于 0 ℃时,因油中所有的水成了冰,油的击穿电压又将会有所提高。一般油温在 65～80 ℃时击穿电压最高,这是因为油中水成分子状态溶解于油。若温度超过 80 ℃,击穿电压又开始下降,这是因为悬浮在油中的污染等极性分子运动能量加快,从而增加了油中击穿的概率。

3. 电场均匀度的影响

冲击电压作用下油间隙的击穿电压≫工频和直流电压作用下油间隙的击穿电压。提高电场的均匀度可以显著提高油间隙冲击击穿电压。

4. 电场作用时间的影响

在一定时间内，击穿电压随时间的延长而下降；达到一定时间后，变化不明显。工频耐压试验时间通常为 1 min。

5. 油间隙宽度的影响

宽度增加，击穿电压下降。

六、固体电介质的绝缘特性

（一）固体电介质的种类及其特性

1. 固体电介质的种类

非极性或弱极性介质、极性介质和离子性介质。

2. 电介质的极化和相对介电系数

(1)极化：电介质中的正、负电荷沿着电场方向做有限的位移或转向，形成偶极矩，这种现象称为电介质的极化。

极化可分为电子式极化、离子式极化、偶极子极化、空间电荷极化、夹层极化

(2)相对介电系数：相对介电系数 ε 越大，则电介质的电容量 C 越大。

（二）固体绝缘击穿的三种形式

1. 电击穿：发展速度快，与环境温度无关。

2. 热击穿：环境温度越高，作用时间越长，击穿电压越低。

3. 电化学击穿。

（三）影响固体绝缘击穿电压的因素

影响固体绝缘击穿电压的因素有：温度、电压作用时间、电场均匀程度、湿度、电压种类、机械负荷、固体介质的局部放电和累积效应等。

七、组合绝缘的耐电特性

（一）油纸绝缘的耐电特性

油纸绝缘：由浸透绝缘油的纸层和纸层间缝隙内的油层组成的组合绝缘。

特点：纸在油中起屏蔽作用，油则填充了纸中的空隙，耐电特性极高，缺点是耐热性差，易受潮。

（二）影响组合绝缘击穿电压及耐电性的因素

1. 电压作用时间的影响

在 2 h 以内，随作用时间的缩短，击穿电压显著升高。

2. 局部放电的影响

局部放电是在绝缘材料中发生的局部放电现象，会导致绝缘材料的劣化和击穿。当绝缘材料存在缺陷或不均匀性时，局部放电就更容易发生。它会产生气体和其他物质，使绝缘材料的电性能降低，从而降低击穿电压和耐电性。

3. 温度的影响

温度会影响绝缘材料的电性能。一般来说,温度升高会使绝缘材料的电阻降低,从而影响其击穿电压和耐电性。高温还可能导致绝缘材料的老化和劣化,降低其耐电性能力。

4. 介电系数的影响

增大油介质的介电系数,可以提高耐电性。

(三)油纸组合绝缘在交直流电压作用下的不同特点

油纸组合绝缘在直流电压作用下的耐电强度是交流电压作用下的两倍多。

(四)组合绝缘的吸收现象

1. 一层介质的电阻向另一层介质的电容充电,在两层介质交界面上积累有过剩的自由电荷,称为吸收电荷。

2. 充电过程伴随着能量损失。

3. 均匀介质不存在吸收现象。

4. 吸收现象是可逆的。

第九节 电工安全基本知识

一、触电事故类型

电流通过人体叫触电。人体触电方式有以下几种:直接接触触电、间接接触触电、跨步触电、高压电场触电、静电触电、雷电触电。触电时人体会受到某种程度的伤害,按其形式可分为电击和电伤两种。

(一)直接接触触电

人体直接接触或过分靠近电气设备及线路的带电导体而发生的触电现象称为直接接触触电,如单相触电、两相触电、电弧伤害等。

1. 单相触电

当人站在地面上或其他接地体上,人体的某一部位触及一相带电体时,电流通过人体流入大地(或中性线),称为单相触电。对于高压带电体,人体虽未直接接触,但由于超过了安全距离,高电压对人体放电,造成单相接地而引起的触电,也属于单相触电。

(1)中性点直接接地

中性点直接接地的后果与人体和大地间的接触状况有关。如果人体站在干燥绝缘的地板上,因人体与大地间有很大的绝缘电阻,通过人体的电流就很小,就不会有触电危险,但如果地板潮湿,就有触电危险。

在低压中性点直接接地中,单相触电事故在地面潮湿时易于发生。单相触电是危险的,如高压架线断线,人体碰及断导线往往会导致触电事故。此外,在高压线路周围施工,未采用安全措施,碰及高压导线触电事故也时有发生。

(2)中性点不直接接地

这种情况下,电流将从电源相线经人体、其他两相的对地阻抗回到电源的中性点,从而形成回路。此时,通过人体的电流与线路的绝缘电阻和对地电容的数值有关。正常情况下,设备的绝缘电阻相当大，通过人体的电流很小，一般不致造成对人体的伤害。

2. 两相触电

人体同时接触带电设备或线路中的两相导体，或在高压系统中，人体同时接近不同相的两相带电导体，而发生电弧放电，电流从一相导体通过人体流入另一相导体，构成一个闭合回路，这种触电方式称为两相触电。

（二）间接接触触电

间接接触触电是由于电气设备（包括各种用电设备）内部的绝缘故障，而造成其外露可导电部分（金属外壳）可能带有危险电压（在设备正常情况下，其外露可导电部分是不会带有电压的），当人员误接触到设备的外露可导电部分时，便可能发生触电。

1. 跨步电压触电

跨步电压是指电气设备碰壳或电力系统一相发生接地短路时，电流从接地处四散流出，在地面上形成不同的电位分布，人走近短路点时，两脚之间会产生电位差。当跨步电压达到 40 V 以上时，将使人有触电危险，特别是人被跨步电压击倒后加大了人体的触电电压，从而造成意外或死亡。发现有跨步电压危险时，应单足或并双足跳离危险区，亦可沿半径垂直方向小步慢慢退出。

2. 感应电压触电

由于带电设备的电磁感应和静电感应的作用，将会在附近的停电设备上感应出一定电位。高压双回路、多回路同杆架设以及两条平行架设的线路，如果一条线路带电，会造成另外停电的线路带电，特别是当和停电检修平行接近的带电线路出现三相不平衡或单相接地时，对停电线路的感应使其意外地带有危险电压，称为感应电压。

3. 雷电触电

雷击可分为直击雷和感应雷。直击雷是云层与地面凸出物之间的放电；感应雷分为静电感应雷和电磁感应雷。

静电感应雷：是由于带电积云接近地面，在架空线路导线或其他导电凸出物顶部感应出大量电荷引起的。

电磁感应雷：是由于雷电放电时，巨大的冲击雷电流在周围空间产生迅速变化的强磁场引起的。

4. 静电触电

用电设备的某个部位上储存的电荷通过人体放电引起的触电。

二、保证用电安全的基础要素

1. 电气绝缘：即用不导电的绝缘材料把带电体封闭起来。保持配电线路和电气设备的绝缘良好，是保证人身安全和电气设备正常运行的最基本要素。电气绝缘的性能是否良好，可通过测量其绝缘电阻、耐压强度来衡量。

2. 安全距离：是指人体、物体等接近带电体而不发生危险的安全可靠距离。如带电体与地面之间、带电体与带电体之间、带电体与人体之间、带电体与其他设施和设备之间，均应保持一定距离。

安全距离包括：变配电装置安全距离、检修安全距离、操作安全距离等。

3. 安全载流量:是指允许持续通过导体内部的电流量。如果电流超过安全载流量,导体的发热将超过允许值,导致绝缘损坏,甚至引起漏电和发生火灾。因此,根据导体的安全载流量选择导体截面和设备十分重要。

4 标识:明显、准确、统一的标识是保证用电安全的重要因素。颜色标识表示不同性质、不同用途的导线;标示牌标识一般作为危险场所的标志;型号标识作为设备特殊结构的标识。A 相为黄色,B 相为绿色,C 相为红色。明敷接地线涂以黑色。二次系统交流回路用黄色,负电源用蓝色,信号和警告回路用白色。仪表盘上运行极限参数画红线等。

三、保证安全工作的组织措施

在电力设备上工作,保证安全的组织措施有:工作票制度(包括口头命令或电话命令)、工作许可制度、工作监护制度、工作间断和转移工地制度、工作结束和送电制度。

(一)工作票制度

1. 工作票签发人不能兼任工作执行人;工作领导人、工作执行人均不能兼任工作许可人。

2. 工作票按下列规定填发和管理:

(1)在发、变、配电所内作业或在发、变、配电所停电的线路上作业时,应填写一式两份,其中一份发给值班员,另一份发给工作执行人(有工作领导人时,发给工作领导人)。上述以外的作业,可填一份发给工作执行人。

(2)一般一个工作地点或一个检修区段填发一张工作票。但如在一个发、变、配电所内全部停电或在一个站场内(由配电所依次倒闸停送电时除外),几条线路全部停电,并有两组同时工作时,可仅签发一张工作票发给工作领导人。如上述作业仅有一组工作,需要检修另一线路时,应按转移工地办理。

当一个工作执行人负责的工作尚未结束时,禁止发给另一张工作票。

(3)发给工作领导人的工作票,应注明工作组数及各工作执行人的姓名。

(4)各工作负责人在工作前对工作票中的内容有疑问时,应向签发人询问明白,然后进行工作。

(5)工作结束后由作业班组保存半年。

(二)工作许可制度

1. 在不经变、配电所停电的线路上作业时,由工作执行人指定工作许可人完成安全措施后可开始工作。

2. 凡经变、配电所停电的作业,工作许可人(值班员)应审查工作票所列安全措施是否完备,是否符合现场条件,在完成所内停电、检电、接地封线等安全措施后还应注意以下几点:

(1)会同工作执行人检查安全措施,以手触试证明检修设备确无电压;

(2)对工作执行人指明带电设备的位置、接地线安装处所和注意事项;

(3)双方在工作票上签名后方可开始工作。

(三)工作监护制度

对工作条件复杂,有触电危险的工作,应设专职监护人。专职监护人不得兼任其他工作。

（四）工作间断及转移工地制度

1. 在白天，因吃饭或休息暂时中断变、配电所作业时，全部接地线可保留不动，但工作人员不宜单独留在高压室内。暂时中断电线路作业时，如工作人员已离开现场，应派人看守工地。恢复工作前，工作执行人应检查接地线等安全措施。

2. 当一个工作组按照工作票在几个工作地点依次进行工作时，应按下列规定转移工地：

(1)工作人员在规定时间内只可在指定地点工作，如无工作执行人命令，不得自行转移工地；

(2)每次转移到新工地时，应履行工作许可手续，并在工作票上注明新工作地点及在安全措施栏内记入装设接地线的电杆号数；

(3)转移工地时，应在工作票上填记。

（五）工作结束和送电制度

完工后，工作组应清理工具、材料，工作执行人详细检查工作质量，工作人员全部由作业设备上撤离后，按下列规定恢复送电：

1. 线路局部停电作业，由工作执行人通知工作许可人撤除地线，摘下标示牌，然后合闸送电。

2. 干线停电作业，配电值班员接到工作执行人工作已结束的通知后，将工作执行人姓名、通知时间及方法等记入工作票和工作日志内，然后摘下标示牌，撤离接地线，方可合闸送电。多组作业时，应注意标示牌数目和结束工作的组数相符。

3. 在变、配电设备上作业时，配电值班员接到工作执行人工作已经结束、工作组人员已撤除工地的报告后，将完工的时间记录在两份工作票内，按下列次序恢复送电：

(1)核对摘下的标示牌数和结束工作组数是否相符；

(2)撤除临时接地线，并按登记号码核对无遗漏；

(3)撤除临时防护物及各种标示牌；

(4)恢复常设栅栏；

(5)合闸送电。

送电后，工作执行人应检查设备运行情况，正常后方可离开现场。

四、保证安全的技术措施

在全部停电作业和邻近带电作业，必须完成停电、检电、接地封线、悬挂标示牌及装设防护物的安全措施。

上述措施由配电值班员执行。对无人值班的电力设备(包括电力线路)，由工作执行人指定工作许可人执行。

（一）停电

1. 停电、检电、接地封线工作必须由两人进行(一人操作，一人监护)。操作人员应戴绝缘手套，穿绝缘鞋(靴)，戴护目镜，用绝缘杆操作(机械传动的开关除外)。人体与带电体之间的安全距离见表 1-1。

表 1-1　人体与带电体之间最小安全距离

带电体电压/kV	有安全遮栏/m	无安全遮栏/m
6～10	0.35	0.70
10～35	0.60	1.00
35～66	1.50	2.00

2. 停电检修时，必须把各方面的电源完全断开(运行中的星形接线设备的中性线，应视为带电设备)。断开断路器、隔离开关的操作电(能)源。断路器、隔离开关的操作机构必须加锁。检查柱上断路器"分、合"指示器。禁止在只经断路器断开电源的设备上工作，必须拉开隔离开关，使各方面至少有一个明显的断开点。与停电设备有关的变压器和电压互感器，还必须从低压侧断开，防止向停电设备反送电。

3. 对于低压停电作业，应从各方面断开电源，将配电箱加锁。没有配电箱时应取下熔断器。在多回路的设备上进行部分停电作业时，应核对停电的回路与检修的设备，严防误停电或停电不彻底。

（二）检电

1. 检电工作应在停电以后进行。检电时应使用电压等级合适的检电器，并先在其他带电设备上试验，确认良好后进行。

变、配电设备的检电工作，应在所有断开的线端进行。对断路器或隔离开关应在进出线上进行。电力线路的检电应逐相进行。同杆架设的多层电力线路，应先验低压，后验高压，先验下层，后验上层。对架空线路局部作业，应在工作区段两端装接地线处进行。对低压设备的检电，除使用检电笔外，还可使用携带式电压表进行。用电压表检电时，应在各相之间及每相对地之间进行检验。

2. 表示开关设备断开的指示信号、经常接入的电压表，不能作为设备无电的依据。但如果指示有电，若未采取安全措施，禁止在设备上工作。

高压检电必须戴绝缘手套，并有专人监护，如在室内高压设备上检电，还需穿绝缘靴或站在绝缘台上。

3. 对无法进行直接验电的设备，可以进行间接验电，即检查隔离开关(刀闸)的机械指示位置、电气指示、仪表及带电显示装置指示的变化，且应有两个及以上指示已同时发生对应变化；若进行遥控操作，则应同时检查隔离开关(刀闸)的状态指示、遥测、遥信信号及带电显示装置的指示进行间接验电。

（三）接地封线

1. 架空线路停电作业时，经验明无电后，应立即将已接地的接地线对已停电的设备进行三相短路封线。短路封线的安装位置如下：

(1)施工区段两端邻近断路的电杆；

(2)有可能返送电到作业线路的分歧线和有关开关；

(3)从其他方面无来电可能时，可仅在电源侧接地封线；

(4)施工场所距断路器及接地封线处较远，且联系不便时，应加挂接地封线；

(5)有感应电压反映在停电线路上时，应加挂接地封线。

2. 装设接地线应接触良好，必须先接接地端，后接导体端。同杆架设的多层电力线路同时挂接地线时，应先挂低压后挂高压，先挂下层后挂上层。拆除接地线的顺序与此相反。在导线上装拆接地线时，应使用绝缘棒并戴绝缘手套。

3. 对于可能送电至停电设备的各方面都应装设接地线或合上接地刀闸，所装接地线与带电部分应考虑接地线摆动时仍符合安全距离的规定。

（四）悬挂标示牌及装设防护物

由于设备原因，接地刀闸与检修设备之间连有断路器（开关），现场操作时，在接地刀闸和断路器（开关）合上后，应在断路器（开关）操作把手上悬挂“禁止分闸！”的标示牌。远动操作时，在显示屏上进行操作的断路器（开关）和隔离开关（刀闸）的操作处均应相应设置“禁止合闸，有人工作！”或“禁止合闸，线路有人工作！”以及“禁止分闸！”的标示牌。

复习思考题

1. 电路的三种工作状态有哪些？
2. 试写出欧姆定律公式。
3. 什么是交流电的频率、有效值和初相角？
4. 什么是交流电路？
5. 简述三相交流电源星形连接和三角形连接的电压、电流的关系。
6. 电路的基本组成包括哪些？
7. 电压的定义是什么？
8. 电容的作用有哪些？
9. 简述基尔霍夫电流定律。
10. 简述安培力的方向。
11. SF_6 气体的灭弧性能特别强的原因是什么？
12. 什么是绝缘老化现象？
13. 提高功率因数的意义是什么？
14. 试写出电容器串联、并联的公式。

第二章 工程力学

第一节 静力学中的基本概念及物体的受力分析

一、力的概念

力是物体间的相互机械作用，这种作用使物体的运动状态发生变化，同时使物体发生变形。前者称为力的运动效应或外效应；后者称为力的变形效应或内效应。

（一）力的三要素

力的三要素包括力的大小、方向、作用点，如图 2-1 所示。

1. 力的大小 F 反映了力的强弱。

2. 力的方向即图 2-1 中箭头指示方向，反映了力的作用线在空间的方位和指向。

3. 力的作用点 A 是物体相互作用位置的抽象化。只要改变其中任何一个要素，力对物体的作用效果也会随之改变。

（二）等效力系

1. 力系

作用在物体上的若干个力总称为力系，以（$\boldsymbol{F}_1,\boldsymbol{F}_2,\cdots,\boldsymbol{F}_n$）表示，如图 2-2 所示。

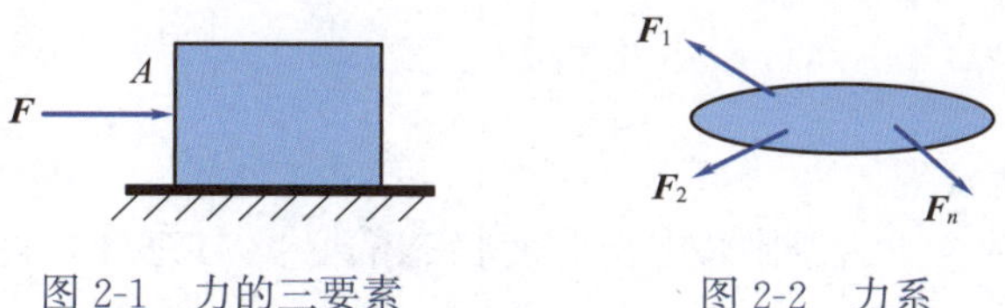

图 2-1　力的三要素　　图 2-2　力系

2. 等效力系

作用于物体上的一个力系可用另一个力系代替，而不改变原力系对物体作用的外效应称为等效力系，以（$\boldsymbol{F}_1,\boldsymbol{F}_2,\cdots,\boldsymbol{F}_n$）～（$\boldsymbol{F}'_1,\boldsymbol{F}'_2,\cdots,\boldsymbol{F}'_m$）表示，如图 2-3 所示。

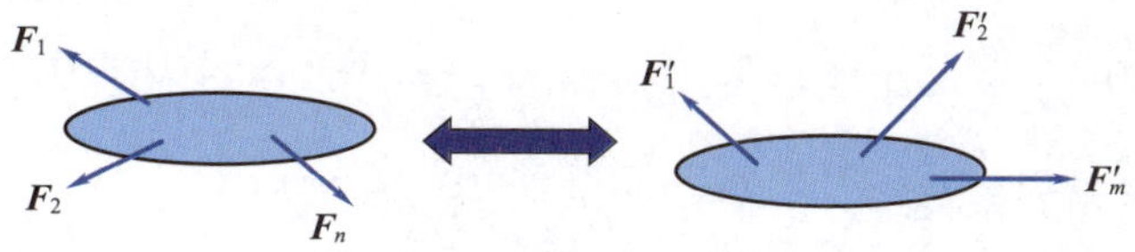

图 2-3　等效力系

3. 合力

如果一个力($\boldsymbol{F}_R$)与一个力系($\boldsymbol{F}_1,\boldsymbol{F}_2,\cdots,\boldsymbol{F}_n$) 等效，则 $\boldsymbol{F}_R$ 称为此力系的合力，而力系中各力称为 $\boldsymbol{F}_R$ 的分力，如图 2-4 所示。

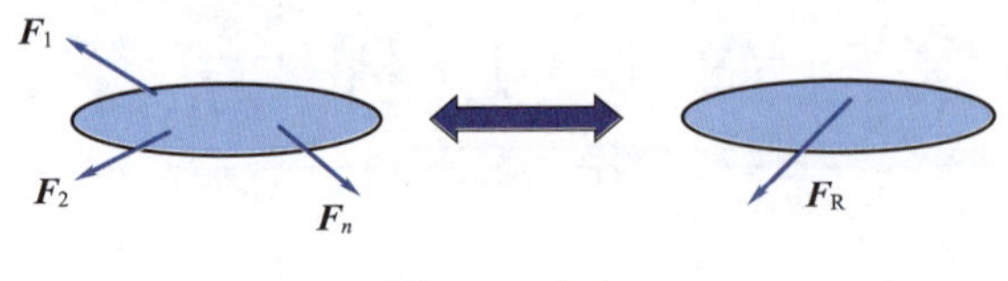

图 2-4 合力

二、刚体的概念

任何物体在力的作用下，其上任意两点间均将产生相对运动，使其初始位置发生改变，称之为位移，从而导致物体发生变形，当其变形微小而可被忽略时，将其抽象为刚体。

三、平衡条件与平衡力系

要使物体处于平衡状态，作用于物体上的力系必须满足一定的条件，这些条件称为力系的平衡条件。作用于物体上正好使之保持平衡的力系则称为平衡力系。

四、刚体静力学研究的基本问题

1. 平衡：物体相对于地面保持静止或做匀速直线运动的状态。
2. 平衡条件：建立物体处于平衡状态时，作用在物体上的力系应满足的条件。
3. 静力学：研究物体在力系作用下平衡规律的科学。
4. 刚体静力学：研究刚体在力系作用下的平衡问题。
5. 受力分析：分析作用在刚体上的各种力，研究对象的受力情况。
6. 利用平衡条件求解未知力，以解决工程中的相关问题。

五、静力学公理

公理 1 二力平衡公理

作用于刚体上的两个力，使刚体处于平衡状态的必要与充分条件是：这两个力等值、反向、共线，如图 2-5 所示。

二力构件指的是只受两个力作用而处于平衡的物体。如果二力构件是一根直杆，则称为二力杆，如图 2-6 所示。

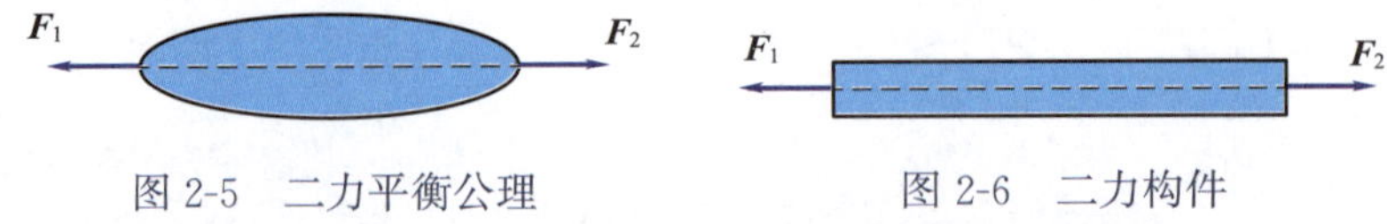

图 2-5 二力平衡公理　　图 2-6 二力构件

公理 2 加减平衡力系公理

在作用于刚体上的已知力系中，加上或减去任一平衡力系，并不改变原力系对刚体的效应。

力的可传性原理：作用于刚体上的力，可沿其作用线任意移动而不改变它对刚体的作用效应，如图 2-7 所示。

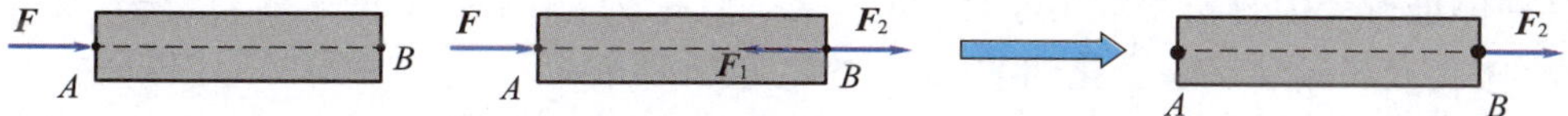

图 2-7 加减平衡力系公理

公理 3 力的平行四边形法则

作用于物体上同一点的两个力，其合力也作用在该点上，合力的大小和方向则由以这两个力为邻边所构成的平行四边形的对角线来表示，而该两个力称为合力的分力，如图 2-8 所示。

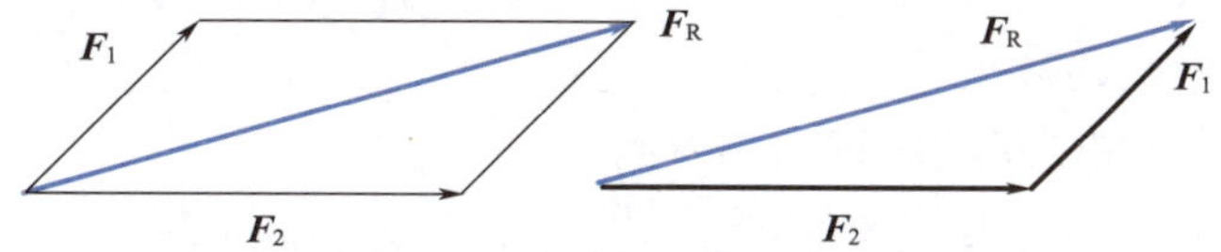

图 2-8 力的平行四边形法则

合力 $\boldsymbol{F}_R$ 等于这两个分力 $\boldsymbol{F}_1$ 和 $\boldsymbol{F}_2$ 的矢量和，即

$$\boldsymbol{F}_R=\boldsymbol{F}_1+\boldsymbol{F}_2 \tag{2-1}$$

六、约束和约束力

1. 自由体与非自由体

在空间能向一切方向自由运动的物体，称为自由体。

当物体受到了其他物体的限制，因而不能沿某些方向运动时，这种物体为非自由体。

2. 约束

限制非自由体运动的物体是该非自由体的约束，如图 2-9 所示。

3. 约束力

约束施加于被约束物体上的力称为约束力 $\boldsymbol{F}_T$，如图 2-10 所示。

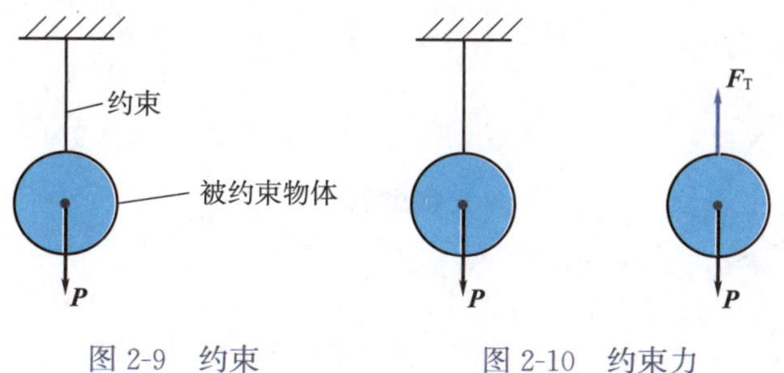

图 2-9 约束　　图 2-10 约束力

4. 约束力的方向

与约束所能限制被约束物体的运动方向相反的方向为约束力的方向，如图 2-10 所示中 $\boldsymbol{F}_T$ 的方向。

七、研究对象和受力图

对物体进行受力分析是静力学计算(如求解约束力)中最重要的一步,也是动力学计算(求解物体受力与运动状态变化间的关系)中的重要环节。

(一)受力分析方法

将物体从约束中隔离出来,将约束对它的作用代以相应的约束力,即取隔离体,画受力图。

(二)画受力图的步骤

1. 明确(选择)研究对象,并将研究对象从它周围的约束中分离出来,单独画出其简图。
2. 画出研究对象所受的力,明确每个力是哪个施力体施加的。
3. 根据约束性质画约束力。
4. 考虑平衡条件,判断某些约束力的方向。
5. 注意作用力与反作用力的关系。

第二节　平面汇交力系的一般知识

平面汇交力系是指各力的作用线在同一平面内且相交于一点的力系,如图 2-11 所示。平面汇交力系的研究方法主要是几何法和解析法。

一、平面汇交力系合成与平衡的几何法

1. 平面汇交力系的合成

图 2-12 所示为平面汇交力系合成,$\boldsymbol{F}_1$、$\boldsymbol{F}_2$、$\boldsymbol{F}_3$ 为同一平面且作用线相交于一点的力系,由多边形法则可得到合力 $\boldsymbol{F}_R$ 的计算公式为

图 2-11　平面汇交力系

$$\boldsymbol{F}_R=\boldsymbol{F}_1+\boldsymbol{F}_2+\boldsymbol{F}_3 \tag{2-2}$$

对于由 n 个力组成的平面汇交力系,其合力为

$$\boldsymbol{F}_R=\boldsymbol{F}_1+\boldsymbol{F}_2+\cdots+\boldsymbol{F}_n \tag{2-3}$$

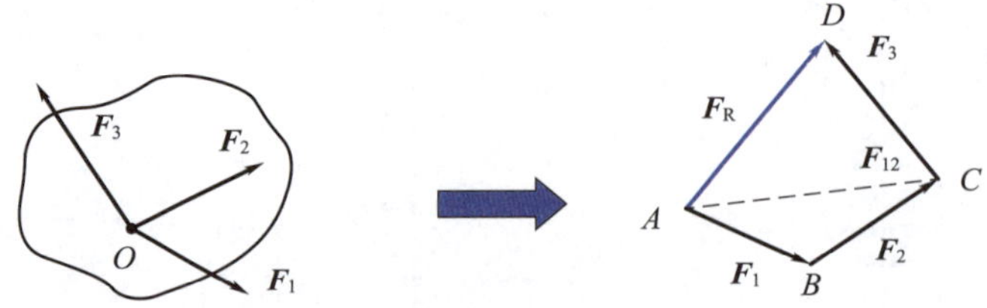

图 2-12　平面汇交力系合成(几何法)

2. 平面汇交力系的平衡

平面汇交力系平衡的充要条件是合力为零,即

(1) $\boldsymbol{F}_R=0$;

(2) 在几何法中，合力为零即为力多边形自行封闭，如图 2-13 所示。

3. 三力平衡汇交定理

若刚体受三个力作用而平衡，且其中两个力的作用线相交于一点，则三个力的作用线必汇交于同一点，而且共面，如图 2-14 所示。

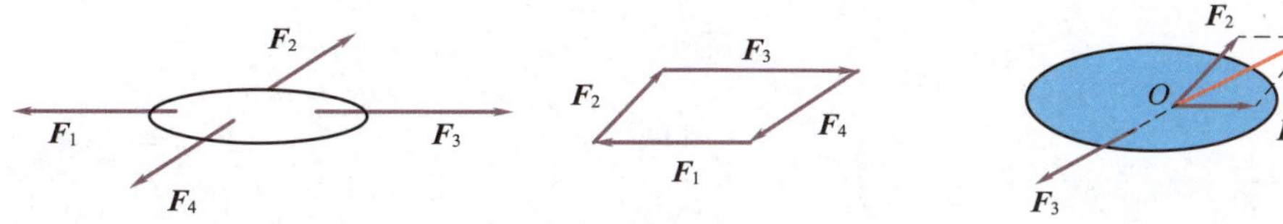

图 2-13 平面汇交力系平衡(几何法)　　图 2-14 三力平衡汇交定理

$\boldsymbol{F}_1$、$\boldsymbol{F}_2$、$\boldsymbol{F}_3$ 与 $\boldsymbol{F}_{12}$ 的关系为

$$\boldsymbol{F}_{12}=\boldsymbol{F}_1+\boldsymbol{F}_2=-\boldsymbol{F}_3 \tag{2-4}$$

二、平面汇交力系合成与平衡的解析法

1. 力在坐标轴上的投影(图 2-15)

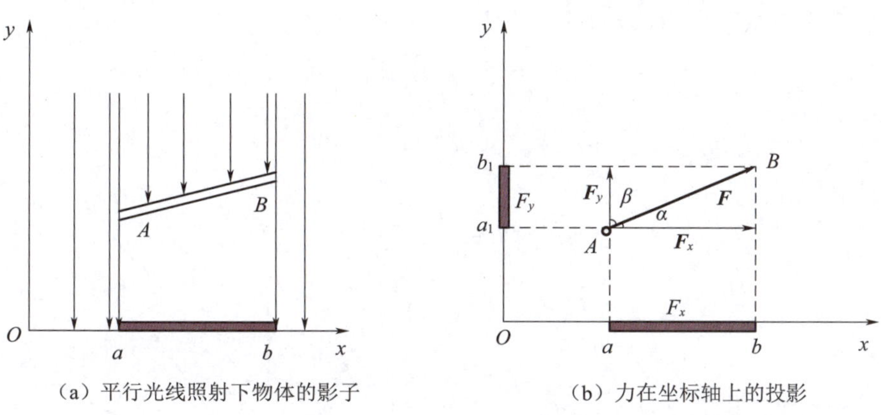

(a) 平行光线照射下物体的影子　　(b) 力在坐标轴上的投影

图 2-15 力在坐标轴上的投影

由图 2-15(b)知，若已知力的大小为 F 及其与 x 轴、y 轴的夹角为 α、β，则

$$\begin{cases} F_x=|\boldsymbol{F}|\cos\alpha \\ F_y=|\boldsymbol{F}|\cos\beta=|\boldsymbol{F}|\sin\alpha \end{cases} \tag{2-5}$$

即力在某个轴上的投影等于力的模乘以力与该轴的正向间夹角的余弦。当 α、β 为锐角时，F_x、F_y 均为正值；当 α、β 为钝角时，F_x、F_y 为负值。故力在坐标轴上的投影是个代数量。

而如将力 $\boldsymbol{F}$ 沿正交的 x、y 坐标轴方向分解，则所得分力 $\boldsymbol{F}_x$、$\boldsymbol{F}_y$ 的大小与力 $\boldsymbol{F}$ 在相应轴上的投影 F_x、F_y 的绝对值相等。但是当 Ox、Oy 两轴不正交时，则没有这个关系。

2. 合力投影定理

合力在任一轴上的投影等于各分力在同一轴上投影的代数和，如图 2-16 所示。

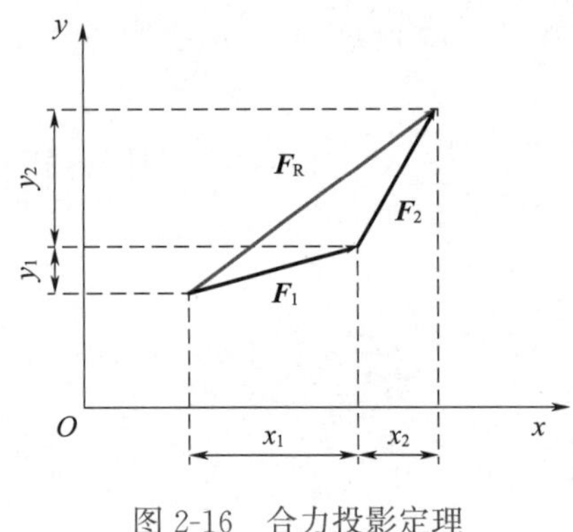

图 2-16　合力投影定理

$$\begin{cases} F_{Rx} = F_{x1} + F_{x2} \\ F_{Ry} = F_{y1} + F_{y2} \end{cases} \tag{2-6}$$

式中　F_{Rx}、F_{Ry}——$\boldsymbol{F}_R$ 在 Ox、Oy 轴上分力的投影；

F_{x1}、F_{y1}——$\boldsymbol{F}_1$ 在 Ox、Oy 轴上分力的投影；

F_{x2}、F_{y2}——$\boldsymbol{F}_2$ 在 Ox、Oy 轴上分力的投影。

同理

$$\begin{cases} F_{Rx} = F_{x1} + F_{x2} + \cdots + F_{xn} = \sum_{i=1}^{n} F_{xi} \\ F_{Ry} = F_{y1} + F_{y2} + \cdots + F_{yn} = \sum_{i=1}^{n} F_{yi} \end{cases} \tag{2-7}$$

3. 平面汇交力系的合成(图 2-17)

合力的大小和方向可由下式求得

$$\begin{cases} F_R = \sqrt{F_{Rx}^2 + F_{Ry}^2} \\ \tan\alpha = \left| \dfrac{F_{Ry}}{F_{Rx}} \right| \end{cases} \tag{2-8}$$

4. 平面汇交力系的平衡(图 2-18)

当平面汇交力系平衡时,合力的大小为

$$\begin{cases} F_R = \sqrt{F_{Rx}^2 + F_{Ry}^2} = 0 \\ F_{Rx} = \sum_{i=1}^{n} F_{xi} = 0 \\ F_{Ry} = \sum_{i=1}^{n} F_{yi} = 0 \end{cases} \tag{2-9}$$

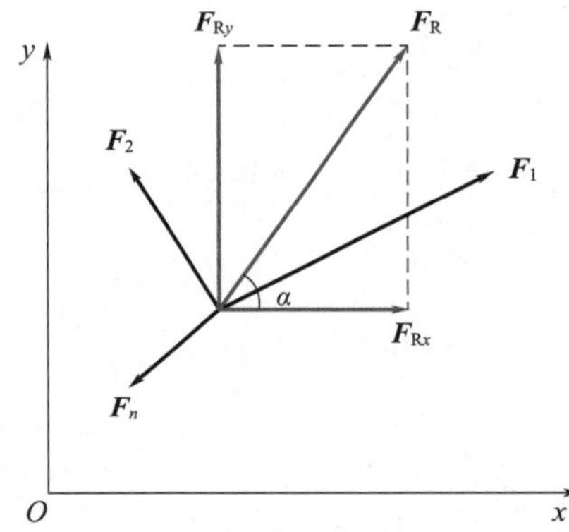

图 2-17　平面汇交力系合成(解析法)

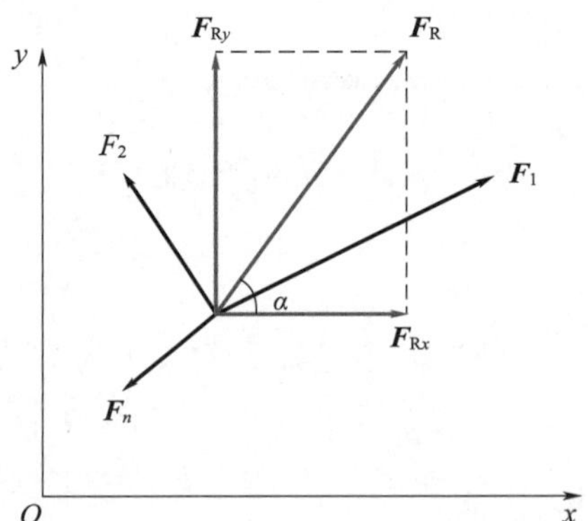

图 2-18　平面汇交力系平衡(解析法)

平面汇交力系平衡的解析条件是:力系中各力在两个坐标轴中每一轴上的投影之代数和均等于零。

由于提供的独立的方程有两个,故可以求解两个未知量。

求解平面汇交力系平衡问题的一般步骤如下:

(1)弄清题意,明确已知量和待求量;

(2)恰当选取研究对象,明确所研究的物体;

(3)正确画出研究对象的受力图(主动力、约束力、二力构件等);

(4)合理选取坐标系,列平衡方程并求解;

(5)对结果进行必要的分析和讨论。

第三节 平面任意力系的一般知识

平面任意力系即一般力系的平衡条件、平衡方程及其应用。

平面一般力系是指位于同一平面内的诸力其作用线既不汇交于一点,也不互相平行的力系。

工程计算中的很多实际问题都可以简化为平面一般力系来处理,如图 2-19 所示。

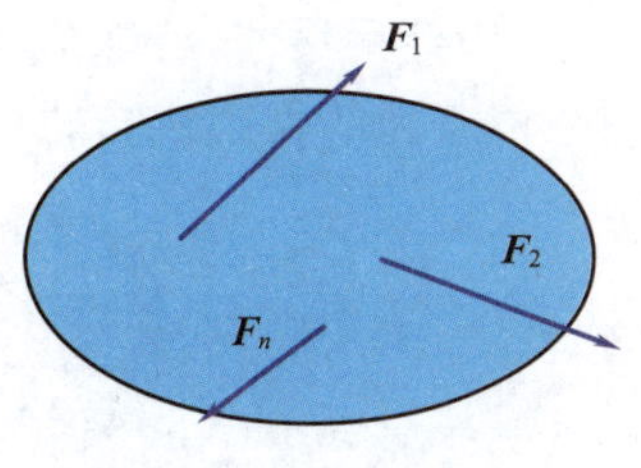

图 2-19 平面一般力系 1

图 2-20(a)所示为屋架,它所承受的恒载、风载以及支座约束力所组成的力系可简化为平面一般力系,如图 2-20(b)所示。

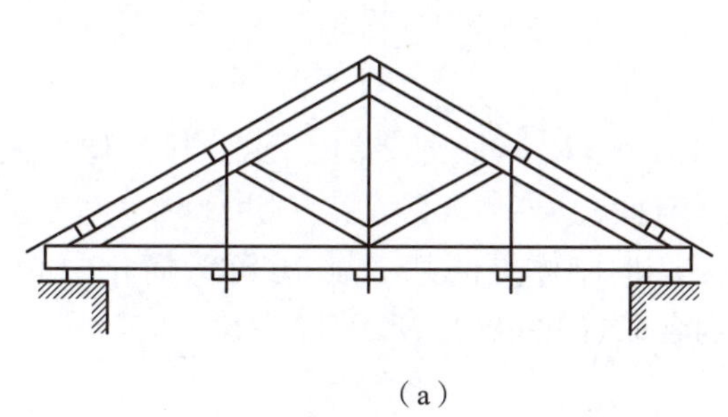
(a)

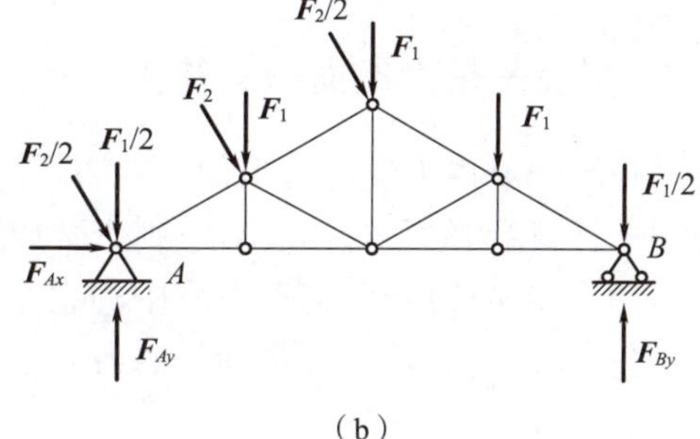

(b)

图 2-20 屋架的力系

图 2-21 所示为起重机示意,配重、荷载、自重及支座约束力所组成的力系可视为一个平面一般力系。

图 2-21 起重机示意

一、力线平移定理

定理:作用在刚体上某点的力 $\boldsymbol{F}$,可以平行移动到刚体上任意一点,但必须同时附加一个力偶,其力偶矩等于原来的力 $\boldsymbol{F}$ 对平移点之矩,如图 2-22 所示。

$$\boldsymbol{M}_B(\boldsymbol{F})=\boldsymbol{F}d \Rightarrow \boldsymbol{M}=\boldsymbol{M}_B(\boldsymbol{F}) \tag{2-10}$$

式中 $\boldsymbol{F}$——用在刚体上某点的力;

d——平移距离;

$\boldsymbol{M}$——力偶矩;

$\boldsymbol{M}_B(\boldsymbol{F})$——等效替换到 B 点力 $\boldsymbol{F}$ 的力偶矩。

可见,一个力可以分解为一个与其等值平行的力和一个位于平移平面内的力偶。反之,一个力偶和一个位于该力偶作用面内的力,也可以用一个位于力偶作用面内的力来等效替换。

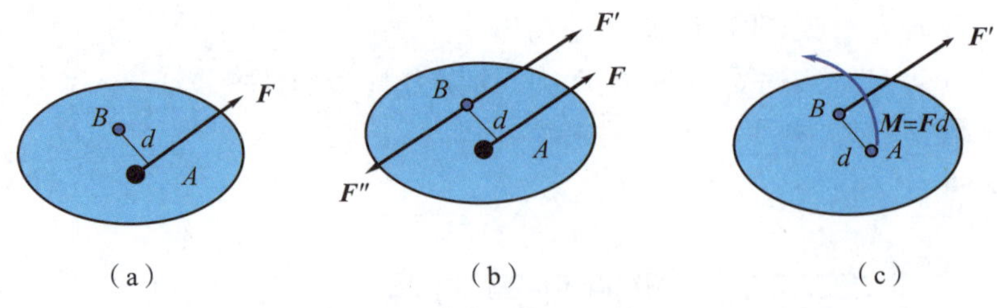

图 2-22　力线平移定理

如打乒乓球，若球拍对球作用的力其作用线通过球心（球的质心），则球将移动而不旋转；但若力的作用线与球相切——“削球”，则球将产生移动和转动，如图 2-23 所示。

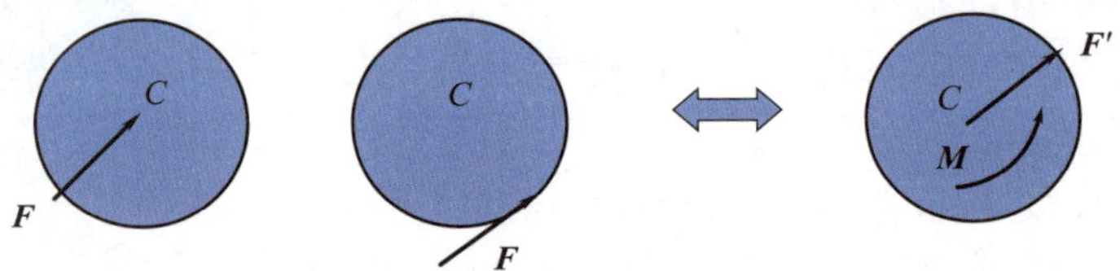

图 2-23　乒乓球旋转

二、平面一般力系向一点简化

设在某一刚体上作用着平面一般力系（$\boldsymbol{F}_1,\boldsymbol{F}_2,\cdots,\boldsymbol{F}_n$），如图 2-24 所示。显然像平面汇交力系那样，用力的平行四边形法则来合成它很困难。

应用力线平移定理，将该力系中的各个力逐个向刚体上的某一点 O（称为简化中心）平移，再将所得的平面汇交力系和平面力偶系分别合成，如图 2-25 所示。

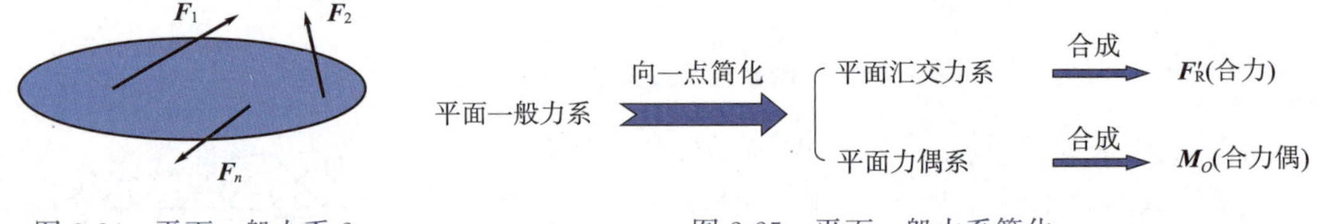

图 2-24　平面一般力系 2　　图 2-25　平面一般力系简化

事实上，可直接用原力系（$\boldsymbol{F}_1,\boldsymbol{F}_2,\cdots,\boldsymbol{F}_n$）的各力作出力多边形，力多边形的封闭边称为原力系的主矢。$\boldsymbol{F}'_R$ 的大小和方向等于主矢，作用点在 O 点，如图 2-26 所示。

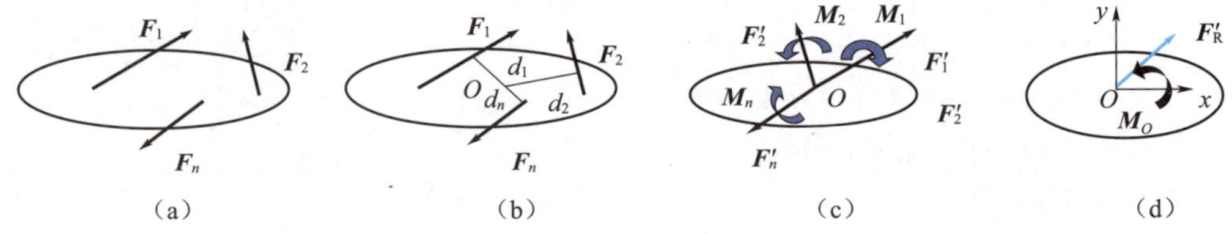

图 2-26　平面一般力系的合成

则

$$\boldsymbol{F}'_R=\boldsymbol{F}'_1+\boldsymbol{F}'_2+\cdots+\boldsymbol{F}'_n=\boldsymbol{F}_1+\boldsymbol{F}_2+\cdots+\boldsymbol{F}_n=\sum_{i=1}^{n}\boldsymbol{F}_i \tag{2-11}$$

由此可见，主矢与简化中心的位置无关。

$$\boldsymbol{M}_O=\boldsymbol{M}_1+\boldsymbol{M}_2+\cdots+\boldsymbol{M}_n=\boldsymbol{M}_O(\boldsymbol{F}_1)+\boldsymbol{M}_O(\boldsymbol{F}_2)+\cdots+\boldsymbol{M}_O(\boldsymbol{F}_n)=\sum_{i=1}^{n}\boldsymbol{M}_O(\boldsymbol{F}_i) \tag{2-12}$$

由此可见，$\boldsymbol{M}_O$ 一般与简化中心的位置有关，它反映了原力系中各力的作用线相对于 O 点的分布情况，称为原力系对 O 点的主矩。

平面一般力系的三种简化结果：

1. 力系简化为合力偶，如图 2-27 所示。此时主矩与简化中心的位置无关，即 $\boldsymbol{F}'_{\mathrm{R}}=0$，$\boldsymbol{M}_O\neq0$。

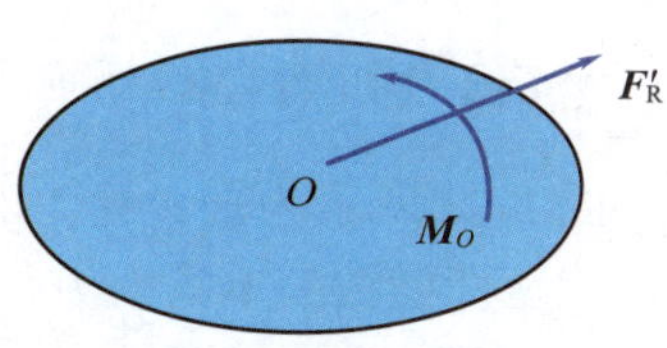

图 2-27　力系简化为合力偶

2. 力系简化为合力，如图 2-28 所示。

(1)当 $\boldsymbol{F}'_{\mathrm{R}}\neq0$，$\boldsymbol{M}_O=0$ 时，$\boldsymbol{F}'_{\mathrm{R}}$就是原力系的合力，合力的作用线通过简化中心。

(2)当 $\boldsymbol{F}'_{\mathrm{R}}\neq0$，$\boldsymbol{M}_O\neq0$ 时，力系仍可简化为一个合力，但合力的作用线不通过简化中心。

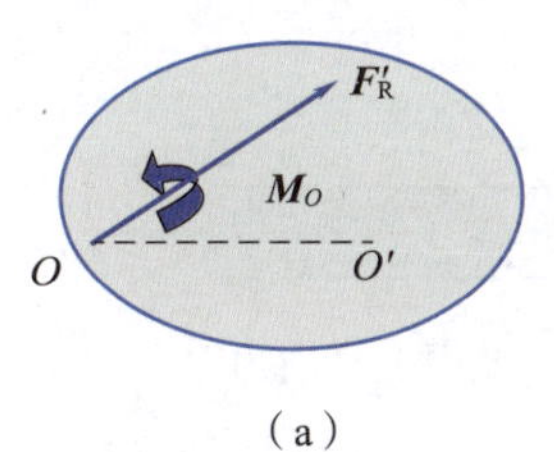

(a)

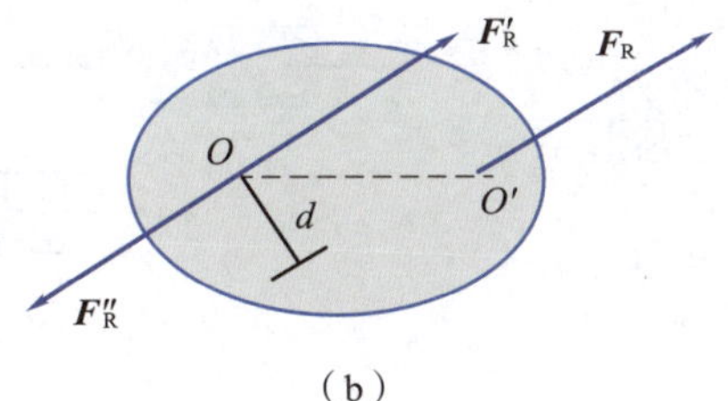

(b)

(c)

图 2-28　力系简化为合力

3. 力系平衡，如图 2-29 所示。当力系平衡，此时 $\boldsymbol{F}'_{\mathrm{R}}=0$，$\boldsymbol{M}_O=0$。

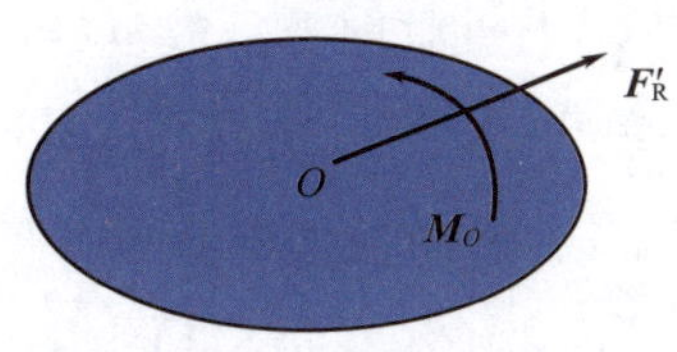

图 2-29　力系平衡

合力矩定理：

平面一般力系如果有合力，则合力对该力系作用面内任一点之矩等于力系中各分力对该点之矩的代数和。

由上述内容可得，合力矩定理可以表示为

$$\begin{cases}\boldsymbol{M}_O(\boldsymbol{F}_{\mathrm{R}})=\boldsymbol{F}_{\mathrm{R}}d=\boldsymbol{M}_O\\ \boldsymbol{M}_O=\sum\boldsymbol{M}_O(\boldsymbol{F})\\ \boldsymbol{M}_O(\boldsymbol{F}_{\mathrm{R}})=\sum\boldsymbol{M}_O(\boldsymbol{F})\end{cases} \tag{2-13}$$

第四节　轴向拉伸和压缩一般知识

工程中有很多构件，例如屋架中的杆，如图 2-30 所示，是等直杆，作用于杆上外力合力的作用线与杆的轴线重合。在这种受力情况下，杆的主要变形形式是轴向伸长或缩短。

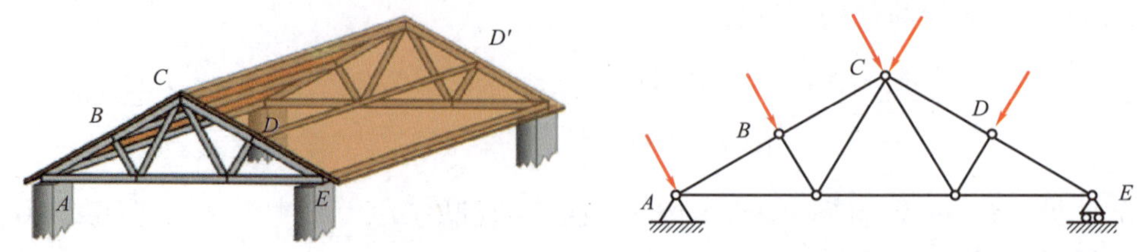

图 2-30　屋架的受力

一、轴力和轴力图

图 2-31 所示为轴向受力的杆件，常称为拉伸或压缩杆件，简称拉压杆。

拉压杆横截面上的内力如图 2-32 所示，由截面一边分离体的平衡条件可知，与横截面垂直的力称为轴力，用符号“$\boldsymbol{F}_{\mathrm{N}}$”表示。

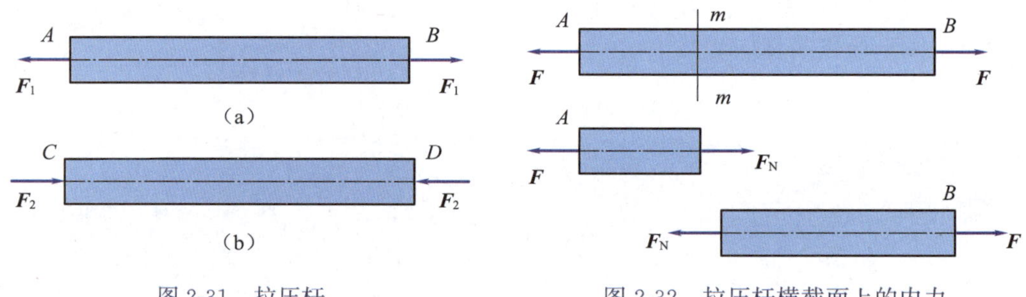

图 2-31　拉压杆　　图 2-32　拉压杆横截面上的内力

习惯上，把对应于伸长变形的轴力规定为正值(即分离体上的轴力其指向离开截面)，对应于压缩变形的轴力为负值(轴力的指向对着截面)。

当杆件轴向受力较复杂时，则常要做轴力图，将轴力随横截面位置变化的情况表示出来。

二、轴向拉伸与压缩

轴向拉伸、压缩杆件横截面上的内力——轴力 $\boldsymbol{F}_{\mathrm{N}}$。显然，它是横截面上法向分布内力的合力，如图 2-33 所示。

要判断一根杆件是否会因强度不足而破坏，还必须联系杆件横截面的几何尺寸、分布内力的变化规律找出分布内力在各点处的集度——应力。杆件横截面上一点处法向分布内力的集度称为正应力，以符号“$\boldsymbol{\sigma}$”表示，如图 2-34 所示。

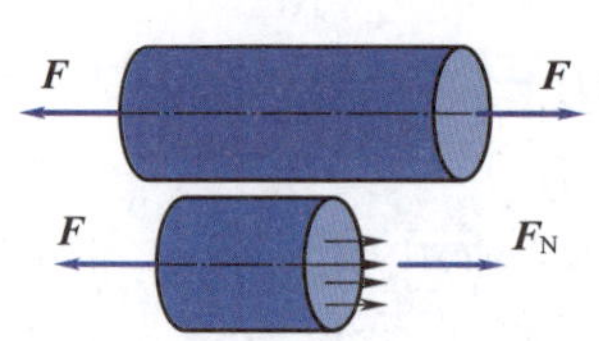

图 2-33　轴向拉伸、压缩杆件

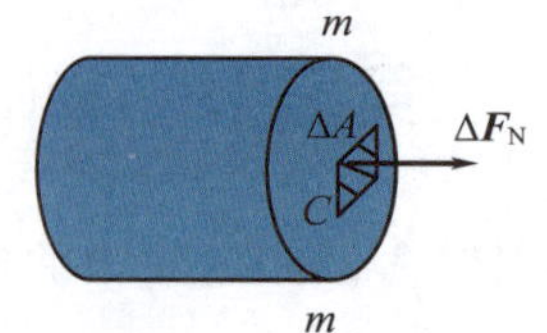

图 2-34　法向分布内力的集度

法向分布内力的集度，即 mm 截面 C 点处的正应力 $\boldsymbol{\sigma}$ 为

$$\boldsymbol{\sigma}=\lim_{\Delta A\to 0}\frac{\Delta \boldsymbol{F}_{\mathrm{N}}}{\Delta A}=\frac{\mathrm{d}\boldsymbol{F}_{\mathrm{N}}}{\mathrm{d}A} \tag{2-14}$$

$\Delta \boldsymbol{F}_{\mathrm{N}}$ 是矢量，因而正应力 $\boldsymbol{\sigma}$ 也是矢量，其方向垂直于它所在的截面。在国际单位制中，应力的单位为帕斯卡(Pascal)，其中文代号是帕，国际代号是 Pa(1 Pa=1 N/m^2)。

由于应力在截面上的变化规律未知，所以无法求出。解决此问题的常用方法是：以杆件在受力变形后表面上的变形情况为根据，由表及里地做出内部变形情况的几何假设，再根据分布内力与变形间的物性关系，得到应力在截面上的变化规律，然后再通过静力学中求合力的概念得到以内力表示应力的公式。

在杆受轴向拉伸时，两横向轴线虽然相对平移，但每一条轴线仍位于一个平面内。

受力前，如图 2-35 所示。受力后，如图 2-36 所示。

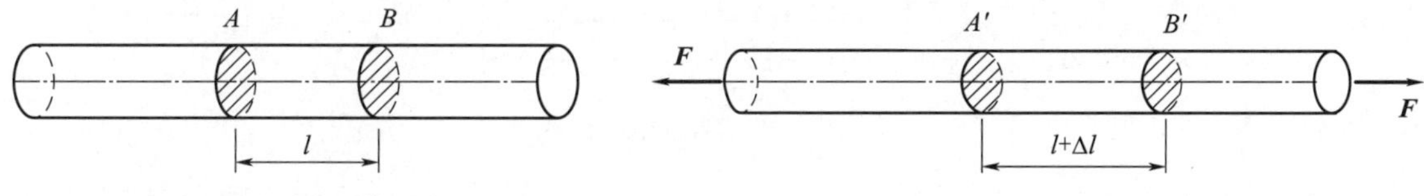

图 2-35　轴向拉伸(受力前)　　　　图 2-36　轴向拉伸(受力后)

平面假设：原为平面的横截面 A 和 B，在杆变形后仍为平面，且仍与杆的轴线垂直。

这说明杆件受轴向拉伸时两横截面之间的所有纵向线段其绝对伸长相同，伸长变形的程度也相等。

在工程上常假设材料是均匀的，连续的，而且是各向同性的。于是根据拉杆的变形情况，可以推断，横截面上各点处的正应力处处相等。按静力学求合力的概念可知

$$\boldsymbol{F}_{\mathrm{N}}=\int_A \mathrm{d}\boldsymbol{F}_{\mathrm{N}}=\int_A \boldsymbol{\sigma}\,\mathrm{d}A=\boldsymbol{\sigma}\int_A \mathrm{d}A=\boldsymbol{\sigma}A \tag{2-15}$$

$$\boldsymbol{\sigma}=\frac{\boldsymbol{F}_{\mathrm{N}}}{A} \tag{2-16}$$

式中　$\boldsymbol{F}_{\mathrm{N}}$——轴力；

　　　A——横截面面积。

对于轴向压缩的杆件，如果它具有足够的抵抗弯曲的刚度，式(2-15)、式(2-16)同样适用。

对应于伸长变形的拉应力为正，对应于缩短变形的压应力为负。

注意式(2-15)、式(2-16)只在杆上离外力作用点稍远的部分才正确，而在外力作用点附近的应力情况比较复杂。

圣维南原理：

外力作用于杆端的方式(例如，外力作用在杆件端面的局部或者整个端面)，在一般情况下只会影响外力作用处附近横截面上的应力分布情况，而影响范围不大于杆的横向尺寸。

当杆受几个轴向外力作用时，用截面法可求得其最大轴力。对等直杆来讲，将它代入公

式 $\boldsymbol{\sigma}=\frac{\boldsymbol{F}_{\mathrm{N}}}{A}$，即得杆内的最大应力为

$$\boldsymbol{\sigma}_{\max}=\frac{\boldsymbol{F}_{\mathrm{N,max}}}{A} \tag{2-17}$$

此最大轴力所在横截面称为危险截面，由式(2-17)算得的正应力即危险截面上的正应力，称为最大工作应力。

三、拉(压)杆的变形与位移

实验表明，工程上许多材料，如低碳钢、合金钢等都有一个线弹性阶段，即胡克定律，如图 2-37 所示。

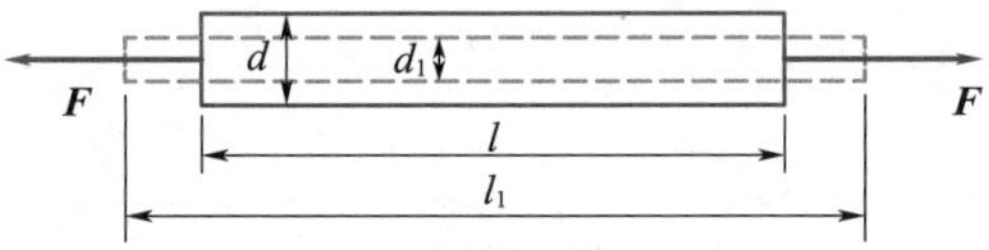

图 2-37　胡克定律

即

$$\begin{cases}\Delta l \propto \dfrac{\boldsymbol{F}_{\mathrm{N}}l}{A}\\ \Delta l=l_1-l\end{cases} \tag{2-18}$$

引入比例常数 E 有

$$\Delta l=\frac{\boldsymbol{F}_{\mathrm{N}}l}{EA} \tag{2-19}$$

式(2-19)即为拉(压)杆的胡克定律，式中 E 为弹性模量，常用单位为 MPa。

单向应力状态时的胡克定律为

$$\frac{\Delta l}{l}=\frac{1}{E}\times\frac{\boldsymbol{F}_{\mathrm{N}}}{A} \tag{2-20}$$

因为 $\boldsymbol{\sigma}=\frac{\boldsymbol{F}_{\mathrm{N}}}{A}$ 且 $\varepsilon=\frac{\Delta l}{l}$，所以可以得到

$$\boldsymbol{\sigma}=E\varepsilon \tag{2-21}$$

其中，$\varepsilon=\frac{\Delta l}{l}$ 表达的是均匀伸长时的线应变。

第五节　剪切与挤压的一般知识

一、剪切的概念(图 2-38)

机械中常用的连接件，如销钉、键和铆钉等，都是承受剪切的零件，如图 2-39 所示。

常见的连接件形式，如图 2-40 所示。

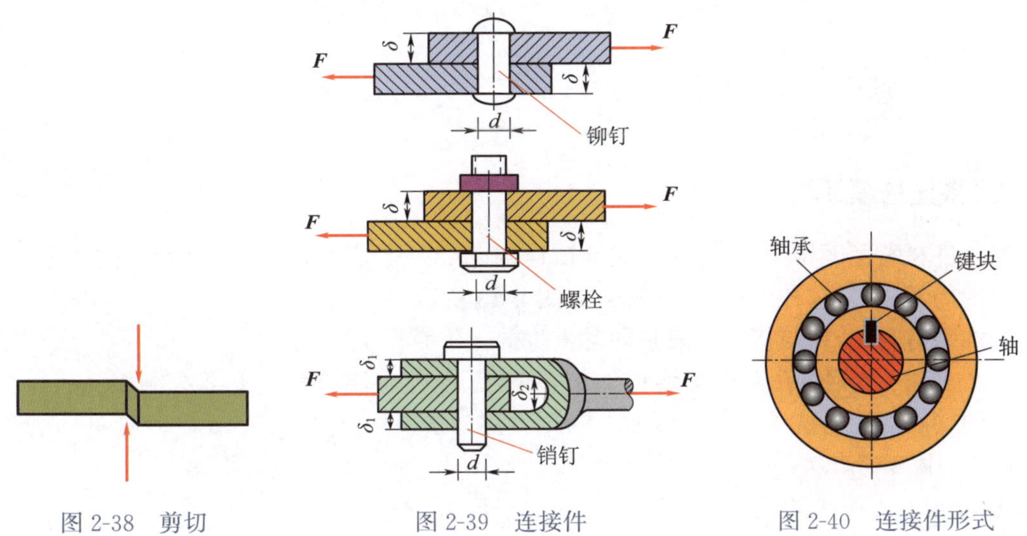

图 2-38 剪切　　图 2-39 连接件　　图 2-40 连接件形式

从实例可以得到：

1. 剪切的受力特点：作用在构件上的外力垂直于轴线，两侧外力的合力大小相等，方向相反，作用线相距很近。

2. 变形特点：两力间的横截面发生相对错动，即连接件沿两个作用线之间的截面发生相对错动，这种变形称为剪切变形，发生相对错动的面称为剪切面。铆钉只有一个剪切面，称为单剪，如图 2-41 所示。

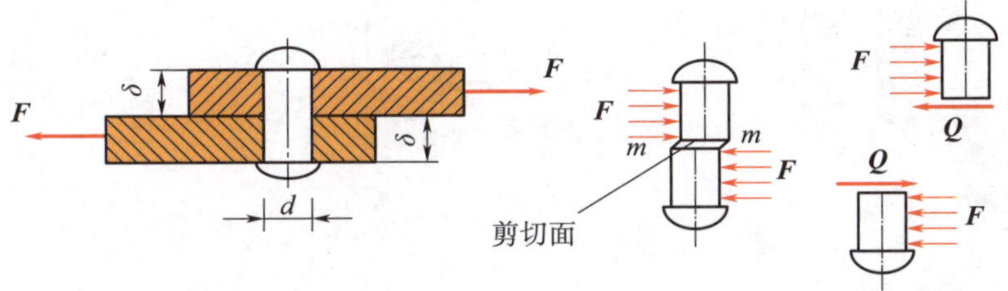

图 2-41 单剪

销钉具有两个剪切面，称为双剪，如图 2-42 所示。

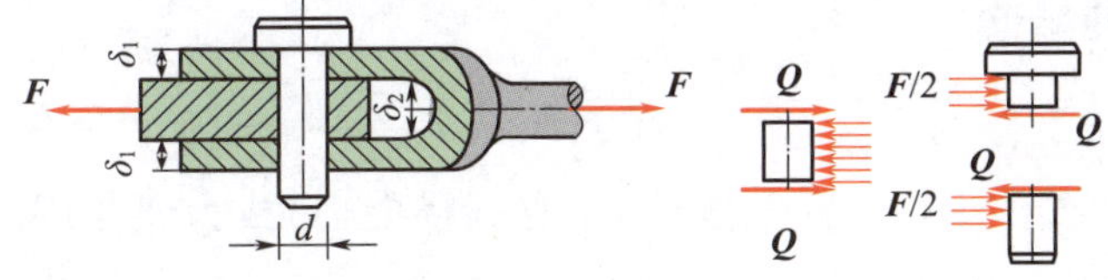

图 2-42 双剪

其中 Q 是剪切面上与外力大小相等、方向相反的内力，这个内力沿截面作用，称为剪力，相应的应力叫剪应力，用“τ”表示。

$$\tau = \frac{Q}{A} \tag{2-22}$$

式中 Q——剪切面上的剪力；

A——剪切面面积。

二、挤压的概念

连接件在发生剪切变形的同时，它与被连接件传力的接触面上将受到较大的压力作用，从而出现局部变形，这种现象称为挤压，如图 2-43 所示。

构件受剪时，剪切与挤压一般是同时发生的。

图 2-43 中，上钢板孔左侧与铆钉上部左侧，下钢板右侧与铆钉下部右侧相互挤压。发生挤压的接触面称为挤压面。挤压面上的压力称为挤压力，用“$\boldsymbol{F}_{jy}$”表示。相应的应力称为挤压应力，用“$\boldsymbol{\sigma}_{jy}$”表示：

$$\boldsymbol{\sigma}_{jy} = \frac{\boldsymbol{F}_{jy}}{A_{jy}} \tag{2-23}$$

必须指出，挤压与压缩不同。挤压力作用在构件的表面，挤压应力也只分布在挤压面附近区域，且挤压变形情况比较复杂。当挤压应力较大时，挤压面附近区域将发生显著的塑性变形而被压溃，此时发生挤压破坏。

另外可以看出，剪切面是与作用力平行的面，挤压面是与作用力垂直的面，如图 2-44 所示。

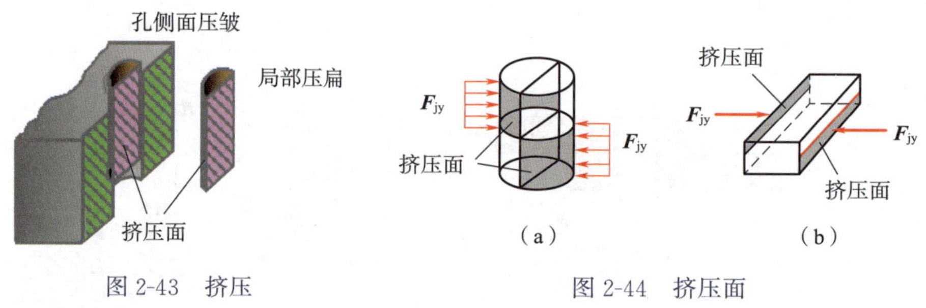

图 2-43 挤压　　图 2-44 挤压面

第六节 平面弯曲一般知识

一、平面弯曲的概念

（一）弯曲

弯曲是指当杆件受到垂直于杆轴线的外力（即横向力）或力偶作用时，杆的轴线由直线变成曲线的变形，如图 2-45 所示。

（二）梁

梁是以弯曲变形为主的杆件，如图 2-46 所示。

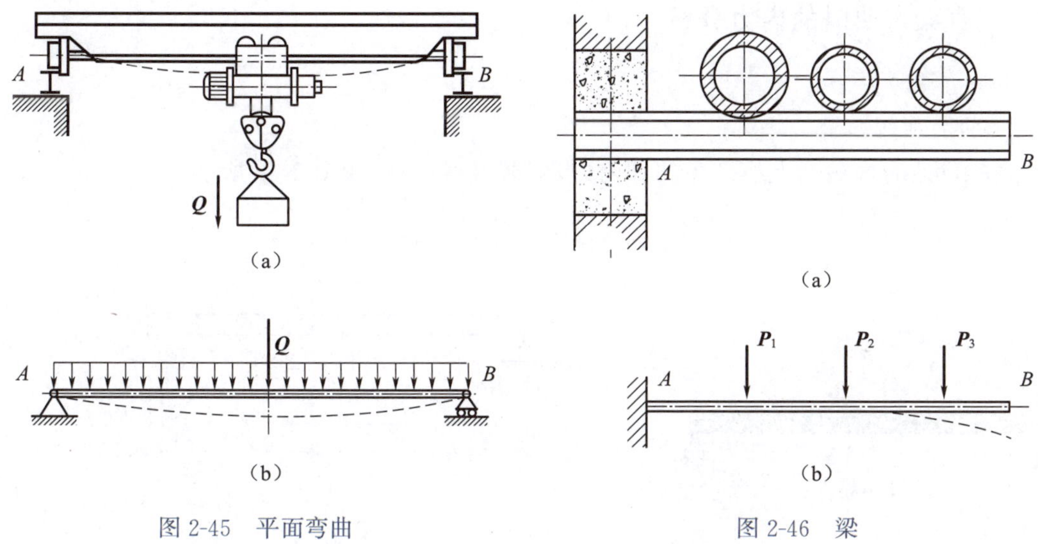

图 2-45 平面弯曲　　图 2-46 梁

（三）纵向对称平面

工程上常见的梁，其横截面都具有一根对称轴 y，由对称轴和梁的轴线组成的平面即为纵向对称平面，如图 2-47 所示。

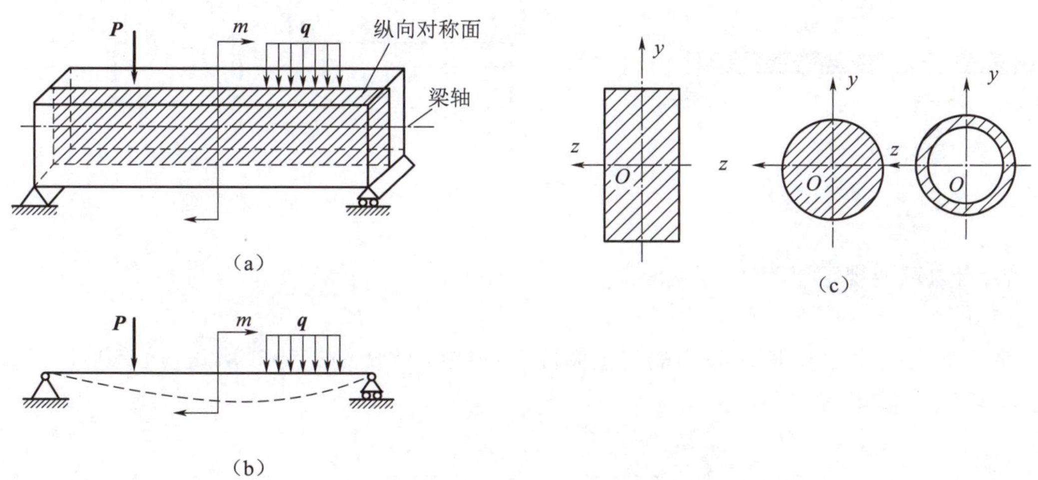

图 2-47 纵向对称平面

（四）平面弯曲

平面弯曲是指梁由直线在纵向对称平面内变成曲线的弯曲。

（五）载荷分类

作用在梁上的载荷一般可分为三种：集中载荷、分布载荷和集中力偶，各自对应的示意如图 2-48 所示。

二、直梁弯曲时的内力分析

（一）内力

1. 剪力和弯矩

直梁弯曲时横截面上将产生两种内力，即剪力和弯矩，如图 2-49 所示。

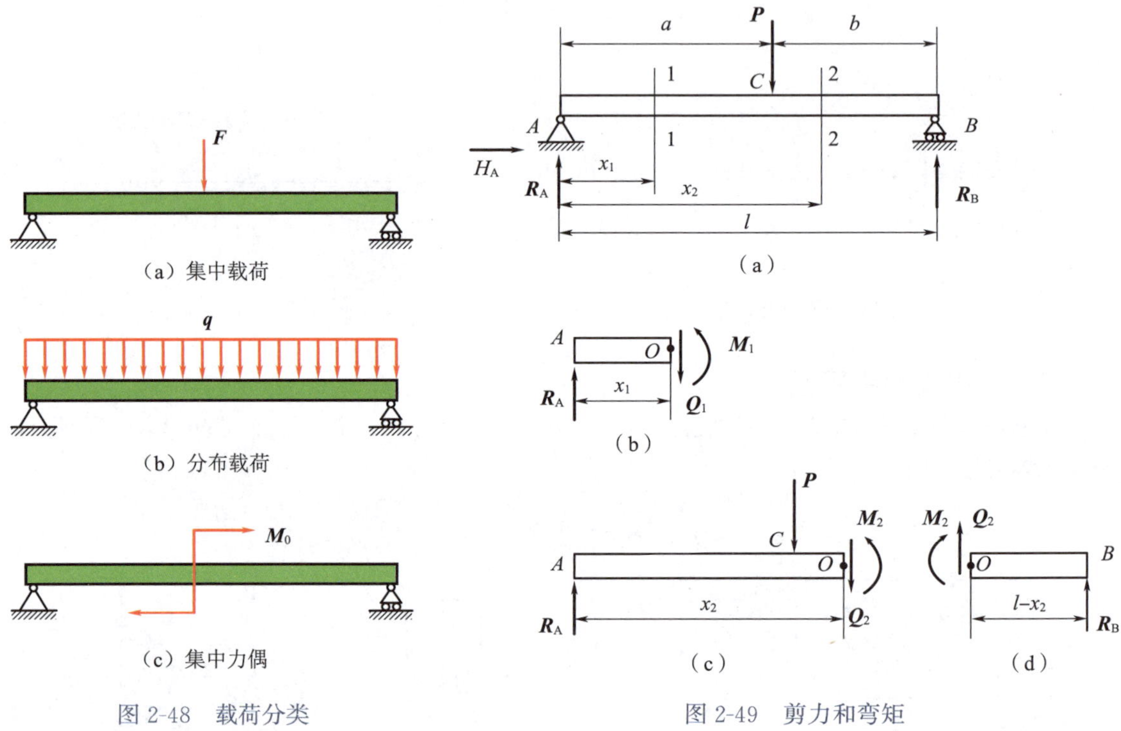

（a）集中载荷

（b）分布载荷

（c）集中力偶

图 2-48　载荷分类

（a）　（b）　（c）　（d）

图 2-49　剪力和弯矩

2. 内力符号规定

(1)剪力

横截面上的剪力 $\boldsymbol{Q}$ 使该截面的邻近微段有做顺时针转动趋势时取正号；有逆时针转动趋势时取负号，如图 2-50 所示。

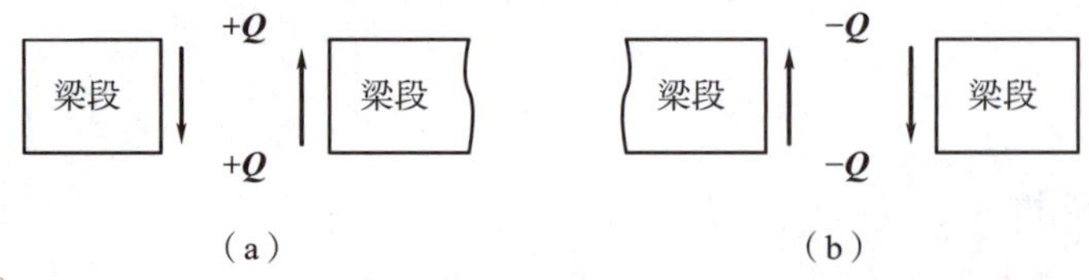

（a）　（b）

图 2-50　剪力

(2)弯矩

横截面上的弯矩 $\boldsymbol{M}$ 使该截面的邻近微段发生上凹的弯曲变形时取正号；使其发生下凹的弯曲变形时取负号，如图 2-51 所示。

（二）剪力图和弯矩图

1. 剪力方程和弯矩方程

若以梁的轴线 x 为横坐标，表示横截面的位置，则剪力和弯矩均可表示为 x 的函数，即

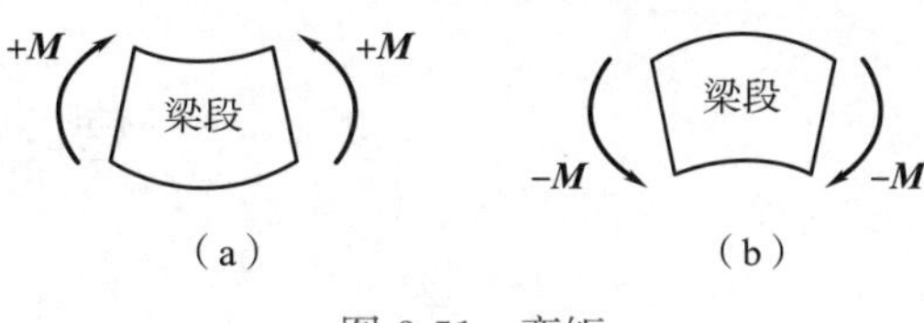

图 2-51　弯矩

$$\boldsymbol{Q}=f_1(x) \tag{2-24}$$

$$\boldsymbol{M}=f_2(x) \tag{2-25}$$

2. 剪力图和弯矩图

以如图 2-49 所示受集中力 $\boldsymbol{P}$ 作用的简支梁为例来具体说明剪力图和弯矩图的做法。

解：

(1)先求支座反力：

①A 处支座反力为

$$\boldsymbol{R}_A=\frac{\boldsymbol{P}b}{l} \tag{2-26}$$

②B 处支座反力为

$$\boldsymbol{R}_B=\frac{\boldsymbol{P}a}{l} \tag{2-27}$$

(2)做剪力图：

①AC 段梁的剪力方程为

$$\boldsymbol{Q}_1=\frac{\boldsymbol{P}b}{l}(0<x_1<a) \tag{2-28}$$

②CB 段梁的剪力方程为

$$\boldsymbol{Q}_2=-\frac{\boldsymbol{P}a}{l}(a<x_2<l) \tag{2-29}$$

③剪力图如图 2-52 所示。

(3)做弯矩图：

①AC 段梁的弯矩方程为

$$\boldsymbol{M}_1=\frac{\boldsymbol{P}b}{l}x_1(0\leqslant x_1\leqslant a) \tag{2-30}$$

②CB 段梁的弯矩方程为

$$\boldsymbol{M}_2=\frac{\boldsymbol{P}a}{l}(l-x_2)(a\leqslant x_2\leqslant l) \tag{2-31}$$

③弯矩图如图 2-53 所示。

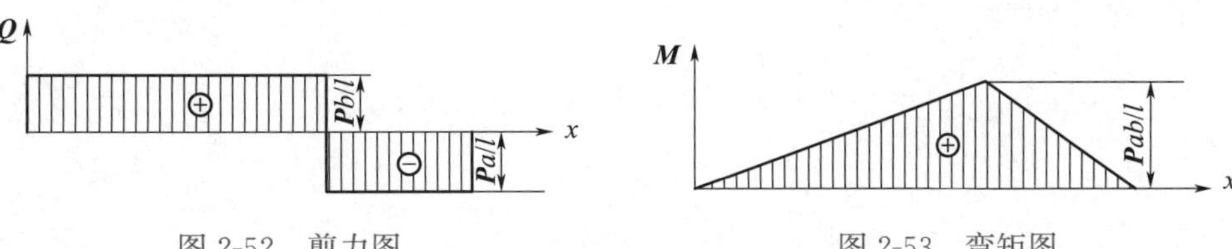

图 2-52　剪力图　　图 2-53　弯矩图

复习思考题

1. 力的三要素是什么？
2. 什么是刚体？
3. 静力学的三条公理是什么？
4. 平面汇交力系的定理是什么？
5. 平面汇交力系有几种研究方法？
6. 求解平面汇交力系平衡问题的一般步骤是什么？
7. 平面任意力系的定义是什么？
8. 力线平移定理是什么？
9. 轴力和拉伸与压缩的关系是什么？
10. 圣维南定理是什么？
11. 剪切的概念是什么？
12. 挤压的概念是什么？
13. 平面弯曲的概念是什么？
14. 直梁弯曲时横截面上将产生哪两种力？
15. 弯矩图如何制作？

第二篇　专业知识

第三章　电力供电系统

第一节　电力供电系统构成

由发电厂、变电所、输电线、配电系统及用户组成，进行电能的生产、输送、分配和使用的系统，称为电力系统。电能与国民经济各部门之间关系密切，生产、输送、消费电能各个环节所组成的统一整体不可分割。

严格地说，由发电厂的发电部分、输配电线路、变配电所及用户组成的整体称为电力系统。若电力系统再加上发电厂的动力部分，则成为动力系统。在电力系统中，除发电设备和用电设备外，各级电压的电力线路及其所联系的变电所，称为电力网，它是电力系统的一个重要组成部分。它们之间的关系如图 3-1 所示。

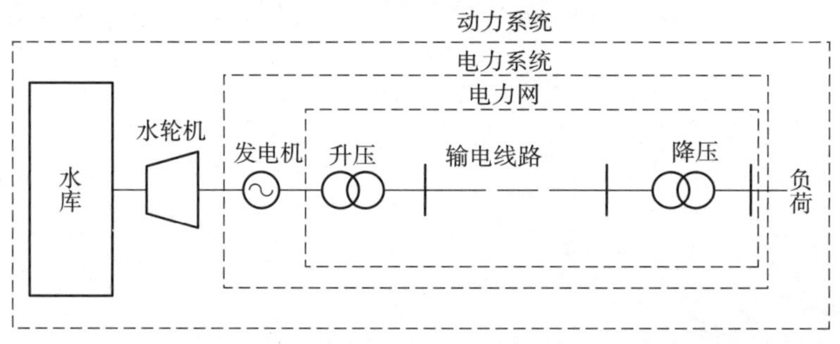

图 3-1　动力系统、电力系统和电力网示意

一、发 电 厂

在电力系统中，电能是由发电厂产生的，它是将自然界蕴藏的各种一次能源转换为电能（二次能源）的工厂。发电厂按所使用的能源不同，可分为火力发电厂、水力发电厂、核能发电厂、风力发电厂以及太阳能发电厂等。

二、电 力 网

电力网承担了将电能由发电厂发出来之后供给用户的工作，即担负着输电、变电与配电的任务。

电力网按其在电力系统中的作用，分为输电网和配电网。输电网是以输电为目的，采用高压或超高压将发电厂、变电所或变电所之间连接起来的送电网络，它是电力网中的主网架。直接将电能送到用户的网络称为配电网或配电系统，它是以配电为目的的。

在远距离的输电网中，为了减少电流在输电网络上产生的电能损耗，一般采用超高压(330 kV 及以上)输电方式。由于发电厂的发电机端电压和电能用户的电压都有一定范围限制，所以，电力网还担负着改变电压等级的作用，这就是变、配电所(站)。变电所(站)由电力变压器和配电装置组成，它是改变电压和分配电能的场所，将电压升高的称为升压变电所(站)，将电压降低的称为降压变电所(站)，而配电所(站)只承担分配电能的任务。

三、电能用户

电能用户主要包括工矿企业、铁路企业和居民区等。

工矿企业、铁路企业的电能一般取自电力系统，为了在企业内部合理、经济、可靠地分配、使用电能，一些大型企业往往也会构建自己的供电系统。

第二节　铁路电力供电系统构成

铁路电力工作是铁路运输的重要组成部分，其主要任务是：不断提高供电质量和可靠性，满足铁路运输生产需要。铁路电力部门担负着对铁路指挥系统、自动化系统、牵引系统及铁路各行业的供电任务。

铁路电力具有特殊性，由于铁路运输是连续的，哪怕一个车站(信号)的停电，也可能打乱整条铁路线运输秩序，造成列车晚点，甚至引发设备故障。为此，铁路建立了独立且庞大的输、变、配电网络，以保证铁路沿线车站、枢纽、信号、通信、动车段、调度所等关键处所供电的可靠性。

输电：长距离输送电能。电压越高，输送距离越长。铁路电力一般采用 35 kV 或 10 kV。

变电：在用电处所，通过降压变压器将中高电压变为用户使用的 380/220 V 电压。

配电：通过配电柜将电能分配给各个用户使用，标志是“一电源多馈出”。

一、铁路供电系统的组成

铁路供电系统按功能划分由电气化牵引供电系统、变配电系统两部分组成。

(一)铁路电气化牵引供电系统

向电力机车(动车组)提供电源，其负荷称为牵引负荷，其供电可靠性直接影响行车，是重要的一级负荷。牵引变电所相当于牵引供电系统的电源，但它本身须通过高压输电线取电于区域变电所或发电厂，经牵引变压器降压后送到铁路轨道上方的接触网上，电力机车(动车组)利用车顶的受电弓从接触网获得电能，牵引列车运行。

(二)铁路变配电系统

向牵引负荷以外所有的铁路负荷提供电源，包括信号系统、车站、供水系统以及生产生活等铁路用电负荷，其供电可靠性根据负荷的性质有不同的要求，如与行车密切相关的通信、信号、运营、调度系统等负荷是特别重要的一级负荷。

二、铁路供配电系统的电源

铁路供配电系统的电源，应优先采用公共电网可靠电源。在电气化区段，技术经济合理时可与牵引变电所共用电源或接触网供电作为备用电源。当所在地区偏僻，远离公共电网，设置自备电源较从外部取得电源技术经济更合理时，宜设置自备电源或在牵引变电所二次侧设动力变压器取得电源。

铁路供配电系统电源电压应根据用电容量、电源线路长度、当地公共电网现状及其发展规划等因素，经技术经济比较确定，应优先采用 10 kV 电源；当电源线路较长，经技术经济比较确定，选择 35 kV 或以上电源合理时，宜选择 35 kV 或以上电源。构成网络的铁路供配电系统一级配电电压应采用 10 kV；当供电电压为 35 kV 且配电电压采用 35 kV 能减少变电级数、简化接线、技术经济合理时，配电电压宜采用 35 kV。

铁路电力沿铁路线平均 50～60 km 设置 1 座中高压变配电所，从国家电网取得外部电源，通过电力贯通线将各所连接起来，形成输电网络。沿线用电处所设置低压变电所、箱式变电站，从电力贯通线接引电源，通过所内、箱内配电柜供给铁路用电设备使用。

铁路枢纽、站区、动车段、调度所等关键地区，单独设置中高压变配电所，通过环网形式为这些处所提供可靠电源。

三、铁路电力用电负荷的分级及供电要求

铁路电力用电负荷根据供电可靠性要求及中断供电对人身安全、经济损失或影响程度，分为一级负荷、二级负荷及三级负荷。

（一）一级负荷

中断供电将造成人身伤害，在经济上造成重大损失，影响重要的用电单位正常工作，造成铁路运输秩序严重混乱。

属于此类负荷有：与行车密切相关的通信、信号、信息、防灾安全监控设备；动车段（所）运用设备；电力及电力牵引供电各所操作电源；大型、特大型公共区照明、应急照明及隧道应急照明；大型及重要建筑物火灾自动报警系统设备；特长隧道消防设备等。

一级负荷的供电原则：两路相对独立电源分别供电至用电设备或低压双电源切换装置处，当电源中一个电源发生故障时，另一个电源不应同时受到损坏。其中与行车密切相关的通信、信号、运营、调度系统等一级负荷中特别重要的负荷采用两路 10 kV 贯通线供电。

（二）二级负荷

中断供电将在经济上造成较大损失，影响较重要的用电单位正常工作，影响铁路正常运输。

属于此类负荷有：为通信、信号主要设备配置的专用空调；接触网远动开关操作电源；动车组检修设备；综合检测、工务机械、综合维修、给排水设施等设备；中间站公共区照明；区间视频监控设备；道岔融雪设备；道口信号；除一级负荷外的其他信息等负荷。

二级负荷的供电原则：两路电源或一路可靠电源供电，确保除电力设备检修及故障情况外的不间断供电。

（三）三级负荷

不属于一、二级负荷的用电设备。

三级负荷的供电原则：可由一路电源供电，当供电系统为非正常运行方式时，允许将其切除。

四、铁路电力的特点

（一）电力贯通线特点

1. 电力贯通线具备分别从两个方向送电，主备运行。当其中一座变配电所外部电源停电，供电臂间电力贯通可由另一座变配电所供电，反之亦然，两者互为备用。

2. 当某个区段发生故障时，将导致变配电所保护跳闸，整个供电臂无电，故障抢修首先切断故障点两侧开关，隔离故障区段，即可恢复无故障区段供电，保证所有用电设备的供电。

3. 铁路车站、信号、通信等重要负荷需要双电源，为此，修建了双回贯通线。

4. 普速铁路电力贯通线以架空线路为主，运行中绝大部分故障发生在恶劣天气（风、雨、雷电、雾、露、冰霜）下。高速铁路采取了“线路入地（全电缆贯通线）”“设备进屋（低压变电所或箱式变电站）”“全程监控（SCADA 远程监控系统）”措施，全面提高了电力输配电网络抵抗风、雨、雷电、雾、露、冰霜等自然灾害能力，具有不会因为外电源停电、输电线路故障、一台设备故障而导致用电负荷停电以及故障情况下通过电调远程操作能够快速恢复非故障设备供电的明显特点，有效地提高了供电安全可靠性。

（二）枢纽、站场环形供电特点

铁路编组站、动车段等大型场所的生产用电一般采用环形供电方式，从变配电所两段馈出母线分别引出站馈回路，组成环形网络，线路中间设置高压开关。高速铁路涉及的地区设置双环网，保证用电设备双路电源。供电特点与贯通线互供方式相似。

（三）放射式供电特点

放射式供电是供电设置在中间，而负载遍布在周围的方式。这种方式下电力是在中心部位，向四周放射的形式，主要应用于大型铁路客站及低压配电。其特点是专盘专线，线路、设备故障只影响本回路，不会影响其他负载，是最可靠的供电方式。

五、铁路电力系统接地方式

铁路电力系统接地方式是指中高压输配电网络的接地方式，铁路变配电所从国家电网取得的电源均采用的是“中性点不接地”方式。选择电力系统中性点的接地方式是一个综合性问题，它与电压等级、单相接地短路电流、过电压水平、继电保护的配置等多种因素有关，涉及供电可靠性、人身安全、设备安全、绝缘水平、过电压保护、继电保护、通信干扰、电磁兼容及接地装置等多方面的综合性技术问题。能否恰当地选择电力系统的中性点接地方式，将会直接影响电力网的绝缘水平、系统供电的可靠性、发电机和主变压器的安全运行以及对通信线路的干扰等问题。铁路电力变配电所的站区馈出回路一般采用直接输出，铁路电力贯通线根据不同情况的调压变压器分别采用中性点不接地、中性点经消弧线圈接地、中性点经小电阻接地、中性点直接接地四种方式。

（一）中性点不接地方式

中性点不接地方式如图 3-2 所示，一般应用于以架空线路为主的电力贯通线，其特点是：发生单相接地故障时，故障相电压为零，非故障相相电压上升为线电压，贯通线三相线电压保持不变，配电所保护不动作，开关不跳闸，以避开如风刮树枝搭接线路等瞬时故障，可以维持线路 2 h 运行。此期间应发出信号，由工作人员尽快查清原因并解除故障，否则长时间故障运行会损坏电力设备，也会影响供电质量。

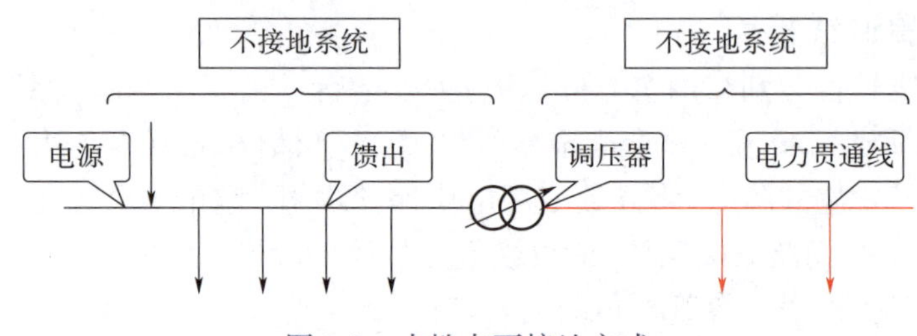

图 3-2　中性点不接地方式

（二）中性点经消弧线圈接地方式

中性点经消弧线圈接地方式一般应用于架空、电缆混架的电力贯通线，如图 3-3 所示，其特点是：在系统发生单相接地故障时，利用消弧线圈的电感电流补偿线路接地的电容电流，使流过接地点的电流减小到能自行熄灭的范围。这种接地方式保留了中性点不接地方式的全部优点，有效减少了产生弧光接地过电压的概率，也最大限度减少了故障点热破坏作用及接地网的电压。

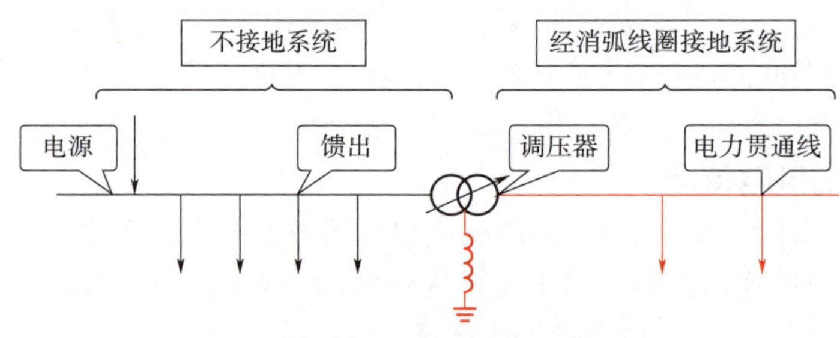

图 3-3　中性点经消弧线圈接地方式

中性点经消弧线圈接地系统的缺点主要在于零序保护无法检出接地的故障线路。当系统发生接地时，由于接地点残流很小，且根据规程要求消弧线圈必须处于过补偿状态，接地线路和非接地线路流过的零序电流方向相同，故零序过流、零序方向保护无法检测出已接地的故障线路。其次，消弧线圈本身是感性元件，与对地电容构成谐振回路，在一定条件下能发生谐振过电压。并且，中性点经消弧线圈接地仅能降低弧光接地过电压的概率，还是不能彻底消除弧光接地过电压，也不能降低弧光接地过电压的幅值。

（三）中性点经小电阻接地方式

中性点经小电阻接地方式一般应用于全电缆电力贯通线，如图 3-4 所示，由于电缆线路基本不存在瞬时故障，因此只要发生单相接地故障，变配电所保护动作，开关跳闸，以保证电缆贯通线运行的安全性。

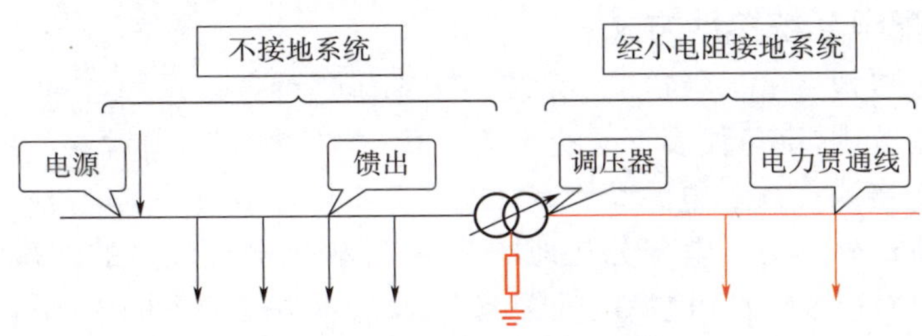

图 3-4 中性点经小电阻接地方式

小电阻的作用是限制短路故障电流。但是变配电所过流、速断保护整定范围受到限制，特别电力贯通线路末端短路电流将与负荷电流相接近，难以区分，因此，中性点经小电阻接地方式通常在变配电所增加“零序保护”。

(四)中性点直接接地方式

中性点直接接地方式只应用于京津高速铁路电力贯通线路，如图 3-5 所示，当电力贯通线发生单相接地时，直接启动保护断路跳闸，中性点直接接地方式，灵敏度较高，但短路电流较大，对贯通线路所带的电力设备构成损坏的风险。

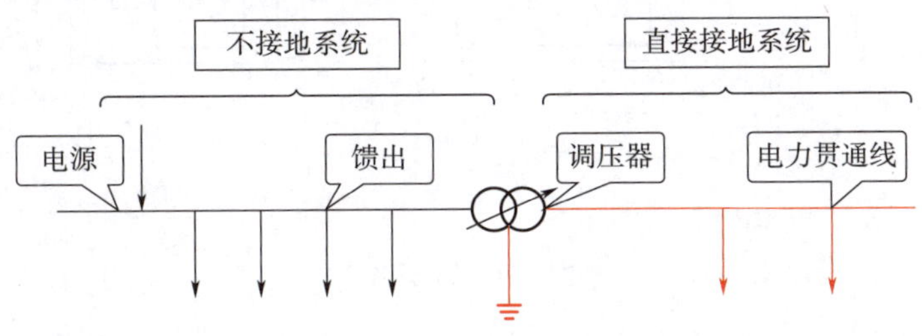

图 3-5 中性点直接接地方式

六、0.4 kV 接地方式

(一)接地

将电力设备的金属外壳、杆塔和过电压保护装置用地线与接地体连接在一起的方式称为接地。

1. 接地体

埋入大地中并与大地直接接触的金属体(包括金属网)称为接地体。

接地体分自然接地体和人工接地体两种。

自然接地体是指因其他用途而设置并与大地连接在一起的金属桩、钢筋混凝土基础等，用来兼作接地体的装置称为自然接地体。

2. 接地线

将电气设备与接地体连接在一起的导线称为接地线。

3. 接地装置

接地体与接地线统称为接地装置。

（二）低压配电系统接地方式

低压配电系统接地有 IT 系统、TN 系统、TT 系统三种方式。

在上述三个系统中，字母代表不同的含义。第一个字母表示电源端与地的关系：T 表示电源端有一点直接接地；I 表示电源端所有带电部分不接地或有一点通过阻抗接地。第二个字母表示电气装置的外露可导电部分与地的关系：T 表示电气装置的外露可导电部分直接接地，此接地点在电气上独立于电源端的接地点；N 表示电气装置的外露可导电部分与电源端接地点有直接电气连接。

1. IT 系统

电源变压器中性点不接地（或通过高阻抗接地），而电气设备外壳采用保护接地。IT 系统如图 3-6 所示。

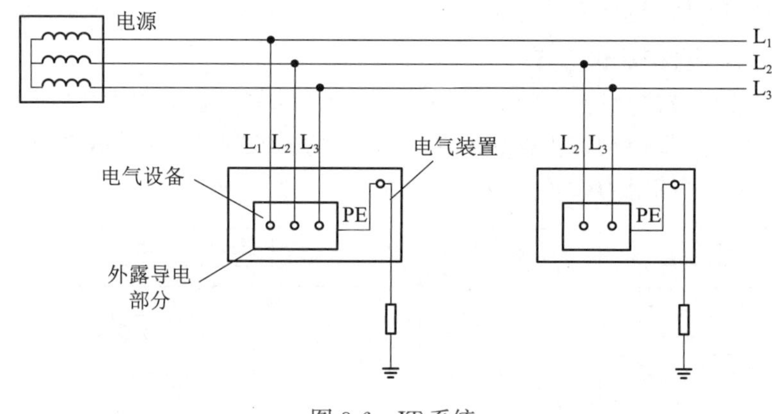

图 3-6　IT 系统

这种接地方式适用于环境条件不良、易发生一相接地或火灾爆炸的场所，如 10 kV 及 35 kV 的高压系统。不适合在施工现场应用。因正常工作时中性线电位不固定，不能装断零保护装置，也不应设置零线重复接地。

2. TN 系统

这种供电系统是将电气设备的金属外壳与工作零线相连接的保护系统，称作接零保护系统。按照工作零线与保护零线的组合情况不同，TN 系统又分为以下两种形式。

（1）TN-C 系统

电源变压器中性点接地，保护零线与工作零线共用，称为三相四线制系统。适用于三相负荷基本平衡的场合，如果三相负荷不平衡，则 PEN 线中有不平衡电流，再加上一些负荷设备引起的谐波电流也会注入，从而使中性线 N 带电，会造成设备机壳带电，对人身造成伤害。因此，应将 PEN 线重复接地，可以有效地降低零线对地电压。TN-C 系统如图 3-7 所示。

（2）TN-S 系统

将工作零线与保护零线完全分开，从而克服了 TN-C 供电系统的缺陷，所以 TN-S 系统的使用更为广泛。在该系统中，工作零线 N 和保护零线 PE 从电源端中性点开始完全分开，因此也习惯称之为三相五线制系统。在使用单独变压器供电或变配电所距用电场所较近的场所，基本上都采用了 TN-S 系统，与逐级漏电保护相配合，确实起到了保障施工用电安全的作用。TN-S 系统如图 3-8 所示。

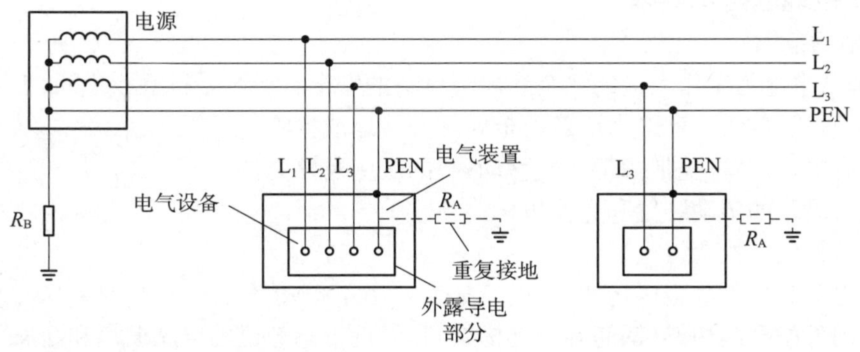

图 3-7 TN-C 系统

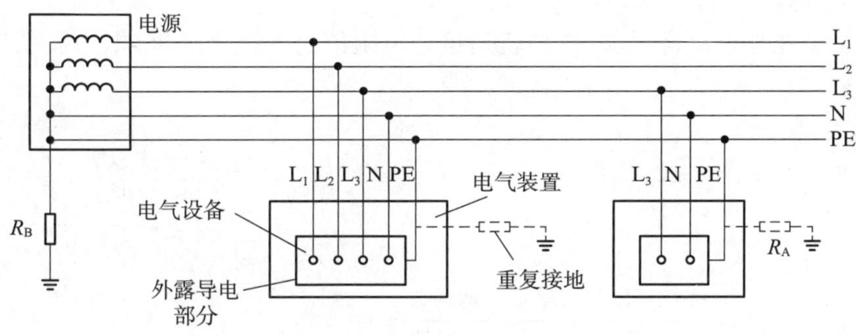

图 3-8 TN-S 系统

3. TT 系统

该系统是指将电气设备的金属外壳直接接地的保护系统。第一个符号 T 表示电力系统中性点直接接地，第二个符号 T 表示负载设备外露不与带电体相接的金属导电部分与大地直接连接，而与系统如何接地无关。当发生单相接地故障时，故障点对地电压较低，故障电流较大，使漏电保护器迅速动作切断电源，有利于防止触电事故发生。TT 系统如图 3-9 所示。

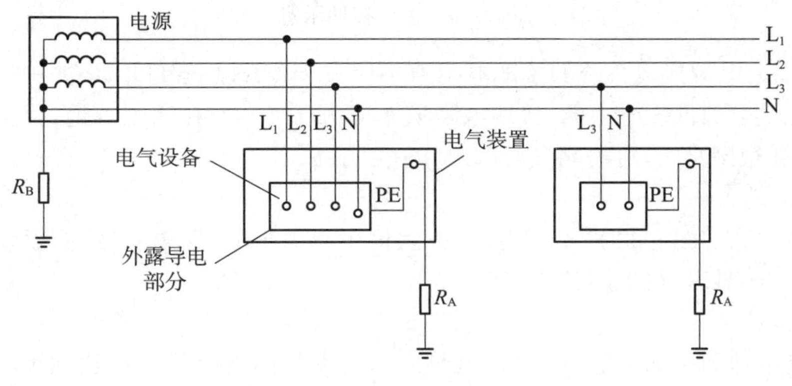

图 3-9 TT 系统

（三）接地的基本要求

1. 接地的范围

为保证从事电力工作人员的安全和电气设备的安全、正常运行，在供电系统中必须设置可靠的接地装置，并将下列电力设备的金属部分接地或接零。

(1)所有电力设备(包括携带式或移动式)的底座及外壳；

(2)电力设备的传动装置和操作机构；

(3)互感器的二次绕组；

(4)配电盘和控制盘金属构架；

(5)室内外的金属构架(钢筋混凝土构架)和靠近带电部位的金属栅栏和金属门；

(6)所有电缆盒和电缆金属外皮(铠装电缆)、穿线管；

(7)带有避雷线的电力线路杆塔。

2. 对接地电阻的要求

接地装置接地是否符合要求，指的就是接地电阻值是否符合要求，电力设备对接地电阻值有如下要求。

(1)工作接地

工作接地示意如图 3-10 所示。

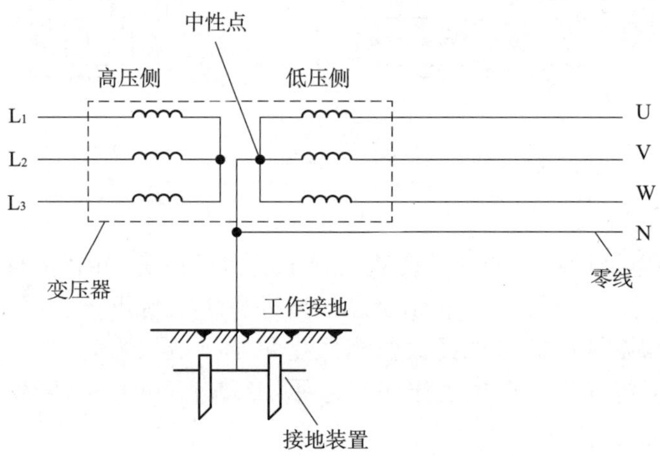

图 3-10　工作接地示意

1 kV 以下大电流接地系统的接地电阻值不应大于 4 Ω；总容量不超过 100 kV·A 的变压器或发电机供电的低压电力网，接地电阻值不应大于 10 Ω；在高土壤地区，当接地电阻值达到 4 Ω、10 Ω 很困难时，可提高到 15 Ω。

(2)保护接地

保护接地示意如图 3-11 所示，其接地电阻值不应大于 10 Ω；在高土壤地区，当接地电阻值达到 10 Ω 很困难时，可提高到 30 Ω。

(3)重复接地

一般重复接地的接地电阻值不应大于 10 Ω，但在接地电阻值允许达到 10 Ω 的电网中，如重复接地超过 3 处时，每处重复接地的接地电阻值不应超过 30 Ω。

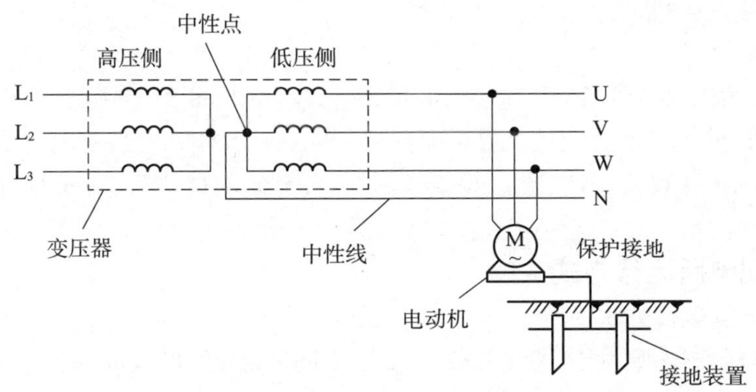

图 3-11 保护接地示意

(4)避雷针(线)

避雷针(线)单独接地时,其接地电阻值不应大于 10 Ω(特殊情况应小于 4 Ω)。当几个电力设备共用一个接地装置时,接地电阻值应以要求高的电阻值为准。

七、电力供电系统运行方式

(一)电力贯通线运行方式

电力贯通线在正常运行方式下,一路外电源只带一个电力贯通线供电臂,同时为相邻供电臂做备用,当相邻变配电所电源停电时,为相邻供电臂供电。

电力贯通线在故障情况下,能够启动各种保护措施动作,这是因为变配电所的贯通线馈出柜,与其他常用馈出柜相比,增设了线路电压互感器,还增设有失压、零序、备用自投、重合闸等保护。各保护功能如下:

1. 失压保护

母线电压互感器由于电源失电而无电,设有“失压保护”的开关柜断路器动作跳闸。一般应用于电源柜、电容器柜、调压器柜、贯通线馈出柜等。

2. 零序保护

零序保护指在大短路电流接地系统中发生接地故障后,就有零序电流、零序电压和零序功率出现,利用这些电气量进行保护动作。一般应用于小电阻接地系统的电缆贯通线馈出柜。

3. 过电流保护

过电流保护是馈出线路电流超过预定的最大值时,使保护装置动作的一种保护方式,即断路器延时跳闸。

4. 速断保护

速断保护是指当馈出线路发生短路故障,断路器瞬时跳闸。

5. 备用自投

备用自投主要为贯通线另一端电源停电做备用。当贯通线路发生故障导致邻所贯通馈出柜跳闸时,本所贯通电源投入,尝试躲避架空线路的“瞬时故障”。或者是当相邻所主供电力贯通线且发生电源停电,本所贯通馈线柜的线路电压互感器失压时,本所贯通电源投入。一般应用于架空线路为主的电力贯通线。

6. 重合闸

当供电系统由于某些原因,引起继电保护装置动作带动断路器跳闸后,经设定的动作时限,能够使断路器重新自动合闸的装置,叫作自动重合闸。本所主送的电力贯通线故障跳闸时,本所贯通电源再次投入一次,尝试躲避架空线路的“瞬时故障”。一般应用于电力贯通线“开口”运行时。

（二）变配电所运行方式

1. 单母线分段运行方式

对于两路电源配电所,每路进线各带一段母线同时运行,母线联络开关断开,两路电源互为备用,此时母联联络开关实现备用自投。当一路电源停电时,电源开关断开,母线联络开关闭合,由另一路电源带全所。两路电源同时运行的配电所开关状态示意如图 3-12 所示。

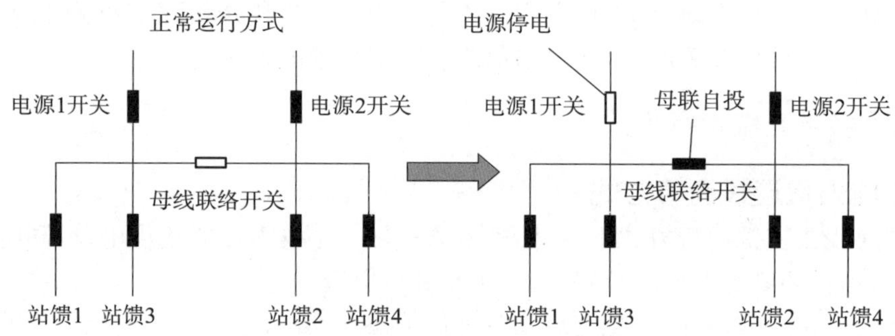

图 3-12　两路电源同时运行的配电所开关状态示意

2.“一主一备”运行方式

两路 10 kV 电源进线,正常运行状态下由一路电源带全所负荷,另一路电源处于备用运行状态,母联联络开关在正常运行状态下处于合闸状态,两路电源互为备用。当一路电源因故障断开后,由另一路电源供电投入运行,带本所全部负荷。电源为“一主一备”配电所开关状态示意如图 3-13 所示。

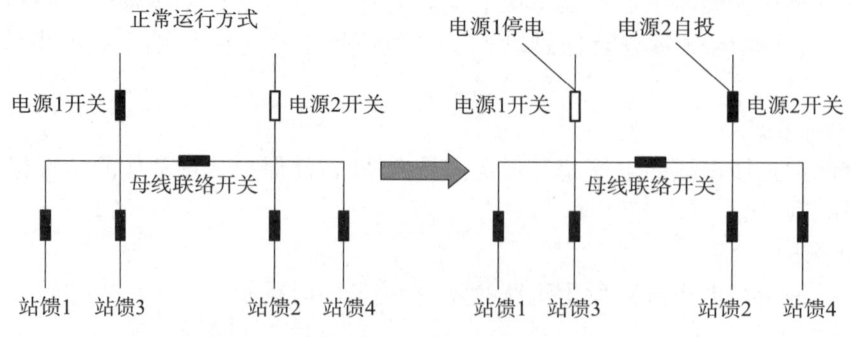

图 3-13　电源为“一主一备”配电所开关状态示意

3. 三路电源配电所运行方式

三路电源的配电所一般采用以下两种运行方式,即三路电源“两用一备”和“三路同时运行、互为备用”的供电方式。

(1)“两用一备”供电方式

正常运行时电源 1、电源 2 分别通过两段母线带全部负荷，电源 3 处于热备状态，如果电源 1 停电，电源 3 通过母线联络开关带电源 1 的全部负荷。如果是电源 2 停电，电源 3 通过母线联络开关带电源 2 的全部负荷。电源为“两用一备”的运行方式示意如图 3-14 所示。

(2)“三路同时运行、互为备用”的供电方式

三路电源分别通过三段母线带配电所全部负荷，并通过母线联络开关形成环状，当任意电源停电，按顺时针或逆时针方向，由相邻电源通过母线联络开关带停电电源的负荷。电源为“三路同时运行、互为备用”的运行方式示意如图 3-15 所示。

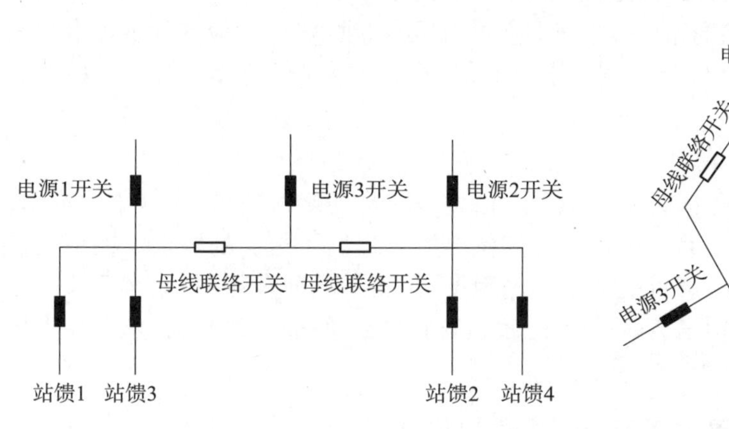

图 3-14 电源为“两用一备”的运行方式示意

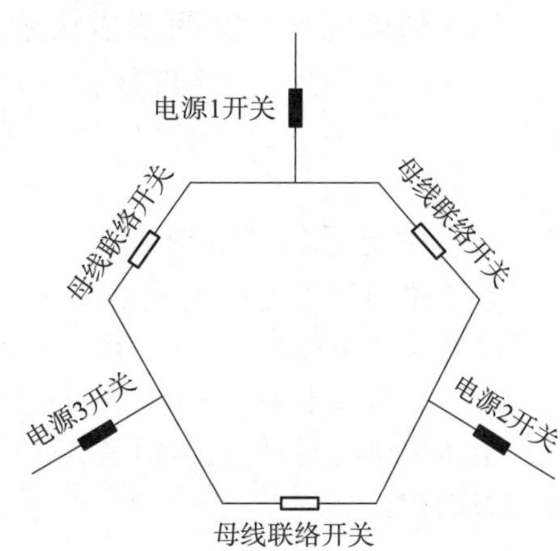

图 3-15 电源为“三路同时运行、互为备用”的运行方式示意

第三节 铁路电力变配电所

一、概　　述

变配电所是电力系统中变换电压和接受、分配电能的场所。铁路变配电所是专门为铁路内各用户，如调车场、车站、检修工厂、通信设备、行车信号、桥梁、隧道等铁路设施供电的。所以对变配电所的要求是:技术先进、结构合理、管理方便、供电可靠、安全适用。

变配电所一般由下列设备组成:所用变压器、调压器、配电装置、继电保护装置、自动及信号显示装置、整流设备及直流系统、测量装置及其附属设备等。

配电装置是指接受和分配电能的电气装置。它是由母线、绝缘子、断路器、隔离开关、互感器、电力电容器、避雷器、熔断器、操作机构、测量仪表及其他辅助设备组成。变配电所根据周围环境及不同的电压等级可分为户外、户内两种类型;根据其用途又可分为升压变配电所和降压变配电所，铁路内的变配电所一般为降压变配电所。根据我国铁路发展的特点，铁路配电所可分为地区性配电所和专为自动闭塞信号供电配电所。

自动闭塞配电所，是指专为铁路自动闭塞信号供电的配电所，它的供电范围和容量都比较小。输入电压一般为 10～35 kV，输出电压为 0.4～10 kV。目前，铁路配电所大部分采用 10 kV/10 kV 调压器、10 kV 馈出接线方式。

二、铁路变配电所的特点

铁路变配电所与地方变配电所相比，具有下列特点。

（一）供电容量小

地方的变配电所，装机容量一般为 10 000 kV·A 及以上，而铁路变配电所一般为 2 000 kV·A 左右，最大的单机容量为 8 000 kV·A。自动闭塞变配电所的装机容量为 8 000 kV·A。

（二）供电臂长，负荷成线状分布

铁路变配电所供电线路除向站区供电外，还向铁路沿线供电，在一般条件下供电臂长为 40～60 km，当电源条件不允许时可延长到 70 km。地方的变配电所，其供电半径一般为 15～30 km。

（三）供电可靠性要求高

随着铁路现代化发展，电子计算机技术和通信技术在自动闭塞信号、调度集中控制、机械化驼峰等装置中的应用，对铁路供电可靠性和供电质量提出了更高的要求。铁路运输系统任何一个环节如果突然停电，就可能造成运输阻塞，甚至造成列车颠覆、旅客死亡。根据事故停电所造成的后果，铁路用户负荷可分为一级负荷、二级负荷、三级负荷，供电要求根据负荷等级而定。

三、铁路变配电所的布置方式和控制方式的特点

（一）布置方式

1. 户外户内布置方式

35 kV 变电所既可采用户外布置，也可采用户内布置。一般采用户外布置，高压电气设备如变压器、断路器、隔离开关、互感器、避雷器等安装在户外构架上。10 kV 配电所高低压电气设备均安装在户内。

无论是 35 kV 变电所，还是 10 kV 配电所，其户内布置有两种：

(1)分开布置：35 kV 电气设备布置在一个室内，10 kV 电气设备布置在另一个室内，两室之间安装主变压器。

(2)楼房式布置：35 kV 和 10 kV 配电装置及控制室和值班休息室布置在楼上，变压器室、调压器室、电容室等高压设备布置在楼下，两层中间也可布置电缆夹层。

2. 变配电所与电力工区合建的布置方式

目前，铁路新建变配电所一般与电力工区合建，合建的变配电所一般为楼房式。将高压开关柜、控制室和值班休息室布置在楼上，变压器室、调压器室、电力电容器室、电力工区布置在楼下。

（二）控制方式

变配电所控制分集中、半集中和就地控制三种：

1. 集中控制

变配电所控制室内设控制屏或操作控制台，操作开关、测量仪表、信号显示、继电保护、自动装置、电度表等均设在控制屏台上，配电值班员在控制室实现对设备的监视操作，这种方式称为集中控制。集中控制便于配电值班员监视及操作管理。随着综合自动化变配电所在铁路中的应用，可实现由调度中心对变配电所设备进行远距离监视和控制。

2. 半集中控制

变配电所控制室内设控制屏，将操作开关、测量仪表、信号显示等设在控制屏台上，而继电保护和自动装置设在高压开关柜上，这种控制方式称为半集中控制。

3. 就地控制

就地控制一般使用于高压开关柜较少的小型配电所内，配电所不设控制室和控制屏。操作开关、测量仪表、信号显示、继电保护、电度表等均装在高压开关柜上。配电值班员即在高压配电室值班。随着计算机技术和通信技术在配电设备中的使用，目前，对于无人值班的变配电所，已实现就地控制方式和远方控制。

四、变配电所的主接线

变配电所主接线包括不同电压等级侧的接线，对于具有一级负荷的变配电所，应采用两路相互独立的电源进线；对于具有两路电源的 35 kV 进线侧，应采用桥式或单母线分段接线方式；对于具有两路电源同时供电的 10 kV 配电所，应采用母线分段接线方式。

（一）变配电所设备构成及主要作用

1. 高压设备：由所用变压器、电力调压器、高压断路器、高压隔离开关、高压熔断器、电压互感器、电流互感器、绝缘子、母线组成，用于分配传递电能、取样、切除线路故障及倒闸操作。

2. 低压设备：变配电所低压设备主要由互感器、指示仪表、控制熔断器、转换开关、继电器、测控装置、后台计算机、通信管理机、辅助接点等电气设备构成，用于电能的计量，电力系统运行参数的测量，实现对高压设备的控制和保护。

3. 电源系统：为低压设备正常工作提供能源。

4. 所内事故照明及通信系统：由应急照明灯具、电源供应、光电控制等组成。确保配电所在发生停电或紧急情况时，能够提供可靠光源的设备。

（二）变配电所主接线

变配电所主接线又称为一次接线或一次配线，是指变配电所高压设备相互连接所组成输送和分配电能的电路。主要包括变压器(调压器)、高压断路器、高压开关、互感器、母线等及进出线的连接方式，是用规定的图形符号和文字符号将电气设备按照它们的实际连接顺序绘制成的。

变配电所主接线是电力调度人员、变配电值班员进行调度指挥各种操作的重要依据，也是进行事故处理的必备资料，直接关系到变配电所运行的安全性及经济性。为便于对设备维护和检修，其主接线应满足下列几项要求：

1. 根据电力系统状况和用户的用电情况，保证供电的可靠性及电能质量。

自动闭塞电力线路由相隔 40～60 km 的两个配电所供电。在复线区段，应架设双回路电力线路：一路为自动闭塞电力线路作为主要电源；另一路为电力贯通线路作为备用电源和其他生产及生活用电。这两路电源分别向车站和区间信号设备供电，以增加供电的可靠性。

2. 接线简单，运行的灵活性和检修的方便性。

变配电所主接线运行应能满足不同的运行方式，根据需要方便地投入或切除某些电气设备。检修作业或故障处理，不影响其他设备的正常供电。

3. 运行操作的安全性。

主接线应简单、清晰，电气设备的图示位置和实际布置相一致。对部分电气设备进行投入或切除操作时，作业人员应最易确认，操作步骤应最少，尽可能减少误操作。

4. 运行的经济性。

主接线在满足其可靠性、灵活性、安全性和检修方便性的前提下，设备数量及投资和运行维护费用应最省。

5. 具备扩大供电能力的可能性。

由于铁路运量的不断增加，运输生产和职工生活的用电量及供电范围也将不断增加和扩大。因此，变配电所主接线必须具备扩大供电能力的可能性，一般可按交付运营后的5～10年发展要求考虑。

（三）主接线的基本形式

变配电所主接线主要有单母线方式（单母线不分段、单母线分段、单母线加旁路线）和双母线方式（双母线不分段、双母线分段、双母线加旁路线）。在10 kV配电装置中一般采用单母线或分段单母线。

1. 单母线不分段主接线

电源和馈出线都接在同一公共母线上，如图3-16所示。其优点是接线简单、清晰、操作方便、设备少、投资省。缺点是供电不可靠，当母线和母线隔离开关、电源断路器故障或检修时，将造成变配电所全所停电。

2. 单母线分段主接线

为提高供电的可靠性，将单母线用断路器分成Ⅰ、Ⅱ两段，如图3-17所示。Ⅰ、Ⅱ段母线上分别接有电源和馈出线，两路电源正常时，可由两段母线同时供电。当其中一路电源故障或检修停电时，母线断路器可自动投入，该母线仍可从相邻母线获得电源。单母线断路器分段运行方式能保证重要用户的连续供电，减少停电范围，并有结构简单、操作方便、易于发展等优点。

3. 两路电源单母线断路器分段带调压器方式的主接线

单母线断路器分段带高压调压方式的主接线如图3-18所示。目前铁路配电所主要采用此种接线方式。10 kV母线构成Ⅲ段，两路电源及馈出线用断路器构成Ⅱ段，自动闭塞或电力贯通馈出线经调压器单独构成Ⅰ段。自动闭塞（电力贯通线）的母线与电源母线间有一隔离开关联络，此组隔离开关的作用是在调压变压器检修或故障退出运行时，电源可从联络隔离开关直接向自动闭塞（电力贯通线）母线送电。装设高压调压变压器的目的，可保证安装在各信号点的自动闭塞信号变压器二次电压波动不超过额定电压的10%，并起到隔离变压器的作用，阻止自动闭塞（电力贯通线）线路接地故障传入地方供电系统。此种主接线的供电方式适用于供给自动闭塞（电力贯通线）线路的地区变配电所。

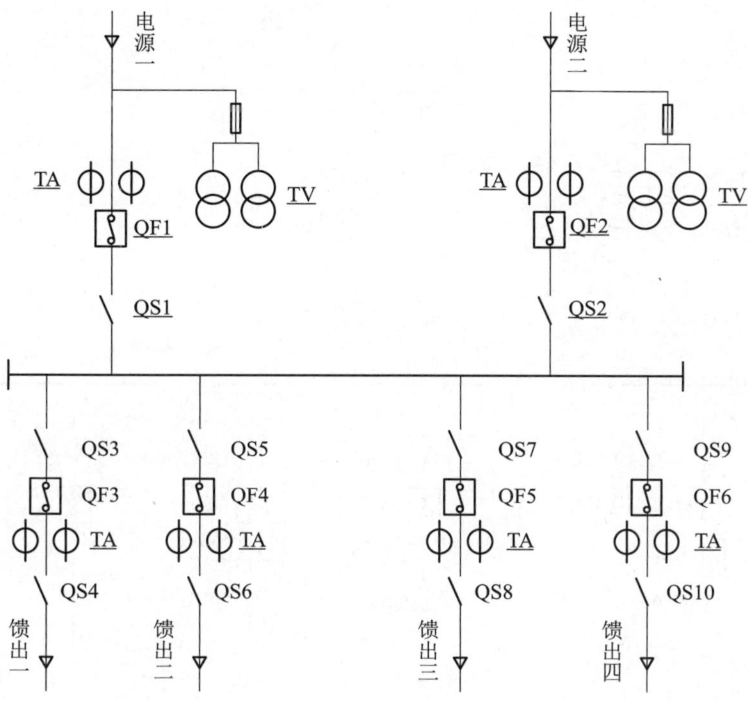

图 3-16 单母线不分段接线

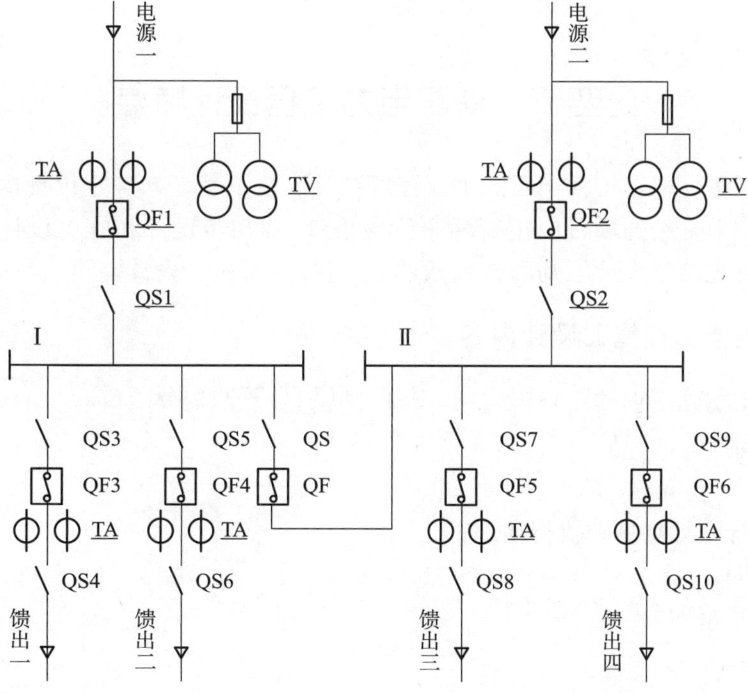

图 3-17 单母线分段主接线

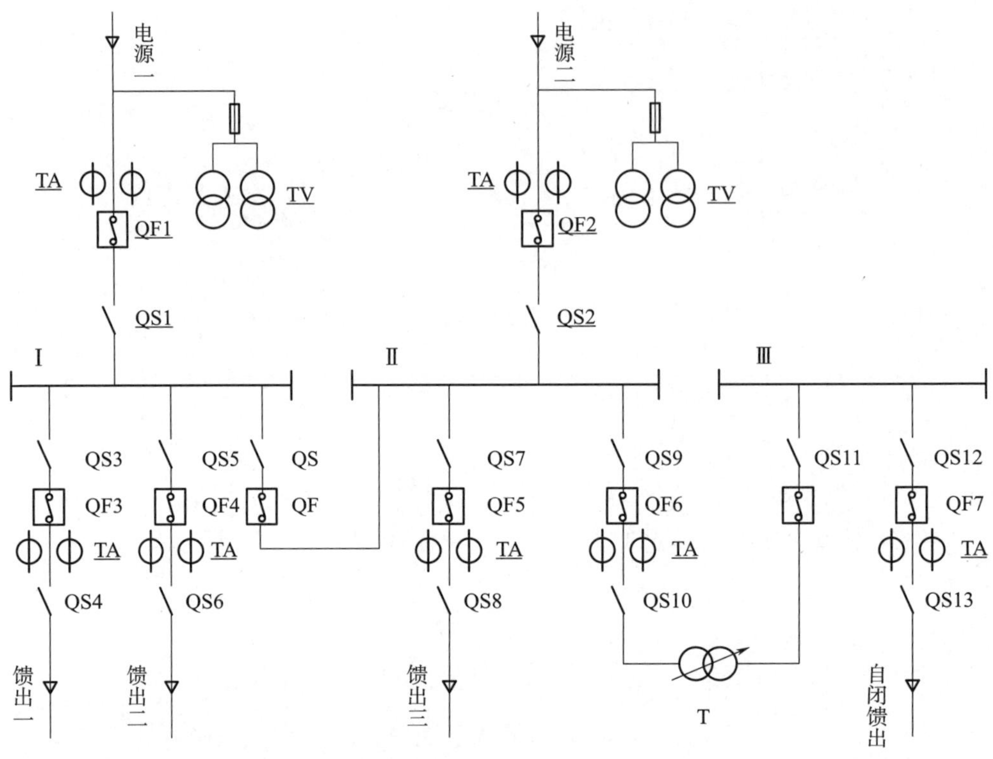

图 3-18　单母线分段带调压器主接线

第四节　铁路电力工程设计特点

铁路电力工程要根据工程项目的重要程度和技术复杂程度来确定设计内容和方法。重要大型项目和技术复杂的项目应进行两个阶段设计，即初步设计和施工设计。小项目或技术简单的项目可先制定设计原则和技术条件后，直接进行施工设计。

一、铁路电力工程施工设计内容

铁路电力工程施工设计内容由说明、附件、图纸、计算四部分组成。

（一）说明

主要包括：

1. 初步设计审批意见和执行情况；
2. 设计说明；
3. 施工注意事项。

（二）附件

主要包括：

1. 工程数量表；

2. 设备及主要材料数量表；
3. 有关协议、纪要及公文；
4. 采用标准图、通用图一览表；
5. 图纸目录。

（三）图纸

主要包括：
1. 全线供电示意图和施工平面图；
2. 发、变、配电所施工图；
3. 站内电力线路施工图；
4. 动力配线施工图；
5. 房屋、隧道、桥梁照明施工图。

（四）计算

主要包括：
1. 各类用电设备负荷计算；
2. 短路电流以及继电器保护整定计算；
3. 照明计算；
4. 架空导线和机械计算；
5. 防雷接地计算；
6. 其他计算。

二、铁路电力工程施工设计程序

铁路电力工程施工设计程序主要包括：
1. 准备工作；
2. 现场踏勘；
3. 初步设计；
4. 初步设计审查；
5. 现场定测；
6. 施工设计；
7. 施工设计综合调查；
8. 总工程师审核；
9. 资料归档。

三、铁路电力线路设计的基本知识

（一）架空线路的路径选择

铁路架空电力线路在选择路径时应符合以下要求：
1. 交通运输方便，便于施工、维护及管理，路径最短，尽量靠近铁路侧。
2. 宜少占农田，尽量避免通过果园等经济作物区。
3. 宜避开易被车辆碰撞和河流、雨水冲刷或有腐蚀性气体地带。

4. 应避开有爆炸物、易燃物和可燃液(气)体的建筑物。

5. 应与站场规划相协调，通过市区应取得城建部门的同意。

6. 铁路一侧有通信线路时，电力线路设在另一侧；如两侧都有通信线路时，应根据电力线路对通信线路的干扰影响，确定路径位置。

7. 尽量避免跨越房屋或拆迁房屋。

8. 路径应满足地上、地下各种设施安全距离的要求。

9. 跨越河流的 10 kV 及以下架空线路，跨越杆档距大于 300 m 时，可采用桥梁电力支架或电缆敷设。

10. 不妨碍信号瞭望和调车作业。

（二）电缆线路的路径选择

电缆线路在选择路径时应符合以下要求：

1. 路径较短；

2. 避免电缆受到机械外力、化学腐蚀、地中电流、振动、虫害及受热等损害；

3. 避开建筑工程、上下水道、其他管线工程等需要挖掘的地方。

（三）导线截面选择

导线截面应按下列原则选择：

1. 按发热条件选择；

2. 按允许电压损失选择；

3. 按经济电流密度选择；

4. 按机械强度条件选择。

（四）电缆截面选择

电缆截面按下列原则选择：

1. 按持续允许电流选择电缆；

2. 按短路时的热稳定选择电缆；

3. 按电压降校验电缆截面；

4. 按经济电流密度选择电缆。

（五）绝缘子选择

绝缘子按下列原则选择：

1. 按绝缘强度选择绝缘子；

2. 按机械强度选择绝缘子。

（六）横担选择

横担宜选用钢材，横担的规格应根据杆塔结构形式，经计算选用，当选用角钢时其尺寸应满足：

1. 10(6) kV 线路不应小于 63 mm×63 mm×6 mm；

2. 0.38 kV 及以下线路不应小于 50 mm×50 mm×5 mm。

（七）电杆选择

1. 10 kV 及以下各类电杆在正常情况下应按下列荷载条件计算：

(1)最大风速、无冰、未断线;

(2)覆冰、相应风速、未断线;

(3)最低气温、无冰、无风、未断线(适用于转角杆和终端杆)。

2. 在事故情况下耐张杆及耐张型转角杆应按下列荷载条件计算:

(1)10(6) kV 线路断一根导线;

(2)自动闭塞线路高压导线和信号导线各断一根。

(八)拉线选择

拉线截面应根据计算确定,拉线最小截面应满足下列要求:

1. 35 kV 线路拉线采用镀锌钢绞线,拉线最小截面为 35 mm^2。

2. 10 kV 及以下线路采用镀锌钢绞线,拉线最小截面为 25 mm^2。镀锌铁线不应少于 3 根。拉线棒的直径不应小于 16 mm。

(九)耐张段长度的确定

长距离架空线路的直线部分应设置耐张段,耐张段长度 10(6) kV 宜为 1~2 km;35 kV 宜为 3 km。

(十)大跨距长度的确定

杆塔的最大档距一般平地可取水平档距加大 50 m;丘陵地区可取水平档距加大 50~100 m;山区可取水平档距加大 100~150 m。

四、电力外线平面布置图的主要内容

1. 线路的起点、终点、走向及沿线各类建筑物的位置;
2. 杆塔位置、高度、档距、杆型;
3. 导线规格、条数;
4. 电缆规格、型号、长度及敷设方式;
5. 拉线的规格、种类;
6. 交叉跨越情况及换位情况;
7. 线路上所安装设备的型号、规格;
8. 主要工程数量,所采用的安装标准和说明。

五、架空线路安装图的主要内容

1. 杆塔基础安装;
2. 杆塔安装;
3. 拉线及撑杆安装;
4. 杆顶组装;
5. 接地装置安装;
6. 弛度要求;
7. 杆上设备安装;
8. 其他安装要求。

第五节　高速铁路电力变配电所

一、系统构成

高速铁路变配电系统主要由从地方电网接引的110 kV及10 kV高压电源线路，110/10 kV变电所，10 kV配电所，沿线两路10 kV电力贯通线路，站场及区间高、低压电力线路，车站10/0.4 kV变电所，10/0.4 kV箱式变电站，室外动力照明，电气设备防雷接地等构成。高速铁路变配电系统与牵引供电系统通过远动系统纳入SCADA系统统一调度。

二、负荷分布

1. 站、段(所)负荷主要包括:车站设备，通信、信号、信息系统，动车段(所)设备，综合维修设备，给排水等。

2. 区间负荷主要包括:信号中继站、通信基站、光纤直放站、电力牵引各所用电、隧道照明及监控设备、立交桥隧道排水设备等。

三、高速铁路变配电系统与普速铁路变配电系统的区别

1. 高速铁路变配电所安全可靠性显著提高。

高速铁路变配电所采用免维护或少维修设备，减少维修工作量；户内高压开关采用气体绝缘开关柜或组合电器(简称GIS柜或GIS组合电器)，具有小型化、可靠性高、安全性好、寿命长及维修工作量少等优点；所内电气设备实现无油化；采用综合自动化系统实现远程监控，自动化程度高、信息处理速度快、信息量大，为无人值班创造了条件，大大提高了铁路变配电系统运行的安全可靠性。

2. 高速铁路沿线电力线路回路的名称和功能特点不同。

普速铁路，沿线两回10 kV电力线路一般称为自动闭塞电力线路和电力贯通线路。电力贯通线路作为沿线与行车有关的用电负荷(除自动闭塞信号设备外)的主供电源，兼做自动闭塞信号设备的备用电源。自动闭塞电力线路作为自动闭塞信号设备的主供电源及沿线其他一级用电负荷的备用电源。

高速铁路着重考虑电力供电的安全性、可靠性和可维护性。相比于普速铁路，高速铁路沿线的通信、信号等与行车密切相关的一、二级负荷增大，全线车站用电负荷较大，区间用电负荷点多而分散，各点容量较小，平均2～3 km就有一个负荷点，宜采用两回10 kV电力贯通线路供电。高速铁路采用一级贯通和综合贯通两回线路供电，两路贯通线的电源取自各变配电所设置的调压器馈出的专用母线段，不仅可以保证供电可靠性和电能质量，而且相对经济。沿线与行车有关的通信、信号、综调系统等由一级贯通线主供，综合电力贯通线备供；沿线客运专线的其他用电负荷及各牵引所的所用电源由综合电力贯通线提供10 kV电源。

为提高高速铁路电力配电所电源的可靠性，在条件成熟的地区可建立110/10 kV变电所。

3. 高速铁路沿线电力线路回路的路径及敷设方式不同。

普速铁路中两回10 kV电力线路，自动闭塞电力线路和电力贯通线路均为架空线路(部

分受地形所限的区段诱发故障成因较多，运行维护、事故抢修易受外界因素影响）。

4. 高速铁路供电系统接地方式及接地电阻阻值不同。

（1）10 kV 全电缆线路的贯通线系统采用低电阻接地方式（大电流接地系统）。

（2）10 kV 混架的电源线路及全电缆的站馈线路仍采用不接地方式（小电流接地系统）。

（3）低压动力照明采用三相四线制，接地形式主要采用 TN-S[系统中的中性线（N 线）与保护线（PE 线）合并为 PEN 线]或 TN-C-S 系统（系统中的 N 线与 PE 线部分合并，部分相互独立）。插座回路及插座箱均设漏电开关。所有电气设备不带电的金属外壳均与 PE 线可靠连接。

（4）电力接地电阻阻值的要求：10 kV 及以上变配电所，接地电阻≤1 Ω；10 kV 变电所及箱式变电站，接地电阻≤4 Ω；低压配电系统接地电阻≤4 Ω。

复习思考题

1. 电力系统是由哪几部分构成的？
2. 铁路供电系统是由哪几部分构成的？
3. 铁路供电负荷分为哪几个级别，供电要求是怎样的？
4. 铁路电力系统的四种接地方式是什么？
5. 架空、电缆混架的电力贯通线一般采用哪种接地方式？
6. 跨步电压是如何形成的？
7. 工作接地和保护接地有什么不同？各自适用于什么系统？
8. 电力贯通线在故障情况下备自投保护与重合闸保护的区别是什么？
9. 变配电所的运行方式分为哪几种？
10. 变配电所是由哪些设备组成的？
11. 变配电所一个供电臂有多长？
12. 变配电所的控制方式有几种？
13. 变配电所的高压设备和低压设备分别有什么？
14. 变配电所的主接线应满足哪些要求？
15. 高速铁路供电系统接地方式及接地电阻阻值的要求是什么？

第四章 电力常用材料

电力材料是指用于电力系统中传导电能、绝缘、保护和连接设备的材料。日常中，常用的电力材料有导线、电力电缆(铜铝、高低压)、电力杆塔、金具、低压开关、配电箱、避雷器、熔断器等，下面是对各项材料的介绍。

第一节 导 线

一、导线的定义

导线指的是用作电线、电缆的材料，工业上也指电线。一般由铜或铝制成，也有用银线所制(导电、热性好)，用来输送电流或者是导热，有单根的或绞并而成的。依据导线的作用，制作导线的材料应选择电导率高、耐热性好、具有一定的机械强度，且质量轻、制造便利、价格低廉。

二、导线的组成

导线材料是由结构和载流面积两部分组成，并分别用中文字母和数字来表示。

1. 一般前面用汉语拼音的第一字母表示。如：T—表示铜；L—表示铝；J—表示多股绞线或加强型；Q—表示轻型；H—表示合金；G—表示钢；F—表示防腐。

2. 拼音字母横线后面的数字表示载流部分的标称截面积(mm^2)。如：标称截面积为 120 mm^2 铝绞线表示为 LJ-120；标称截面积为铝 300 mm^2、钢 50 mm^2 的钢芯铝绞线，表示为 LGJ-300/50。

3. 导线的规格是依据载流部分的标称截面来区分的，我国常有的导线系列主要有 16 mm^2、25 mm^2、35 mm^2、50 mm^2、70 mm^2、95 mm^2、120 mm^2、150 mm^2、180 mm^2、210 mm^2、240 mm^2、300 mm^2、400 mm^2、500 mm^2、630 mm^2、800 mm^2。

三、铁路常用导线种类

架空线路不允许采用单股导线，所以架空线路上均采用多股绞线，铁路常用的导线有三种：

1. 铝绞线(LJ)：其导电性能较好，质量轻，但对风雨作用的抵抗力较差，多用于 6～10 kV 的线路。

2. 钢芯铝绞线(LGJ)：有较好的机械强度，并且有较高的电导率，在机械强度要求较高的场合和 35 kV 以上的架空线路上多采用钢芯铝绞线。

3. 绝缘钢芯铝绞线：绝缘性能好，防腐蚀性能好，可减少线路相间距离。

四、导线的排列方式

铁路上常用的导线的排列方式有水平排列（图 4-1）和三角形排列（图 4-2）。

图 4-1　水平排列

图 4-2　三角形排列

第二节　电力电缆

一、电力电缆的定义

电力电缆本体一般简称电缆，其附件包括中间接头和终端头。电缆附件是所有配电设备、电缆与电缆连接的关键附件，电缆附件安装工艺好坏直接关系到配电设备的使用寿命，是提高供电可靠性的重要指标。

中低压电缆附件的种类主要有热收缩附件、预制式附件、冷缩式附件。目前铁路电力常用电缆一般为交联聚乙烯电缆及相应的预制式附件、冷缩式附件。以下相关内容以此为重点介绍。

电缆输电的特点：高压输电导线通过固体绝缘体隔离后被封闭在接地的金属屏蔽内部。

二、电力电缆线路的组成

（一）组成

1. 电力电缆线路由电缆本体和附件（包括中间头、户内型终端头、户外型终端头、可分离终端头）及其他安装器材（桥架、穿管、防火材料等）组成。

2. 电缆之间的接续由中间接头完成。

3. 电缆与其他电气设备的连接由终端头或可分离终端完成。

4. 电缆线芯通过固体绝缘体隔离后被封闭在接地的金属屏蔽内部。

（二）电力电缆产品型号中字母含义

1. 类别、特征：ZR—阻燃型（默认为 C 级阻燃）；ZA—A 级阻燃；NH—耐火型；WD—无卤低烟；WDN—无卤低烟耐火；WDZ—无卤低烟阻燃；TH—湿热地区使用；FY—防白蚁；F—耐高温。

2. 绝缘材料：YJ—交联聚乙烯；Y—聚乙烯；V—聚氯乙烯；X—橡胶；XD—丁基橡胶；Z—油浸纸；F—氟塑料。

3. 线芯材料：L—铝芯；T—铜芯(通常省略不表示)。

4. 内护层：H—橡套；F—氯丁橡胶；HF—非燃性橡套；Q—铅；L—铝；LW—波纹铝；Y—聚乙烯；V—聚氯乙烯。

5. 其他特征：D—不滴油；F—分相；P—贫油；CY—充油；Z—直流。

三、电力电缆的特点

电力电缆线路同架空线路一样，是输送和分配电能的，电力电缆线路与架空线路相比较有以下优点：

1. 运行可靠，受外界影响较小，如：风、雪、雷电、雨、雾、露、冰、霜、鸟害等造成断线、短路与接地等故障，机械碰撞的概率也较小。

2. 电力电缆一般都敷设在地下，不受路面、建筑物的影响。铁路两侧铺设专用电缆沟，为电缆提供良好条件。

3. 供电安全，地下敷设，不会对人身造成危害。

4. 运行维护工作量小，节省线路维护费用。

5. 不使用电杆，节约木材、钢材、水泥，同时外观简洁美观整齐，不影响市容。

6. 电力电缆的充电功率为电容性功率，有助于提高线路功率因数。普速线路电缆大多数是三芯电缆，在正常运行中，流过三个线芯的电流矢量总和基本为零，在铝包或金属屏蔽层外基本上没有磁链，这样，在外铠或金属屏蔽层两端就基本上没有感应电压，所以两端接地后不会有感应电流流过外铠或金属屏蔽层。

采用单芯电缆，其线芯与金属屏蔽层的关系，可看作一个变压器的初级绕组。当单芯电缆线芯通过电流时就会有磁力线交链外铠或金属屏蔽层，使它的两端出现感应电压，如果两端的屏蔽层同时接地，在屏蔽层与大地之间形成回路，产生感应电流，这样电缆屏蔽层会发热，损耗大量的电能，影响线路的正常运行。故单芯电缆只能单端接地。但当外铠或金属屏蔽层有一端不接地后，又带来了如下的问题。

1. 电缆金属外护层的感应电压问题更加突出，为了减轻电缆外护层感应电荷的影响，可将电缆按照“品”字形敷设。而由于现场实际按照“品”字形敷设存在一定的困难，达不到“品”字形排列要求，使护套产生感应电压，感应电压的大小与电缆的长度和流过导线的电流成正比。

2. 当雷电流或过电压波沿线芯流动时，电缆外铠或金属屏蔽层不接地端会出现很高的冲击电压。在系统发生短路时，短路电流流经线芯，电缆外铠或金属屏蔽层不接地端也会出现较高的工频感应电压，当电缆外护层绝缘不能承受这种过电压的作用而损坏时，将出现多点接地，形成环流。

为了避免这种现象的发生，单芯交联电缆应采用一端直接接地，另一端接护层保护器的运行方式，这样当护层上的电荷积累达到一定值时，护层保护器瞬间动作，释放电流，达到安全运行的要求，保证人身设备的安全。35 kV 及以上线路，当线路较长时采用交叉互联等接地方式。

四、电力电缆本体结构

三芯电缆基本结构如图 4-3 所示,单芯电缆结构如图 4-4 所示。

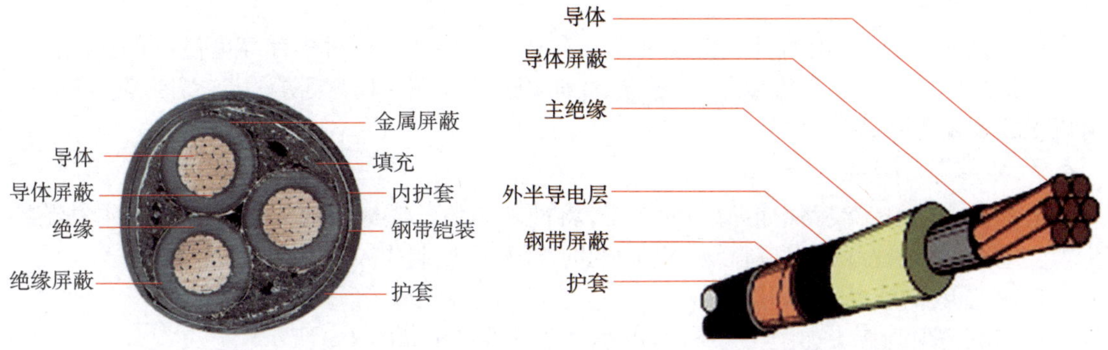

图 4-3 三芯电缆基本结构

图 4-4 交联聚乙烯单芯电缆结构

五、电缆各部分的作用

(一)导体

导体是提供负荷电流的通路。其主要技术指标和要求如下:

导体截面和直流电阻:由于电流通过导体时因导体存在电阻而产生热,因此,要根据输送电流量选择合适的导体截面,其直流电阻应符合规定值,以满足电缆运行时的热稳定要求。

导体结构:导体也是电缆工作时的高压电极,而且其表面电场强度最大,如果局部有毛刺则该处的电场强度会更大。因此,设计和生产以及使用部门在制作接头的导体连接时,要解决的主要技术问题之一就是力图使导体表面尽量做到光滑圆整无毛刺,以改善导体表面电场分布。

(二)金属屏蔽

1. 形成工作电场的低压电极,当局部有毛刺时也会出现电场强度很大的情况,因此,也要力图使导体表面尽量做到光滑圆整无毛刺。

2. 提供电容电流及故障电流的通路,因此也有一定的截面要求。

(三)半导电屏蔽层

半导电屏蔽层是中高压电缆采用的一项改善金属电极表面电场分布,同时提高绝缘表面耐电强度的重要技术措施。

半导电屏蔽层代替导体形成了光滑圆整的表面,大大改善了表面电场分布。同时,能与绝缘紧密接触,克服了绝缘与金属无法紧密接触而产生气隙的弱点,而把气隙屏蔽在工作场强之外。在附件制作中也普遍采用这一技术。

(四)绝缘

绝缘是将高压电极与地电极可靠隔离的关键结构,承受工作电压及各种过电压长期作用,因此其耐电强度及长期稳定性能是保证整个电缆完成输电任务最重要的部分。

绝缘能耐受发热导体的热作用而保持应有的耐电强度。电缆技术的进步主要由绝缘技术的进步所决定。从生产到运行，绝大部分试验测量项目都是针对监测绝缘的各种性能为目的的。

（五）护层

护层是保护绝缘和整个电缆正常可靠工作的重要保证。针对各种环境使用条件设计有相应的护层结构。主要是机械保护（纵向、径向的外力作用），防水、防火、防腐蚀、防生物等，可以根据需要进行各种组合。

（六）电缆接头

电缆接头是电缆线路中最薄弱的部分，将被破坏的电缆绝缘部分通过现场制作电缆接头恢复绝缘，是电缆线路中最容易发生问题的部分，所以制作工艺非常关键。

1. 单芯电缆接头

单芯电缆中间接头如图 4-5 所示，单芯电缆终端接头如图 4-6 所示。

图 4-5　单芯电缆中间接头

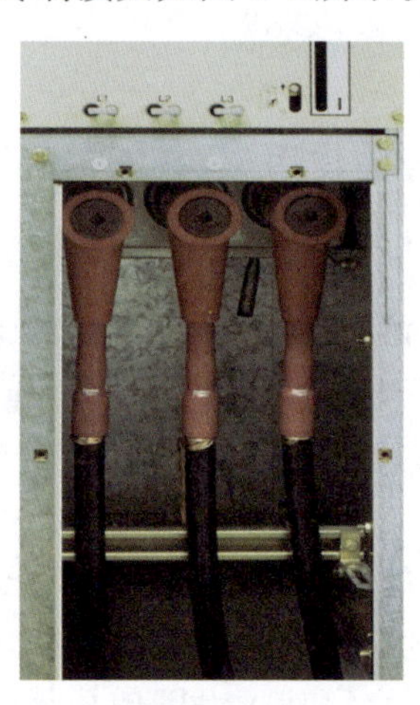

图 4-6　单芯电缆终端接头

2. 三芯电缆接头

热缩三芯电缆中间接头示意如图 4-7 所示，热缩三芯电缆终端接头示意如图 4-8 所示。

图 4-7　三芯电缆中间接头

图 4-8　三芯电缆终端接头

六、电缆的连接方式

直通型屏蔽型可分离连接器(电缆终端接头或肘头):外屏蔽层与被连接电缆的金属屏蔽和绝缘屏蔽在电气上连续的屏蔽型可分离连接器。

绝缘型屏蔽型可分离连接器(电缆终端接头或肘头):外屏蔽层与被连接电缆的金属屏蔽和绝缘屏蔽在电气上断开的屏蔽型可分离连接器。

电缆连接时应注意:当组合式电缆护层保护器与屏蔽型可分离连接器配套使用时,必须选用绝缘型屏蔽型可分离连接器,不能选用直通型屏蔽型可分离连接器。

七、单芯电缆护层保护器

全电缆电力贯通线宜采用单芯电缆,单芯电缆应采用非磁性金属铠装层,不得选用未经非磁性有效处理的钢制电缆。单芯电缆单端接地有感应电压,两端接地会有环流,运行中应视为带电体,故必须入沟。

为限制未接地端的感应电压过高,需装设单芯电缆护层保护器,如图 4-9 所示。

护层保护器结构特点是电缆引线、电极、金属氧化物阀片和接地体通过护层保护器绝缘套组合在一起,形成一体化构造,结构紧凑、体积小、安装方便。

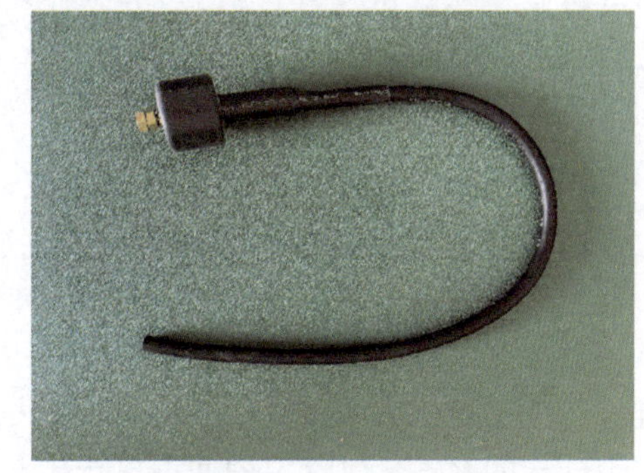

图 4-9　单芯电缆护层保护器

保护器一般采用无间隙金属氧化物保护器,相当于小的避雷器,使用前应测量其绝缘电阻、直流 1 mA 下的电压等,确保其各项指标正常。若其绝缘损坏,同样将电缆两端直接接地,会形成环流,运行后的护层保护器应严密监视其温度,测量接地电缆的电流,发现异常尽快处理,在保护器未动作前积累的电荷会对人身安全造成威胁,对此进行带电检修时务必穿绝缘鞋、戴高压绝缘手套,避免出现人身事故。

在铁路电力 10 kV 单芯全电缆线路中,一端直接接地,另一端通过护层保护器接地,可以有效地防止雷电过电压和内部过电压造成电缆金属护层多点接地故障,确保护层绝缘不被过电压击穿,同时避免形成环流,避免电缆过热,增加电缆使用寿命,节约电能。

单芯电缆以一端接地,另一端用护层保护器接地的形式运行,这样当护层的电压达到一定值时,护层保护器动作,释放电流,达到安全运行的要求,工作原理类似氧化锌避雷器。

第三节　电力杆塔

一、电力杆塔的定义

电力杆塔是支撑架空输电线路导线和架空地线并使它们之间以及与大地之间保持一定距离的杆形或塔形构筑物架空线路的杆塔,用来支持导线和避雷线,杆塔组装(立杆、安装横担和绝缘子、固定导线等)后,使导线与导线间、导线与大地间以及其他被跨越物间保持一定的安全距离。杆塔应具备的主要条件是应有足够的机械强度、造价低、寿命长。

二、杆塔的分类

（一）根据杆塔所用的材料不同

根据杆塔所用的材料不同,可分为木杆、金属杆(铁杆、铁塔)和钢筋混凝土杆(或称水泥杆)三种。由于国家基本建设需用大量木材,因此应尽量不用木杆。金属杆需要的钢材量很大,也应少用。目前在架空线路上广泛采用钢筋混凝土电杆,下面对这三种电杆分别进行叙述。

1. 木杆

木杆的主要材质为木头,其主要优点是质量轻,制造和安装方便,造价低,而且绝缘性能好,能增加线路的绝缘。木杆的缺点是容易腐朽,使用年限短,一般为 5～8 年,增加了线路的维修工作量,在阴雨天还会产生较大的泄漏电流,如果受雷击时还会引起燃烧或被劈裂。

2. 金属杆(铁杆、铁塔)

铁塔一般采用各种类型的钢材料通过焊接或螺栓连接而成,其形状和种类较多,结构也比较复杂。它的优点是坚固、可靠,使用期限长,同时也便于运输。缺点是钢材消耗量大,造价高,制造工艺和施工安装比较复杂,易锈蚀,运行维护工作量大。

3. 钢筋混凝土杆(或称水泥杆)

钢筋混凝土杆多用离心法绕制而成,有等径杆和拔梢杆两种。按制作工艺的不同,又分为普通钢筋混凝土电杆和预应力钢筋混凝土电杆,是我国目前使用最广泛的一种杆塔。现 10 kV 及以下电力线路除一些特殊地方使用铁塔、木质电杆,使用最广泛的也是水泥杆塔。

对水泥电杆要求表面光洁平整,内外厚度均匀,不应有露筋跑浆现象。普通钢筋混凝土电杆不应出现纵向裂纹,横向裂纹不应大于 0.2 mm,长度不应大于 1/3 周长,杆身弯曲不应大于杆长的 2%。预应力钢筋混凝土电杆不得有横向裂纹。

（二）根据杆塔受力情况不同

架空线路上的杆塔,由于受力情况不同,他们的结构形式也有所不同。按其在线路上的用途不同,分为直线杆塔(又称中间杆塔)、耐张杆塔、转角杆塔、终端杆塔、跨越杆塔、设备杆塔 (配电线路用)、分歧杆塔和换位杆塔等数种。

1. 直线杆塔

直线杆塔在线路中应用最多,用来支撑平坦地区的线路金具和导线,它只承受导线垂直重力和垂直线路方向的水平风力。

2. 转角杆塔

转角杆塔用于线路的转角处。转角杆塔两侧导线的张力不在一条直线上,所以为了减少不平衡张力对杆塔上的作用,一般在线路方向的反方向导线横担处要加上拉线,如图 4-10 所示。

3. 耐张杆塔

耐张杆塔应用于电杆两侧受力基本相等且受力方向对称的场所。它能承受沿线路方向导线的拉力,当线路出现倒杆、断线事故时,能将事故限制在两根耐张杆塔之间,防止事故扩大,起到分段的作用,如图 4-11 所示。耐张杆塔作为线路分段的支持点,具有加强线路机械强度的作用。

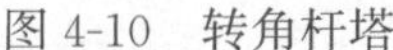

图 4-10　转角杆塔

图 4-11　耐张杆塔

4. 分歧杆塔

分歧杆塔又称分支杆塔，位于主线路与分支线路的连接处，在主线路方向上有直线型和耐张型两种。在分支方向侧为耐张型，应能承受分支线路导线上的全部压力。

5. 跨越杆塔

跨越杆塔是一种特殊类型的电杆，用于跨越电力线路。当需要在电力线路上方或下方架设新的电力线路时，就需要使用跨越杆塔将电力线路跨越过去。跨越杆塔通常由耐张杆塔或拉线加强的直线杆塔制成，以承受跨越电力线路所产生的张力和拉力。在跨越铁路、公路、通航河流等跨越高度较高的电力线路时，跨越杆塔还需要具有耐张杆塔的功能。

6. 终端杆塔

终端杆塔设立在线路的首末两端，通常是耐张型。用来支撑电力线路和设备，能承受单侧导线的全部拉力。

7. 换位杆塔

换位杆塔是指沿线路方向变换相对位置的杆塔，作用是为了减少电力系统正常运行时电流和电压的不对称，并限制送电电路对通信线路的影响。自动闭塞高压线路，应在全区段进行换位。每 9 km 为一个换位周期，平均每 3 km 导线换位一次。

8. 隔离开关杆塔

隔离开关杆塔是用来在户外架空线路安装隔离开关的电杆。

9. 撑杆

撑杆和拉线的作用基本一致，为了使电杆受力平衡，防止电杆倾倒。

第四节　金　　具

一、金具的定义

线路金具是指架空电力线路上用的电力金具，是架空电力线路和配电线路的重要组成部分。

二、金具的分类

在架空线路金具中根据其在线路中的作用可分为支持件、连接件和紧固件三类。

（一）支持件

支持件是用来支持架空线路，主要包括各种横担、绝缘子、杆顶支座、拉板等。

1. 横担

横担就是常见于电线杆顶部横向固定的角铁，它配合绝缘子及电力金具来支撑导线、避雷器等，并使之按规定保持一定的安全距离，如图 4-12 所示。直线横担应装在受电侧，转角杆、终端杆、分支杆的横担应装在拉线侧。现铁路架空线路横担大多数为铁质横担。按照《铁路电力设计规范》（TB 10008—2015）规定：横担的选用规格应根据杆塔结构形式计算。

2. 绝缘子

绝缘子是用来使导线和杆塔之间保持绝缘状态，同时还承受导线和各种附件的机械荷载。架空线路的导线就是利用绝缘子和金具连接固定在杆塔上，绝缘子在运行中不但要承受工作电压，还要受到过电压的冲击；同时还应能承受线路机械力、风力和气温变化及周围环境的影响。所以绝缘子必须要有良好的绝缘性能和一定的机械强度以及抗化学能力。

下面是对绝缘子种类和用途的介绍。

（1）高压针式绝缘子（图 4-13）

针式绝缘子主要用于高压输电线路和柱上变压器的绝缘，并起支撑作用。它的特点是结构简单，体积小，但是对污染和雨淋的适应性较差。一般用在线路的直线杆塔或转角杆塔，根据电压分为高压和低压两大类。

图 4-12　横担

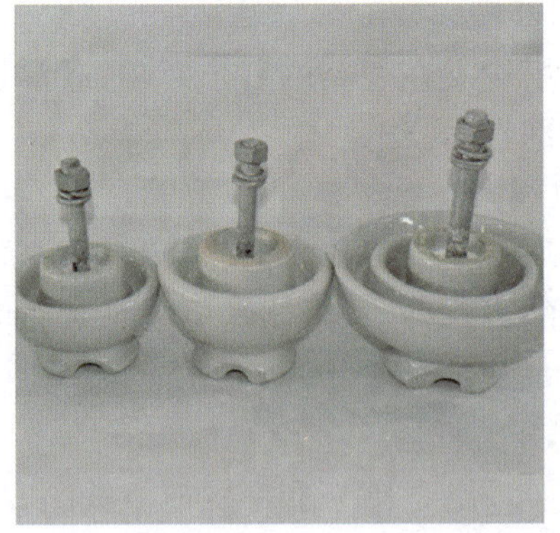

图 4-13　高压针式绝缘子

（2）高压悬式绝缘子（图 4-14）

悬式绝缘子广泛应用于高压架空输电线路和发、变电所软母线的绝缘及机械固定。在 10 kV 电力线路中多使用在高压线路的转角杆塔、分歧杆塔、终端杆塔及需要承受拉力的杆塔上，在线路中根据电压的高低将一定数量的悬式绝缘子串起来使用，因使用场合不同分为普通型和防污型两种，因连接部分构造不同分为销栓连接和球头连接两种。

（3）蝶式绝缘子（图 4-15）

蝶式绝缘子一般用在低压配电线路的转角杆塔、分歧杆塔、终端杆塔以及需要承受拉力的杆塔上。导线通过绑扎法固定在绝缘子上，使其与地面隔离。在输变电系统中，蝶式绝缘子可用作进出线路的隔离装置。它可以有效隔离变电站的进线和出线，保证电力系统的稳定性。此外蝶式绝缘子还可作为电力设备的绝缘支持，能够提高其抗污能力和耐电压能力，确保设备的安全运行。

图 4-14　高压悬式绝缘子

图 4-15　蝶式绝缘子

3. 杆顶支座（图 4-16）

杆顶支座是支持导线并与杆塔连接的金具，根据其特性有以下优点：

（1）增强杆塔的稳定性

在电力传输过程中，电力杆顶的设备质量较大，风力和外界因素对电力杆的影响也较大，容易造成电力杆发生位移或倾斜，从而导致传输系统出现故障。杆顶支座抱箍的作用就是用于增强杆塔的稳定性，在强风、雷击等情况下，有效地防止杆塔的倾斜或损毁，确保电力传输正常运行。

（2）加强设备的固定

电力杆顶的设备主要采用抱箍和夹具等固定方式，这些设备的稳定性直接影响整个传输系统的稳定性。杆顶支座抱箍作为一种重要的固定配件，能够有效地增强设备的固定，减少设备在传输过程中产生的振动，避免因设备松动而带来的安全隐患。

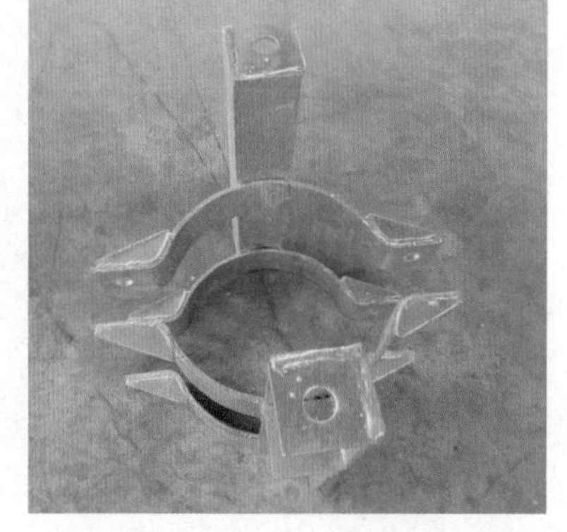

图 4-16　杆顶支座

（3）减少振动噪声

除了以上两点优点外，杆顶支座抱箍还能够减少电力设备在传输过程中产生的振动和噪声，使整个电力传输系统更加安全、稳定和环保。

4. 拉板（图 4-17）

电力拉板常用于固定绝缘子，它是在配电架空线路中常用的一种部件。常见的拉板有金属拉板、塑料拉板等。

（二）连接件

连接件是用来将几种电力配件、金具连接起来，主要包括连接金具、耐张线夹、悬垂线夹、接续金具、保护金具、拉线金具、T 接金具、设备线夹及各种穿钉（图 4-18）等。

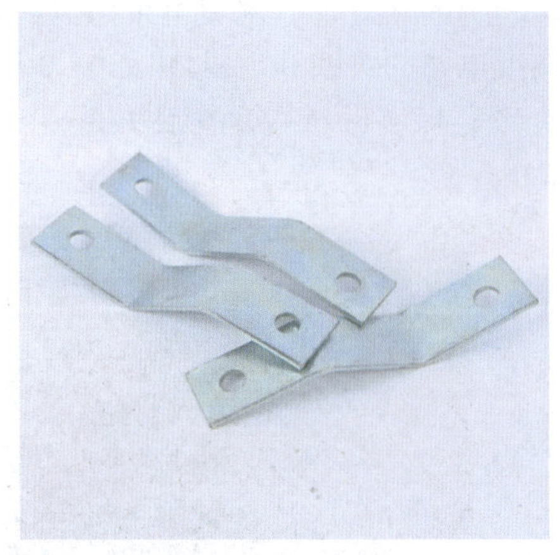

图 4-17　拉板

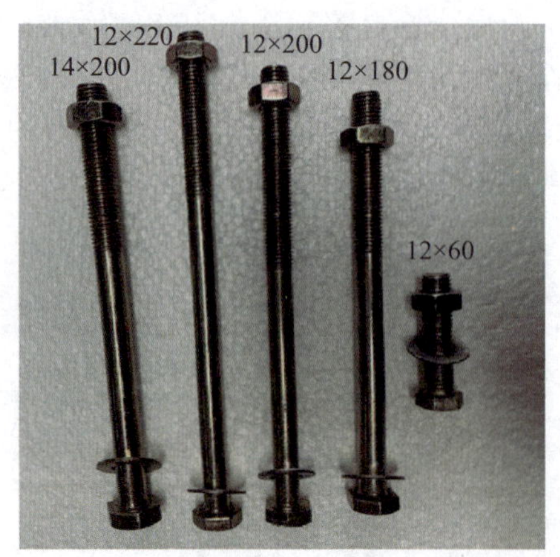

图 4-18　穿钉

1. 连接金具

连接金具的作用是完成导线（通过绝缘子）与杆塔的连接，包括球头挂环（图 4-19）、碗头挂环（图 4-20）、U 形环（图 4-21）、直角挂板（图 4-22）、连板、延长环（图 4-23）、平行挂板（图 4-24）、环板、五孔连板（图 4-25）、调整板（图 4-26）、U 形螺栓（图 4-27）、U 形挂板和 U 形拉板等。

图 4-19　球头挂环

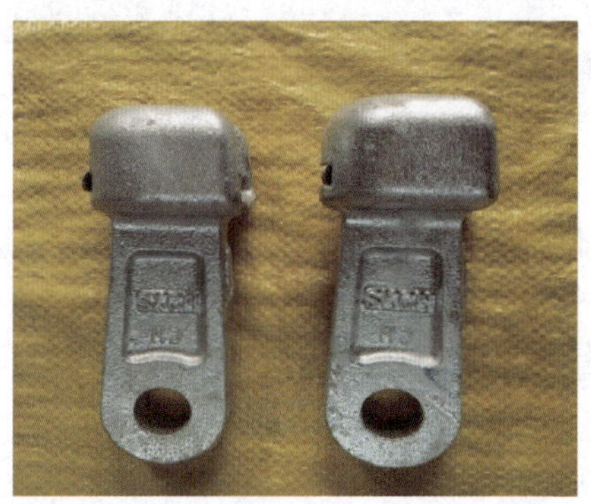

图 4-20　碗头挂环

图 4-21　U 形环

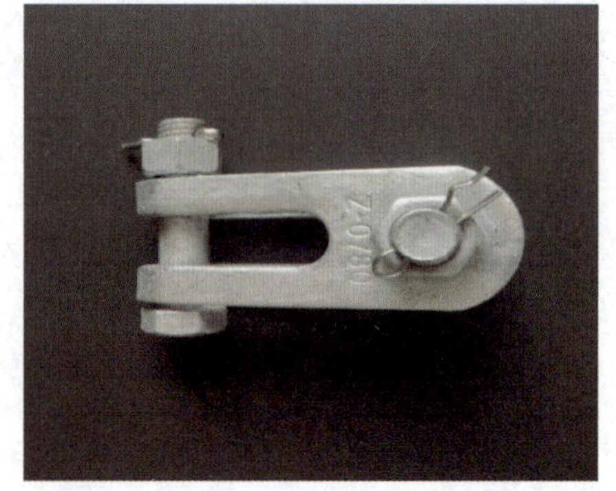

图 4-22　直角挂板

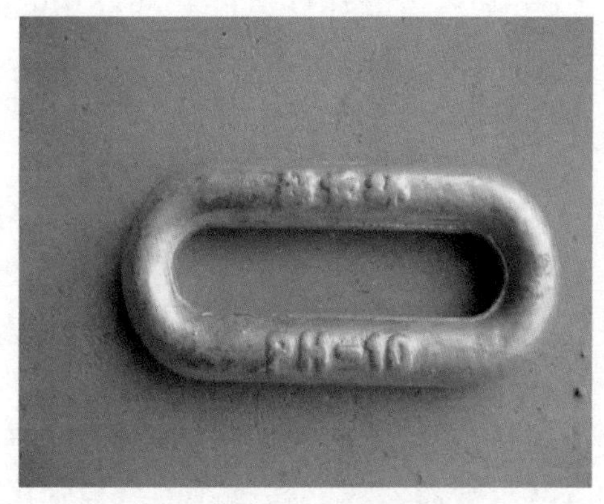

图 4-23　延长环

图 4-24　平行挂板

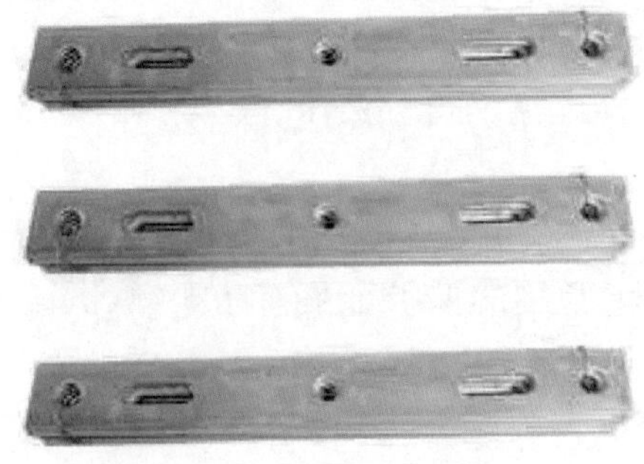

图 4-25　五孔连板

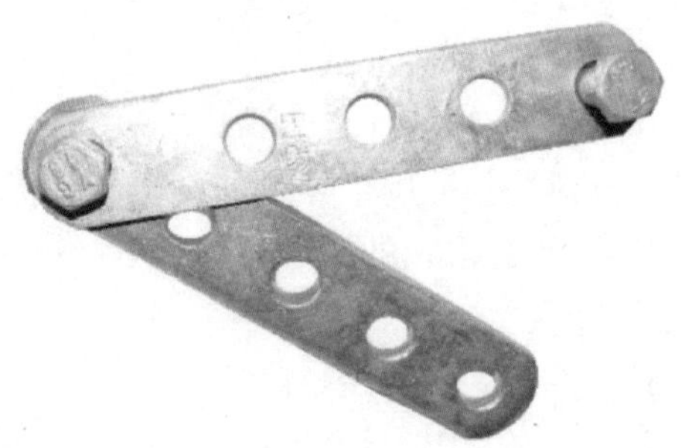

图 4-26　调整板

2. 耐张线夹(图 4-28)

耐张线夹在电力线路中起到了固定、支撑、承受张力、调节张力、连接导线和绝缘子串、防护和绝缘等多重作用。它不仅保证了电力线路的正常运行和安全性,还提高了线路的稳定性和可靠性,铁路线路中常使用螺栓式线夹。

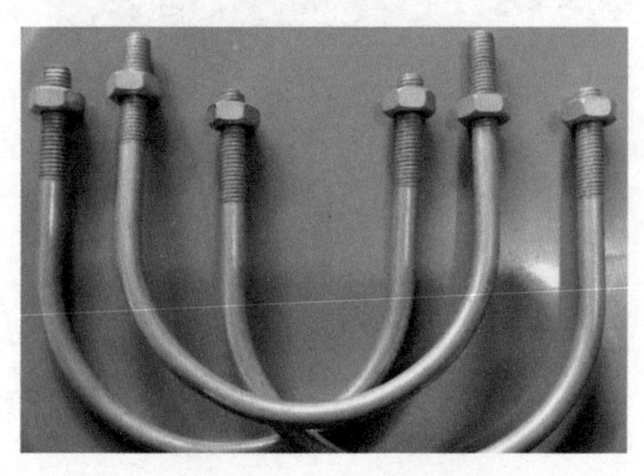

图 4-27　U 形螺栓

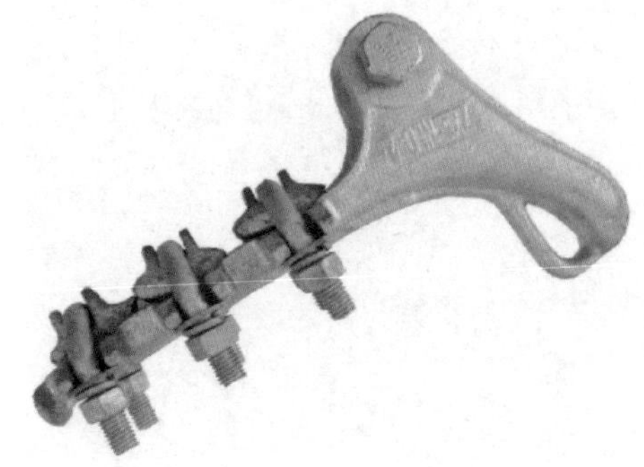

图 4-28　耐张线夹

3. 悬垂线夹(图 4-29)

悬垂线夹主要用于架空电力线路或变电所,通过连接金具将导线和避雷线悬挂在绝缘子串上或将避雷线悬挂在杆塔上。悬垂线夹是用玛铁和铝合金两种材质制造，它的用途主要是在直线上提携导线，常用于 35 kV 及以上线路，我国现阶段使用的悬垂线夹主要为提包式。

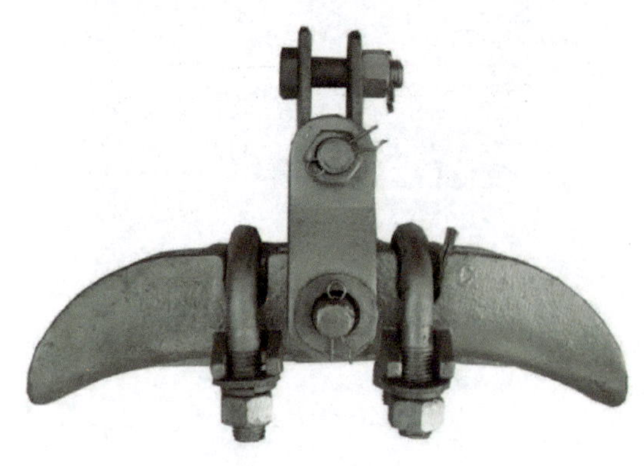

图 4-29　悬垂线夹

4. 接续金具

接续金具在架空配电线路中主要应用于连接各种裸导线、地线等，通过应用接续金具，能够更好地承担与导线相同的电气负荷，而针对不同的接续线路，对于接续金具的应用，也被分为对接、搭接、绞接和插接等不同的接续方法。而在接续金具的应用过程中，则需要注意接续点的机械强度，尽可能地保证机械强度不小于被接续导线拉断力的 90%。按结构形式和安装方法的不同可分为压缩型、螺栓型和预绞丝式三类，其中压缩型又可分液压、爆压和钳压三种。

5. 保护金具

保护金具是一种用于导线与避雷器机械防护及绝缘子电气防护的金具。主要用于减小架空线路导线、避雷线的振动幅度，铁路 35 kV 以下常用的保护金具有防振锤(图 4-30)、悬吊锤等。

6. 拉线金具

拉线金具主要用于拉线杆塔拉线的结实、调整和连接，包括从杆塔顶端引至地面拉线之间的全部零件。依据使用条件，拉线金具可分为紧线、调整及联结三类。紧线零件用于紧固拉线端部，与拉线直接接触，必须有足够的握着力。调整零件如紧线器用于调整拉线的松紧，如图 4-31 所示。联结零件用于拉线组装。

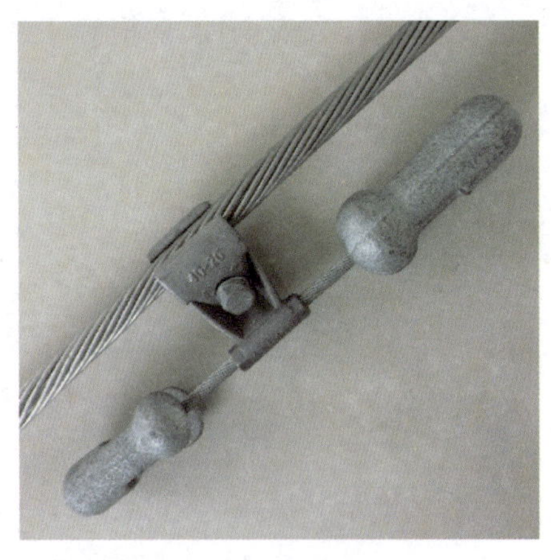

图 4-30　防振锤

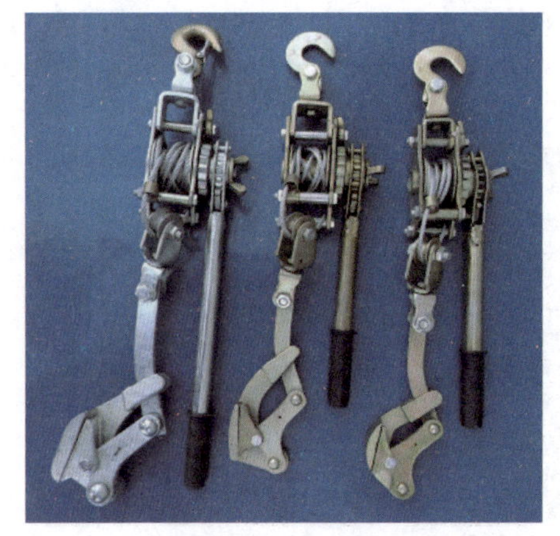

图 4-31　紧线器

线路上常用的拉线金具有楔形线夹、UT 型线夹、拉线、U 形环、钢线卡子等。拉线主要用于线路转角、终端及直线部分防风杆塔等的固定。

7. T 接金具

T 接金具用于主母线或主回路引至电气设备或其他回路的引线接续，亦用于两条架空线路交叉时的 T 接。T 接金具主要用于架空电力线路或变电所，在母线的干线上以“T”形方式引下电流分支，其分为螺栓型和压缩型两类。

8. 设备线夹(图 4-32)

设备线夹主要用于变电所母线引下线与电气设备(变压器、隔离开关)或穿墙套管的接续，按安装方法的不同分螺栓型、压缩型两类；又按下引线的方向分 0°、30°、45°、90°多种；还有适用于铜设备端子的铜铝过渡型。

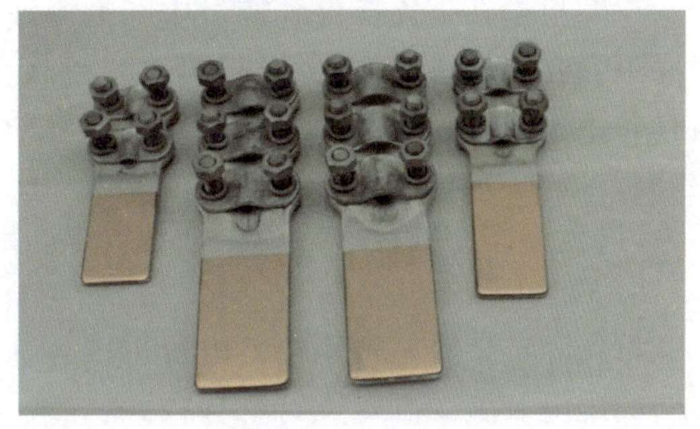

图 4-32　设备线夹

(三) 紧固件

紧固件是用来针对支持件和连接件而言，对金具起固定调节作用的金具，主要有 M 形抱铁、抱箍、垫片、垫圈、母线等固定金具。

1. M 形抱铁(图 4-33)

M 形抱铁也称 M 形垫铁，用于固定横担，相当于抱箍的作用。

2. 抱箍

电力金具铁附件中的抱箍其实就是用一种材料抱住或箍住另外一种材料的构件。一般由左、右两半片抱箍对合后连接而成，左、右两半片抱箍均呈半圆环状，半圆环两端向外弯折，各形成一个安装耳，安装耳上冲有螺栓连接孔，用缩口螺栓连接安装，主要原材料为扁钢。抱箍装置由箍板、翼板、拉结筋板、螺栓及内衬垫构成。抱箍种类繁多，如杆顶支座抱箍、电缆抱箍、横担抱箍、拉线抱箍(图 4-34)等。

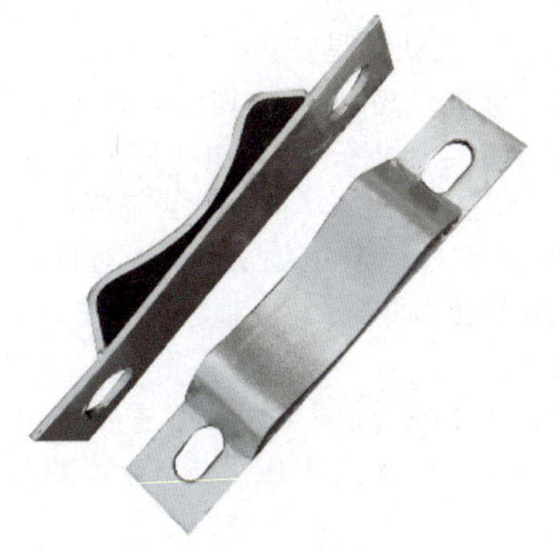

图 4-33　M 形抱铁

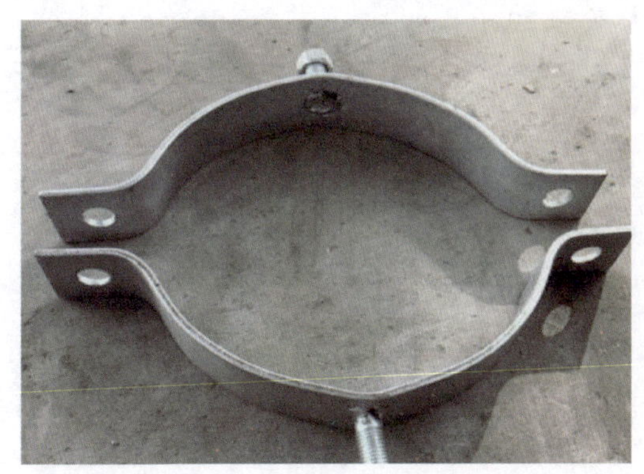

图 4-34　拉线抱箍

3. 垫片

垫片一般都是用铜片或者橡胶片制作的，它是放于两个零件之间的材料。垫片是两个零件之间的机械密封，一般可以防止两个零件之间受到压力、腐蚀等。垫片的主要作用就是增加接触的面积，减小两个零件之间的压力，从而防止松动以及保护零件。由于机械加工的表面并不是很完美的，因此使用垫片可以填补不规则性。

垫片的类别也是有很多的，常见的主要是螺栓和螺母之间的垫片，通常是铜片。按照结构特征和材料可以将垫片分为非金属垫片、金属垫片以及非金属跟金属结合的垫片。

4. 垫圈

垫圈指垫在被连接件和螺母中间的零件，通常为平扁形的金属圈，用于维护被连接件的表面不会受到螺母擦伤，分散螺母对被连接件的负担。垫圈的类型多种多样，大小、厚度和材料各不相同，所起的效果也各有不同。垫圈有平垫圈、弹簧垫圈等。平垫圈主要有缓解压力、提升摩擦力、密封、减振、固定等五大功能。弹簧垫圈的作用是增加螺母和螺栓之间的摩擦力，避免运作中的设施因为振动导致牢固螺栓的松脱，从而提高连接的稳定性。

5. 母线固定金具

母线固定金具主要用于变电所母线与绝缘子的固定或悬挂连接，包括在发电厂、变电所(站)的配电装置中固定支持软导线、复导线及各种硬母线用的金具。硬母线分为矩形母线、菱形母线、槽形母线和管形母线。

第五节　低压开关

一、低压开关的定义

低压开关是一种常见的电气开关设备，主要用于控制电路的开关和保护电路，如图4-35所示。它具有多种功能，如过载保护、短路保护、欠压保护等，可以有效保护电路和设备的安全运行。

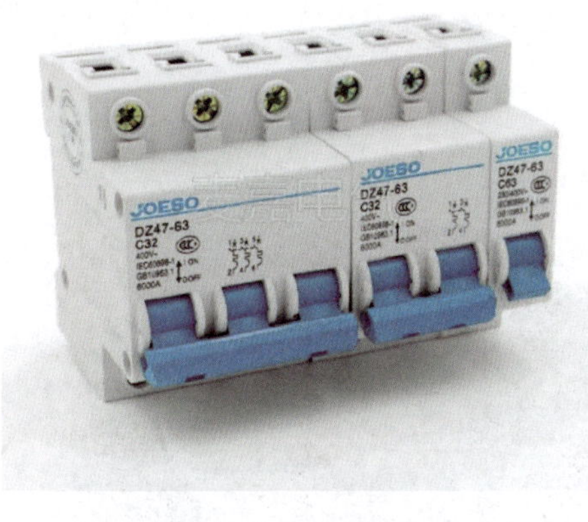

图4-35　低压开关

二、高低压的区分

36 V被广泛认为是安全电压，但不能作为高、低压的划分标准。高、低压的划分有两种方式：

1. 按额定电压划分：额定电压在1 kV及以下称为低压；额定电压1 kV以上称为高压。

2. 按设备对地电压划分：设备对地电压在250 V及以下者为低压；设备对地电压在250 V以上者为高压。

而平常所称的低压电器，就是额定电压在1 kV以下的电器，额定电压大于1 kV的为高压电器。

三、低压开关的作用

1. 过载保护

过载是指电路中电流超过额定值的现象，如果长时间存在过载，将会导致电路和设备的损坏。低压开关的过载保护功能可以检测电流是否超过额定值，并在超过一定时间后自动断开电路，保护电路和设备的安全运行。

2. 短路保护

短路是指电路中两个或多个导体意外接触形成的低阻抗路径，通常会使电流瞬间增大到很高的值，这可能会导致电路和设备的损坏。低压开关的短路保护功能可以检测电流是否超过额定值，并在短时间内自动断开电路，保护电路和设备的安全运行。

3. 欠压保护

欠压是指电源电压低于设备工作要求的电压值，这可能会导致设备无法正常工作或损坏。低压开关的欠压保护功能可以检测电源电压是否低于设备要求的电压值，并在检测到欠压时自动断开电路，保护设备的安全运行。

4. 手动控制

低压开关的手动控制功能可以实现对电路的手动操作，例如手动开关电路、手动复位等。在某些特殊情况下，需要手动控制电路，以满足特定的需求。

5. 报警功能

低压开关的报警功能可以检测电路中的异常情况，并发出警报信号，以提醒用户进行处理。例如，当电路出现过载或短路时，低压开关可以发出声音或闪光信号，以提醒用户进行处理。

6. 远程控制

低压开关的远程控制功能可以实现对电路的远程操作，例如远程开关电路、远程检测电路状态等。在某些特殊情况下，需要实现对电路的远程控制，以便及时处理电路中的问题。

低压开关在电路保护和控制方面有着重要的作用，可以有效保护电路和设备的安全运行。不同类型的低压开关具有不同的功能，用户可以根据需要选择合适的低压开关来满足特定的需求。

第六节 配 电 箱

一、配电箱的定义

配电箱是电气装备，具有体积小、安装简便、技术性能特殊、位置固定、配置功能独特、不受场地限制、应用比较普遍、操作稳定可靠、空间利用率高、占地少且具有环保效应的特点，如图 4-36 所示。配电箱是指挥供电线路中各种元器件合理分配电能的控制中心，是可靠接纳上端电源，正确馈出荷载电能的控制环节，也是获取用户对供电质量满意与否的关键。

图 4-36 配电箱

二、配电箱的用途

配电箱可以合理地分配电能，方便对电路的开合操作；有较高的安全防护等级，能直观地显示电路的导通状态。

三、常用配电箱的结构特征和用途分类

1. 固定面板式开关柜

固定面板式开关柜常称开关板或配电屏。它是一种有面板遮拦的开启式开关柜，正面有防护作用，背面和侧面仍能触及带电部分，防护等级低，只能用于对供电连续性和可靠性要求较低的工矿企业，作变电室集中供电用。

2. 防护式(即封闭式)开关柜

防护式(即封闭式)开关柜指除安装面外，其他所有侧面都被封闭起来的一种低压开关柜。这种柜子的开关、保护和监测控制等电气元件，均安装在一个用钢或绝缘材料制成的封闭外壳内，可靠墙或离墙安装。柜内每条回路之间可以不加隔离措施，也可以采用接地的金属板或绝缘板进行隔离。通常门与主开关操作有机械联锁。另外还有防护式台型开关柜(即控制台)，面板上装有控制、测量、信号等电器。防护式开关柜主要用作工艺现场的配电装置。

3. 抽屉式开关柜

抽屉式开关柜采用钢板制成封闭外壳，进出线回路的电气元件都安装在可抽出的抽屉中，构成能完成某一类供电任务的功能单元。功能单元与母线或电缆之间，用接地的金属板或塑料制成的功能板隔开，形成母线、功能单元和电缆三个区域。每个功能单元之间也有隔离措施。抽屉式开关柜有较高的可靠性、安全性和互换性，是比较先进的开关柜，开关柜多数是指抽屉式开关柜。它们适用于要求供电可靠性较高的工矿企业、高层建筑，作为集中控制的配电中心。

4. 动力、照明配电控制箱

动力、照明配电控制箱多为封闭式垂直安装。因使用场合不同，外壳防护等级也不同。

第七节　避　雷　器

一、避雷器的定义

避雷器用于保护电气设备免受雷击时高瞬态过电压危害，并限制续流时间，也是常限制续流幅值的一种电器，如图 4-37 所示。避雷器有时也称为过电压保护器或过电压限制器。

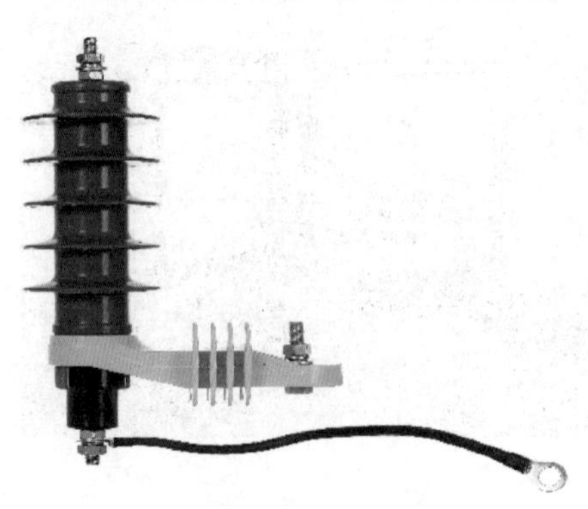

图 4-37　避雷器

二、避雷器的特点与原理

1. 避雷器的特点

避雷器具有优异的非线性伏安特性，响应特性好、无续流、通流容量大、残压低、抑制过电压能力强、耐污秽、抗老化、不受海拔约束、结构简单、无间隙、密封严、寿命长等特点。在正常系统工作电压下，呈现高电阻状态，仅有微安级电流通过。在过电

压大电流作用下便呈现低电阻,从而限制避雷器两端的残压。

2. 避雷器的工作原理

避雷器是变电站被保护设备免遭雷电冲击波袭击的设备。当沿线路传入变电站的雷电冲击波超过避雷器保护水平时,避雷器首先放电,并将雷电流经过良导体安全地引入大地,利用接地装置使雷电压幅值限制在被保护设备雷电冲击水平以下,使电气设备受到保护。

三、避雷器的分类

避雷器分为很多种,有金属氧化物避雷器、线路型金属氧化物避雷器、无间隙线路型金属氧化物避雷器、全绝缘复合外套金属氧化物避雷器、可卸式避雷器。

避雷器的主要类型有管型避雷器、阀型避雷器和氧化锌避雷器等。每种类型避雷器的主要工作原理是不同的,但是它们的工作实质是相同的,都是为了保护通信线缆和通信设备不受损害。

1. 管型避雷器

管型避雷器实际是一种具有较高熄弧能力的保护间隙,它由两个串联间隙组成,一个间隙在大气中,称为外间隙,它的任务就是隔离工作电压,避免产气管被流经管子的工频泄漏电流所烧坏;另一个装设在气管内,称为内间隙或者灭弧间隙,管型避雷器的灭弧能力与工频续流的大小有关。管型避雷器是一种保护间隙型避雷器,主要用于限制大气过电压,一般用于配电系统、线路和变电所进线段保护。

2. 阀型避雷器

阀型避雷器由火花间隙及阀片电阻组成,阀片电阻的制作材料是特种碳化硅。利用碳化硅制作的阀片电阻可以有效地防止雷电和高电压,对设备进行保护。当有雷电高电压时,火花间隙被击穿,阀片电阻的电阻值下降,将雷电流引入大地,这就保护了线缆或电气设备免受雷电流的危害。在正常的情况下,火花间隙是不会被击穿的,阀片电阻的电阻值较高,不会影响通信线路的正常通信。

3. 氧化锌避雷器

氧化锌避雷器是一种保护性能优越、质量轻、耐污秽、性能稳定的避雷设备。它主要利用氧化锌良好的非线性伏安特性,使在正常工作电压时流过避雷器的电流极小(微安或毫安级);当过电压作用时,电阻急剧下降,泄放过电压的能量,达到保护的效果。这种避雷器和传统避雷器的差异是没有放电间隙,利用氧化锌的非线性特性起到泄流和开断的作用。

阀型避雷器与氧化锌避雷器用于变电所和发电厂的保护,在 500 kV 及以下系统主要用于限制大气过电压,在超高压系统中还将用来限制内过电压或作内过电压的后备保护。

以上介绍了几种避雷器,每种避雷器有各自的优点和特点,需要针对不同的环境进行使用,才能起到良好的避雷效果。

四、避雷器的作用

避雷器连接在线缆和大地之间,通常与被保护设备并联。避雷器可以有效地保护通信设备,一旦出现不正常电压,避雷器将发生动作,起到保护作用。当通信线缆或设备在正常工作电压下运行时,避雷器不会产生作用,对地面来说视为断路。一旦出现高电压,且危及被保护设备绝缘时，避雷器立即动作，将高电压冲击电流导向大地，从而限制电压幅值，保护通信线缆和设备绝缘。当过电压消失后，避雷器迅速恢复原状，使通信线路正常工作。

因此，避雷器的主要作用是通过并联放电间隙或非线性电阻的作用，对入侵流动波进行削幅，降低被保护设备所受过电压值，从而保护通信线路和设备。

第八节　熔　断　器

一、熔断器的定义

熔断器也被称为保险器，是当电流超过规定值时，以本身产生的热量使熔体熔断，断开电路的一种电流保护器。熔断器广泛应用于高低压配电系统和控制系统以及用电设备中，作为短路和过电流的保护器，是应用最普遍的保护器件之一。熔断器型号如图 4-38 所示。

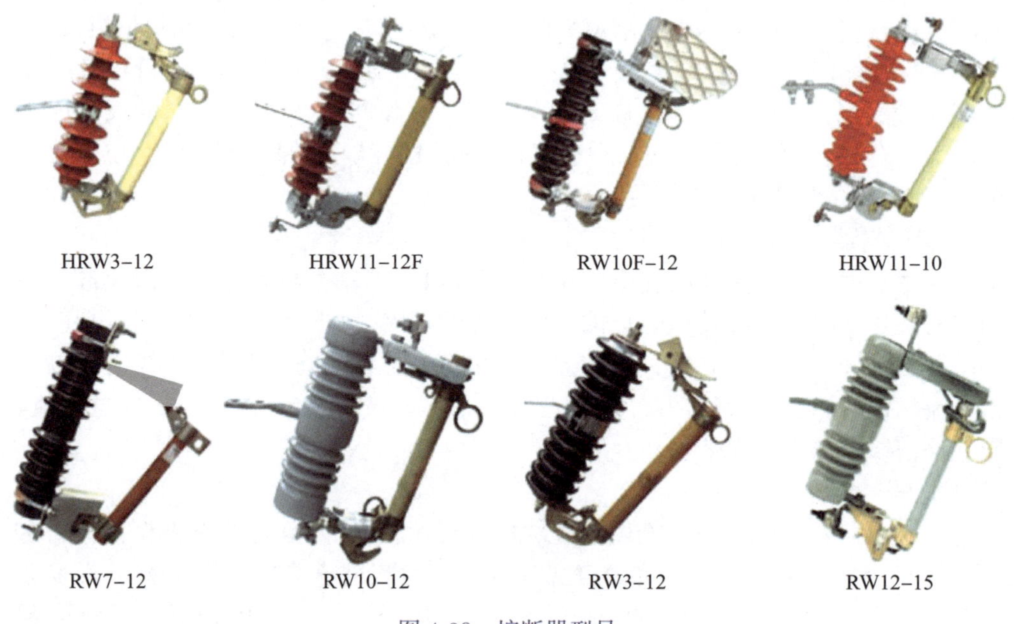

图 4-38　熔断器型号

二、熔断器的分类

1. 插入式熔断器

插入式熔断器常用于 380 V 及以下电压等级的线路末端，作为配电支线或电气设备的短路保护。

2. 螺旋式熔断器

熔体上的上端盖有一熔断指示器，一旦熔体熔断，指示器马上弹出，可透过瓷帽上的玻璃孔观察到，螺旋式熔断器常用于机床电气控制设备中。螺旋式熔断器分断电流较大，可用于电压等级 500 V 及以下、电流等级 200 A 以下的电路中，作短路保护。

3. 封闭式熔断器

封闭式熔断器分有填料封闭式熔断器和无填料封闭式熔断器两种。有填料熔断器一般用方形瓷管，内装石英砂及熔体，分断能力强，用于电压等级 500 V 以下、电流等级 1 kA 以下的电路中。无填料封闭式熔断器将熔体装入封闭式圆筒中，分断能力稍小，用于 500 V 以下、600 A 以下电力网或配电设备中。

4. 快速熔断器

快速熔断器主要用于半导体整流元件或整流装置的短路保护。由于半导体元件的过载能力很低，只能在极短时间内承受较大的过载电流，因此要求短路保护具有快速熔断的能力。快速熔断器的结构和有填料封闭式熔断器基本相同，但熔体材料和形状不同，它是以银片冲制的有 V 形深槽的变截面熔体。快速熔断器通常简称“快熔”，其特点是熔断速度快、额定电流大、分断能力强、限流特性稳定、体积较小。

5. 自复熔断器

自复熔断器采用金属钠作熔体，在常温下具有高电导率。当电路发生短路故障时，短路电流产生高温使钠迅速气化，气态钠呈现高阻态，从而限制了短路电流。当短路电流消失后，温度下降，金属钠恢复原来的良好导电性能。自复熔断器只能限制短路电流，不能真正分断电路。其优点是不必更换熔体，能重复使用。

三、熔断器与断路器的区别

熔断器与断路器的相同点是都能实现短路保护，熔断器的原理是利用电流流经导体会使导体发热，达到导体的熔点后导体熔化，从而断开电路，保护用电器和线路不被烧坏。它是热量的一个累积，所以也可以实现过载保护，一旦熔体烧毁就要更换熔体。

断路器也可以实现线路的短路和过载保护，不过原理不一样，它是通过电流的磁效应（电磁脱扣器）实现断路保护，通过电流的热效应实现过载保护（不是熔断，多不用更换器件）。具体到实际中，当电路中的用电负荷长时间接近于所用熔断器的负荷时，熔断器会逐渐加热，直至熔断。熔断器的熔断是电流和时间共同作用的结果，起到对线路进行保护的作用，它是一次性的。而断路器是电路中的电流突然加大，超过断路器的负荷时，会自动断开，它是对电路一个瞬间电流加大的保护，例如漏电电流很大、短路或瞬间电流很大时的保护。当查明原因，可以合闸继续使用。熔断器的熔断是电流和时间共同作用的结果，而断路器，只要电流一过其设定值就会跳闸，时间作用几乎可以不用考虑。断路器是低压配电常用的元件，也有一部分地方适合用熔断器。

复习思考题

1. 铁路中常用的导线排列方式有哪些？
2. 铁路中常用的导线有几种？分别是什么？
3. 标称截面积为 120 mm^2 铝绞线的简写是什么？
4. 熔断器与断路器的区别是什么？
5. 根据材料的不同杆塔分为哪几类？

6. 按受力情况杆塔分为哪几种？分别是什么？
7. 在金具中支持件分别有哪几种？
8. 高低压是怎么区分的？
9. 配电箱的用途是什么？
10. 避雷器的特点是什么？
11. 常见的避雷器有几种？
12. 电力电缆的特点有哪些？
13. 电缆由哪几部分组成？
14. 电缆护层保护器的作用是什么？
15. 金属屏蔽的作用是什么？

第五章　电力常用仪器仪表

第一节　电工测量基本知识

常用电工仪表是测量各种电量与磁量的仪器仪表统称。

一、电工仪表的分类

电工仪表按结构和用途的不同，可分为指示仪表、比较仪表和数字仪表三类。

（一）指示仪表

在测量时，通过指针或光点的偏转，直接读出被测量的数值。

1. 按工作原理分类，主要有磁电式仪表、电磁式仪表、电动式仪表和感应式仪表等。

（1）磁电式仪表是最常用的仪表之一。它的准确度高，刻度均匀，消耗功率小；但它的成本高，若不采取整流措施，只能用来测量直流电，而且过载能力小。磁电式仪表通常做成携带式仪表，如万用表、钳形电流表等。

（2）电磁式仪表既可测量直流电，也可测量交流电。它的结构简单，过载力强，成本低；但它的准确度较低，刻度是非线性的，且易受外界磁场的影响。常用的开关板式仪表，如电流表和电压表，多采用电磁式结构。

（3）电动式仪表的基本结构由一个固定的线圈和一个可以转动的线圈组成，它的固定线圈产生一个电磁场，当可动线圈流过电流时，就会受到力的作用，仪表指针的偏转角度由这两个电流共同作用而决定。电动式仪表常用在功率表、功率系数表、频率表等。

（4）感应式仪表与其类似仪表不同之处在于它的活动部分不是线圈，也不是动铁，而是一个可以转动的铝盘。在仪表特有的磁路中，当有一定的电流通过电表，由电源流向负载时，铝盘就会受到一个转矩的作用而不停地旋转。这种工作原理的仪表称为感应式仪表，主要用于电能表（电度表）。

2. 按使用方法分类，有开关板式仪表和便携式仪表。

3. 按被测量的名称分类，有电流表、电压表、功率表、电能表、频率表、相位表、万用表等。

4. 按准确度等级分类，有 0.1 级、0.2 级、0.5 级、1.0 级、1.5 级、2.5 级、5.0 级，共七级。

5. 按被测电流种类分类，有直流仪表、交流仪表以及交直流两用仪表。

（二）比较仪表

比较仪表是在测量过程中，被测物需要和相应的标准量进行比较而测出被测物的数值的仪表，如测量低值电阻的惠斯登电桥、开尔文电桥，测量电阻、电容、电感的万用电桥等。

（三）数字仪表

常用的有数字式电压表、数字式万用表、数字式频率表等。

二、电工仪表的准确度

电工仪表的准确度＝最大绝对误差/仪表的量程

三、电工指示仪表的主要技术要求

电工指示仪表的主要技术要求有以下几点：

1. 要有足够的准确度；
2. 要有合适的灵敏度；
3. 有良好的读取装置和阻尼装置；
4. 变差要小；
5. 本身消耗功率小；
6. 要有足够的绝缘强度和过载能力。

第二节　绝缘电阻测试仪的使用

一、数字式电动兆欧表

数字式电动兆欧表由大规模集成电路组成，是由机内电池作为电源经 DC/DC 变换产生的直流高压并由 E 极出经被测试品到达 L 极，从而产生一个从 E 到 L 极的电流，经过 I/V 变换和除法器完成运算，直接将被测的绝缘电阻值由 LCD 显示出来，如图 5-1 所示。其输出功率高，短路电流值高，输出电压等级多，抗干扰能力强。

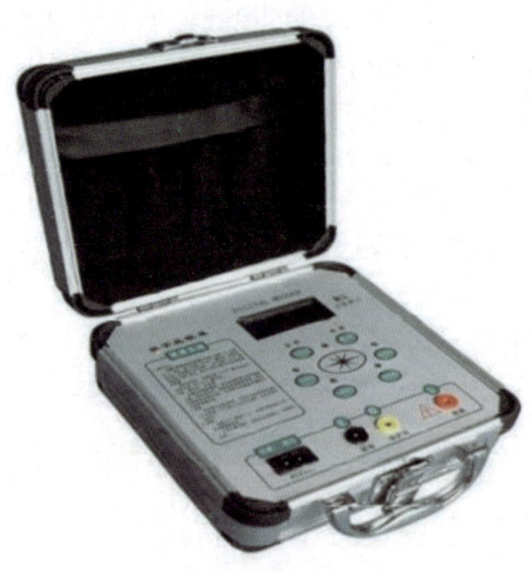

图 5-1　数字式电动兆欧表

操作注意事项：

1. 存放保管时，应注意环境温度和湿度，放在干燥通风的地方为宜，要防尘、防潮、防振、防酸碱及腐蚀气体。

2. 测物体为正常带电体时，必须先断开电源，然后测量，否则会危及人身和设备安全。E、L 端子之间开启高压后有较高的直流电压，在进行测量操作时人体各部分不可触及。

3. 仪表为交直流两用的，不接交流电时，仪表使用电池供电，接入交流电时，优先使用交流电。

4. 当表头左上角显示“←”时，表示电池电压不足，应更换新电池，仪表长期不用时，应将电池全部取出，以免锈蚀仪表。

5. 被测对象的表面应清洁、干燥，以减小误差。

6. 禁止在有雷电时或邻近高压设备时使用兆欧表，以免发生危险。

7. 测量结束后，应将被测设备充分放电。

二、兆 欧 表

（一）兆欧表的选择

兆欧表又叫摇表，是用来测量高电阻的仪表。兆欧表的额定电压，应根据被测电气设备的额定电压来选择。一般情况下，额定电压在 500 V 以下的设备，选择用 500V 或 1 000 V 的兆欧表；额定电压在 500 V 以上的设备，选用 1 000 V 或 2 500 V 的兆欧表。此外要注意兆欧表的测量范围与被测绝缘电阻的数值相适应。

（二）兆欧表的构造

1. 磁电系比率表的测量结构

兆欧表是由一台手摇发电机和磁电系比率表组成，结构如图 5-2 所示。可动部分可分为两个绕向相反的线圈，线圈 M_1 的作用是产生转动力矩，线圈 M_2 的作用是产生反作用力矩，两个线圈装在同一转轴上。比率表和一般磁电系测量机构相比缺少游丝，它的反作用力矩由电磁力产生。固定部分包括永久磁铁、极掌、铁芯等部件，和一般磁电系测量机构不同，它的极掌间气隙中的磁场分布不均匀，中间磁通密度高，两边较低。

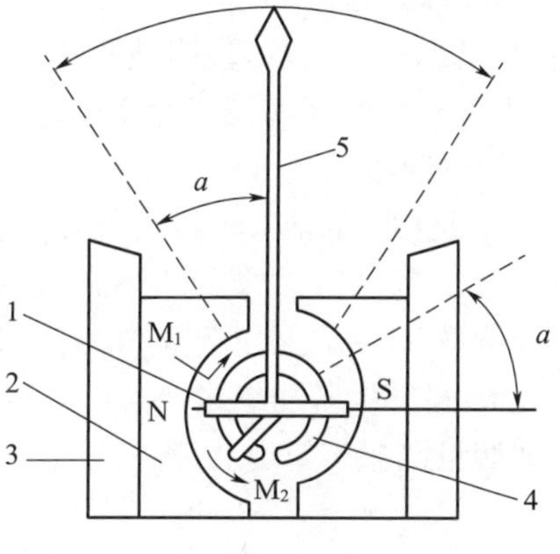

1—动圈；2—极掌；3—永久磁铁；
4—带缺口的圆柱形铁芯；5—指针。

图 5-2 磁电系比率表的结构

2. 手摇发电机部分

手摇直流发电机容量很小，但发出电压很高，常用的有 500 V、1 000 V、2 500 V、5 000 V 等几种规格。手摇发电机的电压越高，兆欧表的量程就越大。

（三）兆欧表的工作原理

兆欧表的工作原理电路如图 5-3 所示。当转动手摇发电机手柄时，发电机就发出电压。由于该电压是接在电压线圈上，故使可动部分产生反作用力矩。发电机的另一部分是由测量端 L 通过被测物接到测量机构的电流线圈上，它也产生一个与电压线圈力矩相反的力矩，并在该力矩的作用下也使可动部分发生偏转，其偏转角度的大小与被测的绝缘电阻成反比。当两个线圈产生的力矩相等时，则兆欧表可动部分的转动也就随之停止，即仪表已处于平衡状态，这时仪表指针所指示的电阻数即为被测绝缘电阻值。

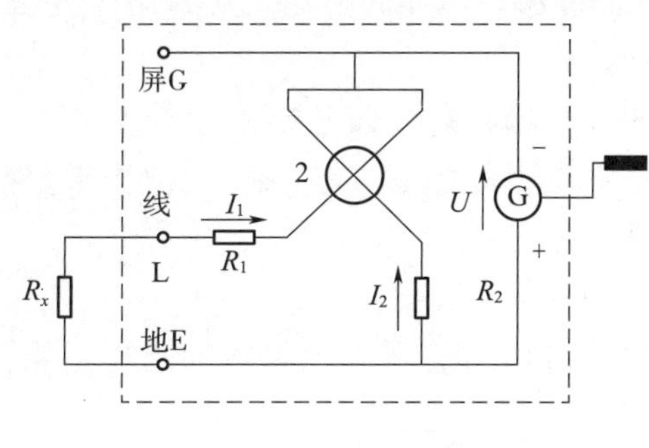

图 5-3 兆欧表原理电路

（四）兆欧表的使用

1. 检查兆欧表：使用前应检查兆欧表是否完好，即将兆欧表两根表线开路，转动发电机的手柄达到额定转速(120 r/min)，观察指针是否指在标尺的"∞"位置，然后将两根表线短接，转动发电机手柄，观察指针是否指"0"，如指针不能指到该指的位置，表明兆欧表有故障，应检修后再用。

2. 停电和放电：测量前要先切断被测设备的电源，并将设备的导电部分与大地接通，进行充分放电，以保证安全。用兆欧表测量过的电气设备，也要及时接地放电，方可进行再次测量。

3. 接线：一般测量，将被测电阻接在端钮"线"(L)和"地"(E)之间，当被测设备表面漏电严重不易消除时，须将兆欧表端钮"屏"(G)用导线与被测设备的保护环或其他不需测量的部分相连，以消除表面影响。此外，还应注意兆欧表的"线"和"地"的端钮应分别用绝缘良好的单根线与被测设备相连，防止因连接线绝缘不好，影响测量效果。

4. 测量：测量时将仪表放在便于摇动手柄平坦位置，测量开始时，摇动手柄应由慢渐快，若发现指针指零，说明被测绝缘物可能发生了短路，应停止转动。手摇发电机要保持匀速，不可忽快忽慢而使指针不停地摆动。通常最适宜的速度是 120 r/min，待指针稳定后(约1 min)读取数值。

5. 拆线：在兆欧表没有停止转动和被测设备没有放电前，不准用手触及被测设备和进行拆除工作，在测量具有电容的设备(电缆)时，读数后不能立即停止转动兆欧表，必须先断开被测设备，才能停止转动兆欧表，以免被测设备向兆欧表放电时损坏兆欧表。

6. 测量设备的绝缘电阻时，还应记下测量时的温度、湿度、被试物的有关状况等，以便于对测量结果进行分析。

第三节　万用表的使用

万用表是一种可以测量多种参量的多量限可携式仪表，在电气设备、仪器和元件的生产、调试、计量、维修和牵引变配电所故障查找等工作中已成为必不可少的测试工具。万用表分为指针式和数字式两类。

一、万用表的构成

万用表型号虽多，但一般都由测量机构(表头)、测量线路和转换开关三部分组成。

(一)测量机构

测量机构多采用高灵敏度的磁电系测量机构，满刻度偏转电流约为几微安到几百微安。

(二)测量线路

测量线路实质上是由多量程直流电流表、多量程直流电压表、多量程整流系交流电压表，以及多量程式欧姆表等几种线路组合而成。关键是通过测量线路的变换，把被测量变换成磁电系表头所能接受的直流电流，达到一表多用的目的。

(三)转换开关

转换开关由许多固定触头和可动触头组成。万用表中各测量种类及量限的选择是靠转换开关来实现的。

万用表的外形可做成便携式或袖珍式，不同的万用表，面板有不同的形式，对于指针式万用表一般有指针、刻度盘、转换开关、指针的机械零位调节器和零欧姆调节旋钮及接线柱(插孔)等部分组成。刻度盘上备用对应于不同测量对象的多条标度尺。

二、万用表的工作原理

(一)测量电阻工作原理

万用表测量电阻的部分,实际上是个欧姆表,它的原理电路如图 5-4 所示。

根据欧姆定律

$$I=\frac{E}{R_x+R_B+\dfrac{R_0R_A}{R_0+R_A}} \tag{5-1}$$

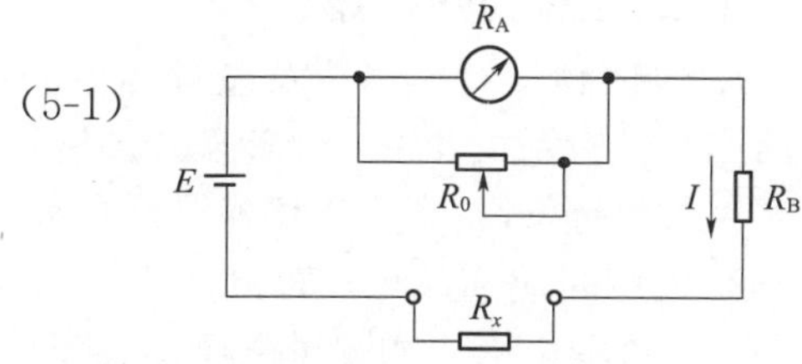

图 5-4 欧姆表原理

式中 I——电路电流;

E——电路电压;

R_A——表头内阻;

R_0——调零电阻;

R_B——串联电阻;

R_x——被测电阻。

由式(5-1)可见,当其他已知电阻保持不变时,电路中电流的大小,取决于被测电阻 R_x,因而表头指针偏转角的大小,也取决于 R_x,这样通过欧姆表的标度尺就可以反映出 R_x 的大小。

R_0 的作用:当 $R_x=0$ 时,I 应为最大值,但由于电池电压的变化等原因,致使指针偏转角达不到满度值,这时可改变 R_0 的阻值(即改变分流电阻),从而改变流入表头的电流,使指针回到欧姆表零位。

(二)测量直流电流工作原理

测量直流电流部分实际上是一只采用分流器的多量程电流表,如图 5-5 所示。

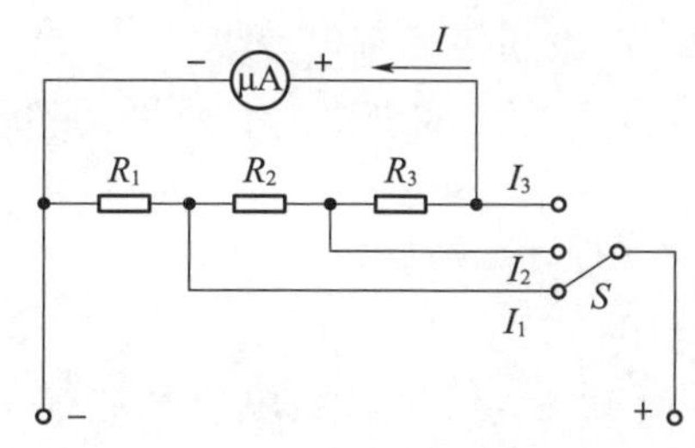

图 5-5 多量程电流表原理

由于各分流电阻串联后再与表头并联,形成一个闭合回路,称闭路式分流器。这种分流器在变换量程时,分流器中的电阻和表头支路电阻是同时变化的,而闭合回路的总电路始终保持不变。这样如果某量程挡因转换开关接触不良而造成分流电路不通时,表头则可以因闭合回路中电阻不变而不被损坏。

(三)测量直流电压工作原理

测量直流电压部分是一只采用附加电阻的多量程直流电压表。

由于与表头串联的附加电阻不同,因此,电压的量程也不同。

(四)测量交流电压工作原理

测量交流电压部分实际上是一只多量程的整流系交流电压表。因为万用表的表头是磁电系测量机构,在测量交流电压时,必须采用整流。

三、磁电系(47型、51型)万用表的使用

(一)正确接线

测量前要检查表笔接的位置是否正确，红色测试棒接标有“+”号插孔，黑色测试棒接标有“－”号插孔。测直流时红色测试棒接被测部分正极，黑色测试棒接被测部分负极。当测电流时，仪表与被测电路串联；测电压时，仪表与被测电路并联。

(二)正确选择挡位

1. 包括测量对象挡位及量程挡位的选择，测量前应根据测量对象及其大小，选择相应的挡位。有的万用表用一个转换开关进行挡位切换；有的万用表采用两个转换开关，一个用来切换测量对象，一个用来切换测量量程。

2. 使用时应选择测量对象挡位，然后选择测量量程挡位。量程的选择应使读数在标度尺的一定范围之内。如测量电压、电流时，应使指针指示在满刻度的1/2以上；测量电阻时，应尽量使指针指示在刻度较稀疏的部位。用欧姆挡测量晶体管参数时，应用低电压高倍率挡，即应选R×100或R×1k。否则，将因电流过大(R×1挡时)，或电压过高(R×10k挡时)，而使被测晶体管损坏。

(三)正确调零

在使用万用表之前，应注意其指针是否指在零位，如不指在零位应调整零位调节器使之指零。在测量电阻之前，还应进行欧姆调零，欧姆调零的时间要短，以减少电池的消耗。如果用调零旋钮已无法使指针指零位，说明电池电压太低，应更换电池。

(四)正确读数

指针式万用表有多排标尺，一定要选择对应的标尺读数，且应将万用表放平，并应使视线与指针所在板面垂直。

(五)注意事项

1. 严禁带电测量电阻，否则不但测量结果无效，而且有可能烧坏表头。

2. 测电阻，尤其是大电阻，不能用手接触表笔的导电部分，以防影响测量结果。

3. 用欧姆表内部电池作测试电源时，如检查晶体管的穿透电流或管脚等，要注意此时表笔的正负极性恰与电池极性相反。

4. 测非线性元件(如二极管)正向电阻时，若用不同倍率挡，其测量结果会不同。

5. 测高电压时，操作者一定要站在绝缘良好的地方，且用一只手操作。

6. 绝不允许用万用表的欧姆挡去直接测量微安表头、检流计、标准电池、电压电流等类的仪器仪表。

7. 仪表在测试电压和电流时，不能带电转动开关旋钮，以防烧坏开关及烧损万用表。

8. 测试完毕时，将万用表转换开关置于空挡或交流最高电压挡，不要在欧姆挡随便短接表笔以免浪费电池。

四、数字万用表的使用

(一)仪表简介(以VC890型系列仪表为例)

数字式仪表是一种性能稳定、用电池驱动的、采用25 mm字高LCD显示器的万用表，

具有使用方便、读数清晰的特点。

数字式仪表可用来测量交直流电压、交直流电流、电阻、电容、二极管、三极管、温度等参数。

(二)注意事项

1. 测量电压时,不要测量超过交流 700 V 或直流 1 000 V 的极限电压。

2. 在测量高于 36 V 直流、25 V 交流电压前,应检查表笔是否可靠接触,是否正确连接,是否绝缘良好,防止电击。

3. 转换挡位时,表笔要离开测试点。

4. 测量电气设备前,应确认被测对象,选择正确的功能和量程,防止误操作。

5. 测量电流时,不要测量超过 10 A 的电流。

(三)直流电压的测量方法

1. 将黑表笔插入“COM”插孔,红表笔插入“V/Ω”插孔。

2. 将量程开关转至相应的直流(DCV)量程上,然后将测试表笔跨接在被测电路上。若测量读数为正,说明红表笔所接为正电位;若测量读数为负,说明红表笔所接为负电位。

3. 注意事项:如对被测对象电压范围不确定,应将量程开关转至最高挡位,若液晶显示为“1”,表明已超过量程范围。

(四)交流电压的测量方法

1. 将黑表笔插入“COM”插孔,红表笔插入“V/Ω”插孔。

2. 将量程开关转至相应的交流(ACV) 量程上,然后将测试表笔跨接在被测电路上。

3. 注意事项:如对被测对象电压范围不确定,应将量程开关转至最高挡位,若液晶显示为“1”,表明已超过量程范围。

(五)直流电流的测量方法

1. 将黑表笔插入“COM”插孔,红表笔插入“mA”插孔(最大量程为 200 mA),或红表笔插入“10 A”插孔(最大量程为 10 mA)。

2. 将量程开关转至相应的直流(DCA)挡位上,然后将测试表笔串接在被测电路中,被测电流值及红表笔点处的电流极性将同时显示在液晶上。

3. 注意事项:如对被测对象电流范围不确定,应将量程开关转至最高挡位,若液晶显示为“1”,表明已超过量程范围。

(六)交流电流的测量方法

1. 将黑表笔插入“COM”插孔,红表笔插入“mA”插孔(最大量程为 200 mA),或红表笔插入“10 A”插孔(最大量程为 10 mA)。

2. 将量程开关转至相应的交流(ACA) 挡位上,然后将测试表笔串接在被测电路中,被测电流值将显示在液晶上。

3. 注意事项:如对被测对象电流范围不确定,应将量程开关转至最高挡位,若液晶显示为“1”,表明已超过量程范围。

(七)电阻的测量方法

1. 将黑表笔插入“COM”插孔,红表笔插入“V/Ω”插孔。

2. 将量程开关转至相应的电阻量程上，然后将测试表笔跨接在被测电阻上。

3. 注意事项：

(1)如电阻值超过所选的量程，液晶显示为“1”，应将量程开关转至最高挡位。

(2)在测量线路中的电阻时，需确认线路无电或电源已完全断开，且线路中的电容已完全放电。

五、万用表的维护和保养

1. 测量前，应校对量程开关位置及两表笔所接的插孔，无误后再进行测量。严禁在测量高电压或大电流时拨动转换开关，以防产生电弧，烧毁开关触点。测量完毕应将选择开关放在高电压挡。

2. 对无法估计的待测量，应选择最高量程挡测量，然后根据显示结果选择合适的量程。

3. 仪表保存时应特别注意环境条件，不应放置在高温或潮湿的环境中。长期存放时，应取出电池，以防电池漏液，造成仪表损坏。

第四节　钳形电流表的使用

使用电流表测量电流时，必须停电断开电路，接入电流表以后，方可进行测量。而钳形电流表是用于测量电流的一种指示仪表，它可以在不切断电路的情况下测量电流载流量。钳形电流表可分为交流和直流两类。

一、钳形电流表的工作原理

1. 钳形电流表实质上是由一只电流互感器和一只整流系仪表所组成，如图 5-6 所示，其外形如图 5-7 所示，电流互感器铁芯呈钳口形。

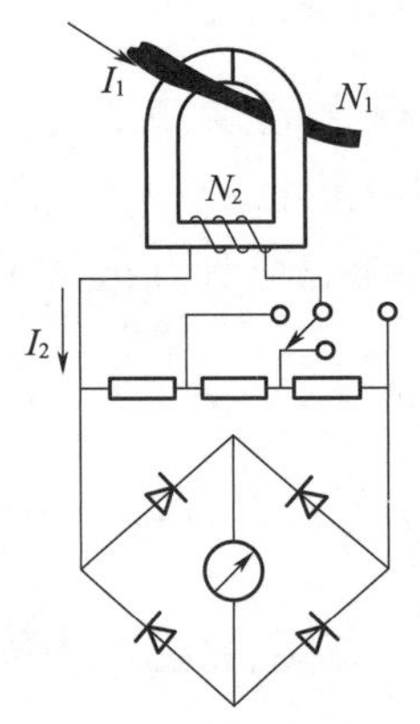

图 5-6　钳形电流表线路

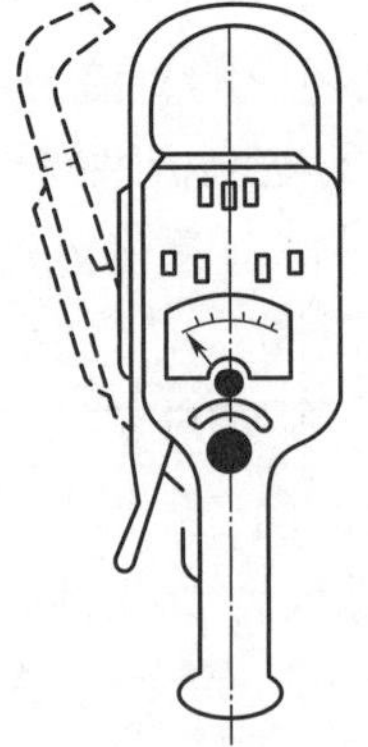

图 5-7　钳形电流表外形

2. 当捏紧钳形电流表的扳手时，电流互感器的铁芯便可以张开，这样，被测电流通过的导线不必切断就可穿过铁芯的缺口，然后放松扳手使铁芯闭合，通过电流的导线相当于电流互感器的一次线圈，因此，电流互感器的二次绕组中产生感生电动势，测量电路中就有电流

I_2 流过，I_2 按不同的分流比，经整流后通入表头。

3. 标尺是按一次电流 I_1 刻度的，所示指示值就是被测量的数值。

4. 量程的改变可由转换开关改变分流电阻来实现。

二、钳形电流表的使用方法

1. 测量前应先估计被测电流的大小，将量程开关放在合适的位置。若无法估计则应先用较大量程挡测量，然后根据被测电流的大小再逐步换成合适的量程。

2. 收紧扳手，使电流互感器的铁芯张开，把待测的导线从铁芯开口处放进钳形电流表铁芯窗口内，然后放松扳手使铁芯的钳口自动闭合。

3. 按量程规范一线一线地测，测完收紧扳手，张开钳口使导线从钳口处退出。

4. 在测量过程中不得切换选择开关，以免损坏仪表。

5. 测量时应注意：

(1)测电流时，电路电压不能超过电表的额定值。

(2)测量时被测的载流导线应放在钳口内的中心位置，以免增大误差。

(3)测量后拨回零挡或把调节开关放在最大电流量程位置，以免下次使用时，由于未经选择量程而造成仪表损坏。

(4)当表的刻度大，读数不方便时，可将被测的导线在钳形电流表钳口上多绕几回，读数即可增大，再将读数除去匝数即为导线中的实际电流。

三、钳形电流表的注意事项

1. 使用钳形电流表测量电流时，其电压等级应符合要求。测量时可以不开工作票，但在测量前，须经值班员同意，并由值班员与作业人员共同到作业地点进行检查，必要时由值班人员做好安全措施方可作业。测量完毕要通知值班员。

2. 使用钳形电流表测量时，作业人员不得少于 2 人，在高压设备上测量时，其中 1 人的安全等级不得低于 3 级。

3. 测量时，作业人员与带电部分之间的距离要大于钳形电流表的长度，读表时身体不得弯向仪表面上。

4. 在高压设备上使用钳形电流表时，测量人员要戴好绝缘手套，穿好绝缘靴并站在绝缘垫上作业。

5. 当测量电缆盒处各相电流时，只有在相间距离大于 300 mm 且绝缘良好时方准进行，当电缆有一相接地时，严禁作业。

6. 在低压母线上测量各相电流时，要事先用绝缘板将各相隔开，测量人员要戴绝缘手套。

7. 钳形电流表要存放在盒内且要保持干燥，每次使用前要将手柄擦拭干净。

8. 为使读数准确，钳口的接合面应保持良好的接触。

第五节　接地电阻测试仪的使用

接地电阻测试仪又称接地兆欧表，主要用于直接测量各种接地装置的接地电阻。常用型号是 ZC-8 型，它主要由手摇发电机、电流互感器、滑线电阻及检流计等组成。测试仪还随表带一个附件袋，附件包括接地探测针两支、导线三根（5 m 一根，用于接地极；20 m 一根，用于电位探测针；40 m 一根，用于电流探测针）。

一、接地电阻测试仪的工作原理

ZC-8 型接地电阻测试仪的原理和外部接线，如图 5-8 所示。

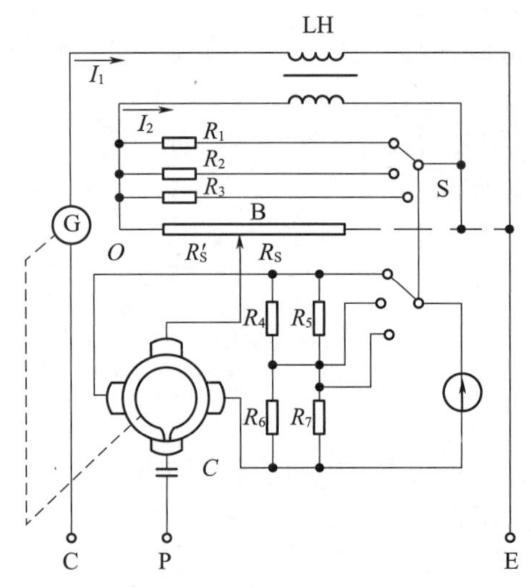

（a）ZC-8型接地电阻测定仪原理　（b）测量接地电阻的外部接线

图 5-8　ZC-8 型接地电阻测试仪原理和外部接线

图 5-8(a)中 G 为发电机，电流互感器二次线圈与电位器 B 并接，磁电式检流计是经过机械整流装置串入电位器回路中，C 为隔离电容器。

图 5-8(b)中 E′为被测接地极，C′为辅助接地极（电流探测针），P′为电位探测针。将仪表 E、C、P 端头分别接于相对应的 E′、C′、P′上，当摇动发电机以 120 r/min 速度旋转时，一次电流 I_1 流过变流器一次线圈经过接地极 E′进入大地，再经辅助接地极 C′回到发电机另一极。

当 I_1 流过变流器 LH 时，在其二次侧将有电流 I_2 产生。电流 I_1 在被测电阻 r_x（接地电阻）上造成压降 $U_1=I_1r_x$。电流 I_2 在 R_s 之 BO 段上造成压降 $U_2=I_2R_{BO}$。调整滑动接触点 B 以变动 R_{BO} 值，使 $U_1=U_2$，此时检流计回路电流为零，滑线电阻所指电阻值乘以倍率即为被测电阻值读数。标度盘满刻度为 10，量限按 1/10 的比率递减，借助开关 S 改变 I_2，可得到三个不同量限 0～1 Ω，0～10 Ω，0～100 Ω。

二、接地电阻测试仪的使用方法

1. 测量前将仪表放平，并调零，使指针指在红线上。

2. 首先将被测接地装置与被测设备断开，然后接线。三端式测量仪的接线如图 5-8(b)所示，即使被测接地体 E′、电位探测针 P′和电流探测针 C′成一直线各相距 20 m，电位探测针 P′在 E′、C′之间。

3. 用导线将 E′、P′、C′连接于仪表相应的 E、P、C 端钮上。

4. 将倍率标度置于最大倍率挡，缓缓摇动发电机的手柄，同时转动测量标度盘，使检流计的指针趋于中心红线，当检流计接近平衡时，加快发电机的转速 120 r/min，继续调整测量标度盘，使指针稳定在红线上，然后读测量标度盘的读数乘以倍率标度，即为所测的电阻值。

5. 如果测量标度盘的读数小于 1 时，应将倍率开关置于较小的倍数，再调整测量标度盘，然后重新测量以求得准确读数。

6. 如果检流计的灵敏度过高时，可将电位探针 P′插入地中的深度减小些，如果检流计灵敏度不够时，可沿电位探针 P′和电流探针 C′注水使其湿润。

三、接地电阻测试仪的注意事项

1. 当接地极 E′和 C′之间距离大于 20 m 时，P′插入的位置距离 E′C′之间直线几米以外时，其测量误差可以不计。当 E′C′之间距离小于 20 m 时，则 P′必须插在 E′C′的直线中间。

2. 为了防止其他接地装置影响结果，测量时应将待测接地极与其他接地装置临时断开，以便得到更准确的测量数据，测量完毕，应马上恢复。

第六节 红外线测温仪的使用

一、红外线测温仪的工作原理

红外线测温仪由光学系统、光电探测器、信号放大器及信号处理、显示输出等部分组成，如图 5-9 所示。光学系统汇聚其视场内的目标红外辐射能量，视场的大小由测温仪的光学零件及其位置确定。红外能量聚焦在光电探测器上并转变为相应的电信号。该信号经过放大器和信号处理电路，并按照仪器内部的算法和目标发射率校正后转变为被测目标的温度值。

红外线测温仪采用红外线技术可快速、方便地测量物体的表面温度。不需要接触被测物体而快速测得温度读数，只需瞄准，按动触发器，在显示屏上即可读出温度数据。红外线测温仪质量轻、体积小、使用方便，并能可靠地测量热的、危险的或难以接触的物体，而不会污染或损坏被测物体实物，红外线测温仪应用领域非常广泛。

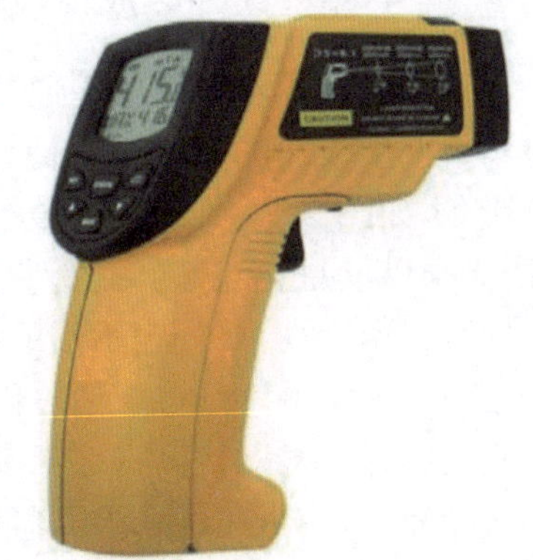

图 5-9 红外线测温仪

二、红外线测温仪测量温度的操作步骤

1. 右手握住测温仪手柄，食指扣动开关，将听到“哔-哔”的声音，电源接通，屏幕将显示正对物体的温度。测量时要注意距离系数 K，例如 $K=D:S=12:1$，意为测量范围为 12 m 时，被测物体面积为直径 1 m 的圆，如果大于 12 m 处存在一个 1 m 直径的物体，测量的物体温度将不准确。

2. 测量物体，将镜头正对被测物体，按住开关进行测量，这时屏幕上将出现“扫描”

(SCAN)符号，表示正在测量，松开开关，屏幕上将出现“保持”(HOLD)符号，这时屏幕上显示的即是被测物体温度。

3. 在视线不清或者黑暗的环境中使用红外线测温仪时，先松开电源开关按钮，然后按一下“激光/背光灯”按键，这时屏幕上将显示“激光/背光灯”符号，按下开关测量，将会看到被测物体上出现红色小点，表明正在对该区域进行测温。不用时，松开电源开关键，再按“激光/背光灯”按钮，按一下无激光，按两下无背光灯，按三下没有背光灯和激光。

4. 在检测一个面(如密闭)时，可用定点法，每次测定时必须及时记录。测量数据自动保持 7 s，没有操作，30 s 自动关机。背光灯延迟 10 s 后自动关闭。

三、红外线测温仪的注意事项

1. 红外线测温仪只能测量物体的表面温度，不能测量其内部温度。

2. 红外线测温仪不能透过玻璃进行测量温度，玻璃有很特殊的反射和透过特性，不能精确地读取红外线温度数值，但可通过红外线窗口测温。红外线测温仪最好不用于光亮的或抛光的金属(不锈钢、铝等)表面的测温。

3. 要仔细定位热点，发现热点，用红外线测温仪瞄准目标，然后在目标上做上下扫描运动，直至确定热点。

4. 使用红外线测温仪时，要注意环境条件：烟雾、水蒸气、尘土等，均会阻挡仪器的光学系统而影响精确测温。

5. 使用红外线测温仪时，还要注意环境温度，如果红外线测温仪突然暴露在环境温差为 20 ℃或更高的情况下，允许仪器在 20 min 内调节到新的环境温度。

第七节　手持型红外热成像仪的使用

一、手持型红外热成像仪的工作原理

手持型红外热成像仪是通过非接触探测红外能量(热量)，并将其转换为电信号，进而在显示器上生成热图像和温度值，并可以对温度值进行计算的一种检测设备，如图 5-10 所示。热成像仪能根据红外特征产生优质的图像，无须借助星光、月光，而是利用物体热辐射的差别成像。屏幕亮度处表示温度高，暗处表示温度低。性能好的热成像仪，能反映出千分之一度的温差，能透过烟雾、雨雪成像。

图 5-10　手持型红外热成像仪

热成像仪根据被测目标温度、大小、测量距离，被测目标材料，目标所处环境，响应速度要求，测量精度要求以及用便携式还是在线式等，存在各种不同的产品型号，需根据现场需要，使用合适型号的热成像仪。

二、手持型红外热成像仪的使用要点

1. 手持型红外热成像仪最主要的功能就是能根据温度高低生

成颜色深浅的动态图画，因此跟所有光学元件一样，对焦是最主要的问题，虽然部分高端热成像仪有自动对焦功能，但仍需掌握如何对焦。对焦原理比较复杂，这里不做介绍，对焦的主要操作是调整镜头焦距圈实现对焦。

2. 手持型红外热成像仪也可对物体温度进行测量。其用法与测温仪用法相同，对准目标按下扳机即可，不同的是手持型红外热成像仪一般没有激光点校正。

第八节　电力架空线缆测高仪的使用

一、电力架空线缆测高仪的工作原理

电力架空线缆测高仪是应用超声波原理实现高度测量的，测量时，仪器向上方被测量导线以 15 ℃波束发射超声波，波束到达导线后反射，仪器接收反射波后，根据超声波在空气中的传播速度，就能计算出波束行程的距离。常用新型测高仪有 BXS11 系列，如图 5-11 所示。

二、电力架空线缆测高仪的使用特点

电力架空线缆测高仪不需要接触电力架空线，手工操作，瞬时完成，大屏幕液晶数字显示输、配电线与地面最低(高)六根线的依次对地距离，自动换算线间(交叉跨越)垂直距离，可测量室内墙体尺寸，对电杆、变压器和其他目标的距离可达 18 m，适用于各种带电和非带电架空导线。特别是对新架设线路和电网改造时线路的对地安全距离和线间交叉跨越的测量，是提高工作效率和安全生产的理想工具。

电力架空线缆测高仪具备自检功能，可以很容易让用户检查仪器的精度，对着墙面就可校正仪器。能够对杂散信号进行抑制，使得性能更稳定，测量更方便，按一次键就完成全部操作。

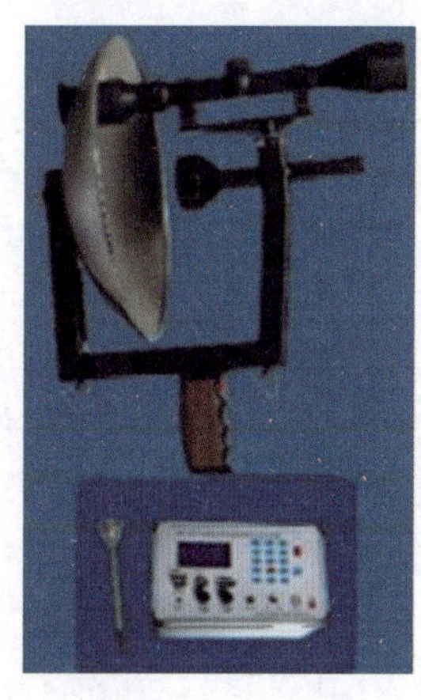

图 5-11　测高仪

第九节　便携式避雷器在线检测仪的使用

一、便携式避雷器在线检测仪的工作原理(以氧化锌避雷器在线检测仪为例)

氧化锌避雷器在线检测仪是用于检测氧化锌避雷器各项相关电气参数的专用仪器，广泛应用于氧化锌避雷器的在线监测(带电测试)和实验室(停电检修)测试。仪器采用微电脑采样、控制技术，可测量氧化锌避雷器工频电压下的全电流、三次谐波、阻性电流、阻性电流峰值、容性电流、有功功率等，并显示电压、电流的波形，打印测试结果。仪器采用大屏幕液晶显示，汉字菜单提示操作，可提供现场的接线显示，使人机交换功能更强。常用新型氧化锌避雷器在线检测仪有 YBC-Ⅲ型氧化锌避雷器在线检测仪，如图 5-12 所示。

二、便携式避雷器在线检测仪的主要性能特点

1. 汉字显示测试数据以及测试过程中各种故障。

图 5-12　氧化锌避雷器在线检测仪

2. 中英文切换功能，可以在英文界面下进行所有测试操作，操作结果英文显示。

3. 可通过面板操作预置开关的分合状态（按“分/合”键），但不测试数据。

4. 能自动判别操作类型（合闸或分闸操作）。

5. 开关只需动作一次（合闸一次或分闸一次）就可获得相应操作的所有测量数据。

6. 在测试前人工手动设置开距。

7. 开关的动作控制分内部控制（本机发分合闸令）、外部控制（外部控制对线圈通电）和手动合分，因为手动合分时无线圈带电信号，因此测试结果中没有分、合闸时间，相应的显示为触头运动时间。

8. 在各个阶段明确地指示开关各触点，包括分闸位置触点的分合情况。

第十节　便携式绝缘子故障侦测仪的使用

一、便携式绝缘子故障侦测仪的工作原理

便携式绝缘子故障侦测仪是通过高强度激光束和高精确光学系统配合定位，并由特制的集波器将来自被检测对象的特征声音信号收集，再由多个高频传感器接收并转化为电信号，然后将这一微弱声音信号进行多级放大、特征分析、整形等诸环节处理。之后再把整理后的信号通过专用电缆送入主机进行采样和比对分析，并将其他非必要频段波屏蔽。最后形成两路信号，一路经音频放大送到耳机，供检测人员进行监听。另一路通过模数转换变为数字信号，再由微处理器进行采样、存储、比对、分析和处理，送液晶屏实时显示该声音的强度指示和直方图。最后可将检测到的数据转存到外部存储器，并提示操作人员输入相对应的杆号、串号等信息后，形成数据文件，如图 5-13 所示。

图 5-13　便携式绝缘子故障侦测仪

二、便携式绝缘子故障侦测仪的使用特点及注意事项

1. 远距离侦测，激光瞄准，准确定位劣化绝缘子及其设备故障的具体位置。

2. 立体声耳机及液晶显示器双重指示。

3. 铝合金框架，坚固、轻便。

4. 抗外界干扰能力强。

5. 智能化程度高。

6. 侦测仪上红外激光不得直射人眼，以免损伤眼睛。

7. 测量时注意与带电设备保持安全距离。

第十一节　便携式超声波测试仪的使用

一、便携式超声波测试仪的工作原理(以 T-US100 声学成像仪为例)

T-US100 声学成像仪是一款手持式的工业声学成像仪,如图 5-14 所示,支持超声波频段。仪器利用麦克风阵列波束形成技术获取声源分布数据,并配合高清摄像头实时采集视频画面,通过将声源分布数据同视频图像进行声像融合,把变化的声源动态地呈现在显示屏上。应用于电力系统中,可快速排查潜在的局部放电故障点。

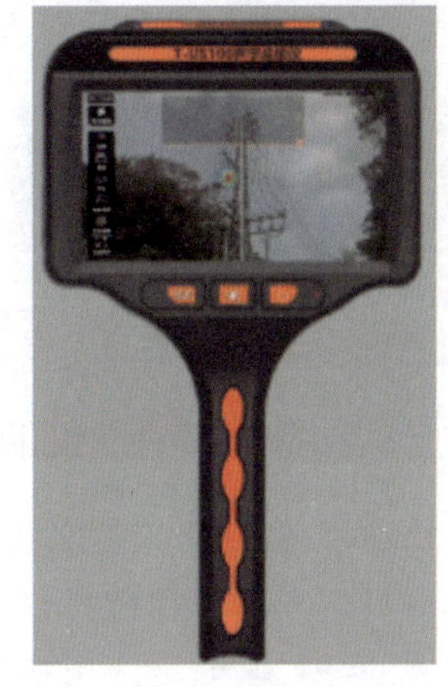

图 5-14　T-US100 声学成像仪

二、便携式超声波测试仪的操作注意事项

1. 保持声学传感器孔干净,防止积灰;当声学传感器孔有灰尘的时候,轻吹气来清洁,不要使用湿布清洁。

2. 长期不使用时,充完电后放入随附包装,在常温干燥环境中进行存放。

3. 定期检查、补充设备电量可以有效延迟电池的使用寿命。

第十二节　高压无线核相仪的使用

一、高压无线核相仪的工作原理

高压无线核相仪应用于电力线路、变电所的相位校验和相序校验,具有核相测相序特点、验电等功能,具备很强的抗干扰性,符合 EMC 标准要求,适应各种电磁场干扰场合,如图 5-15 所示。将被测高电压相位信号由采集器取出,经过处理后直接发射出去,由核相仪接收并进行相位比较,对核相后的结果定性。因本仪器是无线传输,真正达到安全可靠、快速准确,适应各种核相场合。

高压无线核相仪是用于高压电力线路与变压器等大型设备在安装运行前进行相序核对的专用仪器。高压无线核相仪改变了过去接触式测量方法,根除了接触式测量的危险性,有力保障了测量人员的人身安全。测量方法简单,测量结果可靠。

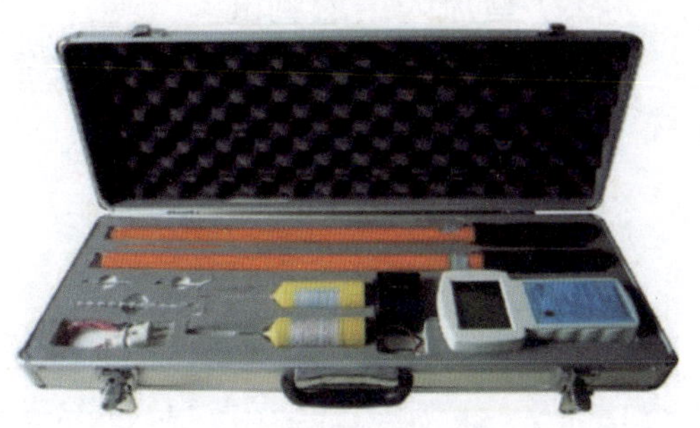

图 5-15　高压无线核相仪

二、高压无线核相仪的操作注意事项

1. 现场测试时,操作人员应按电力部门高压测试安全距离标准进行操作。

2. 所测试绝缘杆电压等级为≤220 kV。

3. 本仪器是一台精密仪表，不要随意打开。

4. 长时间不使用，应取出采集器电池。

5. 每年至少更换一次电池。

6. 本仪器应存放在避免潮湿、高温、多尘的环境中。

7. 绝缘杆首次使用前应做耐压实验。

8. 绝缘杆每年进行一次耐压试验。绝缘杆第一节上端有内置天线 350 mm，不能进行耐压试验，内置天线与杆壁外绝缘耐压为 15 kV。

第十三节　电缆故障测试仪的使用

电力电缆的故障探测方法很多，有电桥法、声测法和脉冲法等，下面以 DTG-1 型电缆故障探测仪为例来介绍。

一、电缆故障测试仪的构造

DTG-1 型电缆故障探测仪是以线路波形传输及反射原理（即脉冲法）来对电力电缆的闪络、高阻、断线等故障进行探测。它是由控制电路、距离标志电路、扫描电路、发射脉冲产生电路、延时电路、显示电路及电源等七部分组成。

二、电缆故障测试仪的工作原理

（一）脉冲法测试

1. 当线路输入一个脉冲电波时，该脉冲波便以速度 v 沿线路传输，当行进 L_x 距离遇到故障点后被反射折回输入端，其往返时间为 T，则可表示为 $2L_x = vT$，所以 $L_x=(vT)/2$。

2. v 为电波在线路中传播速度，与线路一次参数有关，对每种线路它是一个固定值，可通过计算和仪器实测得到。将脉冲源的发射脉冲和线路故障点的反射波以显示器实时显示，并由提供的时间标志可测得时间 T，因此故障点的距离 L_x 便可求得。

3. 对电缆的低阻性接地和短路故障及断线故障，脉冲法可以很方便地测出故障距离。但对高阻性故障，因在低电压脉冲作用下仍呈很高的阻抗，使反射极不明显甚至无反射。此种情况下需加一定的直流高压或冲击高压使其放电，利用闪络电弧形成的瞬间短路使电波反射。

（二）直流闪络法测试

当故障电阻极高，尚未形成稳定的电阻通道之前，可利用逐渐升高的直流电压施于被测电缆的故障相。

三、电缆故障测试仪的使用方法

1. 电源开关：控制电源的通断。

2. 亮度、聚焦电位器：调节显示屏波形的亮度和粗细。

3. 水平、垂直电位器：调节扫描基线的前后位移，用于距离检测。

4. 扩展电位器：改变扫描速度，便于波形的展开测量。

5. 基距电位器：调节两条扫描基线之间的距离。

6. 起点电位器：在脉冲工作时，调节发射脉冲的起始点位置，使之能与标志刻度对准。

7. 脉冲宽度开关：工作时改变脉冲的宽度。

8. 选择开关：选择仪器的工作状态。

9. 工作量程开关：改变距标的量程，量程Ⅰ时，每小格表示时间为 1 μs；量程Ⅱ时，每格为 5 μs。

10. 匹配电位器：脉冲工作时，调节仪器输出阻抗与测试线路匹配。

11. 增益电位器：控制输入信号幅度。

12. 中停开关电位器：扫描中停的通断与时间调节。

13. 消除按钮：储存图像的人工清除。

14. 抹迹按钮：储存图像的人工抹迹。

15. 自试按钮：直闪和冲闪工作状态时的自试检查。

复习思考题

1. 指示类仪表根据工作电流分为哪几类？分别是什么？

2. 电工指示类仪表的主要技术要求有哪些？

3. 兆欧表使用前如何检查其是否完好？

4. 兆欧表应如何接线？

5. 使用万用表测量电流时，仪表与被测电路怎么连接？测量电压时，仪表与被测电路怎么连接？

6. 使用磁电系万用表的注意事项是什么？

7. 钳形电流表的使用方法是什么？

8. 接地电阻测试仪的使用方法是什么？

9. 红外线测温仪由哪几部分组成？

10. 手持型红外热成像仪的工作原理是什么？

11. 手持型红外热成像仪的使用要点是什么？

12. 氧化锌避雷器在线检测仪的用途是什么？

13. 绝缘子故障侦测仪的工作原理是什么？

14. 高压无线核相仪的用途是什么？

15. 电力电缆的故障探测方法有哪几种？

第六章 电力常用工具

第一节 螺丝刀的使用

螺丝刀也称旋具，有平口（一字头）和十字口（十字头）的两种。螺丝刀应配合不同槽型螺钉来使用，电工用螺丝刀必须使用有绝缘手柄的螺丝刀，工作中为了避免螺丝刀金属杆触及人体或邻近的带电体，应在螺丝刀金属杆上加套绝缘管。

使用螺丝刀时一定要用符合螺钉规格的螺丝刀，否则往往容易螺钉口滑牙损坏，如图6-1 所示。

1. 大螺丝刀的使用：大螺丝刀一般用来紧固或旋松大的螺钉。使用时，用大拇指、食指和中指夹住握柄，手掌顶住握柄的末端，以适当力度旋紧或旋松螺钉，刀口要放入螺钉的头槽内，不能打滑，如图 6-1(a)所示。

2. 小螺丝刀的使用：小螺丝刀一般用紧固或拆卸电气装置接线桩上的小螺钉，使用时可用大拇指和中指夹住握柄，用食指顶住柄的末端捻旋，不能打滑以免损伤螺钉头槽，如图 6-1(b)所示。

3. 长螺丝刀的使用：用右手压紧并转动手柄，左手握住螺丝刀的中间，不得放在螺丝刀的周围，以防刀头滑脱将手划伤，如图 6-1(c)所示。

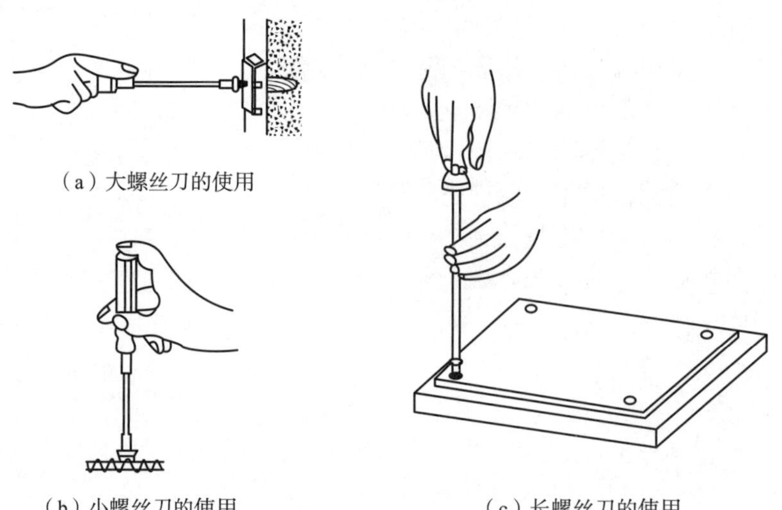

(a) 大螺丝刀的使用

(b) 小螺丝刀的使用

(c) 长螺丝刀的使用

图 6-1 螺丝刀的使用方法

第二节 活动扳手的使用

活动扳手由扳手的主体、固定的钳口、可活动的钳口以及蜗杆等部件组成。开口尺寸可以通过蜗杆在一定尺寸内调节。活动扳手主要用于旋紧正方形、六角形螺钉以及各种螺母。

一、使用方法

1. 选择合适的头部规格:在使用活动扳手前,要了解需要拆卸或者安装的螺栓规格,然后,选择合适的头部规格,以确保操作时将螺栓头夹紧牢固,避免在操作中滑动或者破坏螺纹等情况发生。

2. 将头部套入螺栓头:将活动扳手头部套到螺栓头上,一定要让头部准确地咬住螺栓头,这样才能确保头部紧固牢靠,避免在操作中滑动。

3. 调整扭力杆角度:活动扳手的扭力杆可以根据需要调整转动方向,以适应密闭空间和特殊角度的紧固件。在调整时,需要确保扭力杆的垂直和稳定性,避免扭力杆移动或者翻转导致操作失误。

4. 用力旋转扭力杆:旋转扭力杆使头部转动,实现紧固或者拆卸的目的。在操作时,要根据需要调整旋转角度和转动力度,以便更好地掌握操作进度和力量控制,避免损坏螺栓或者扳手。

5. 释放螺栓头:操作完成后,要及时松开扭力杆,将活动扳手头部从螺栓头上取下,以便更好地进行下一步操作。

二、注意事项

1. 选择适当的扭力杆长度:扭力杆的长度要根据实际情况选择。过长的扭力杆会使操作不方便,且容易在强行旋转时断裂;过短的扭力杆则会使操作时力量不足,难以拆卸或者紧固紧固件。

2. 不要过度旋转螺栓:在使用活动扳手时,不要过度旋转螺栓,否则会破坏螺纹或者使螺栓变形。如果发现螺栓难以松动,可以适当涂抹润滑油或者使用其他方法解决,避免使用过多的力量。

3. 避免使用力量过大:用力过大会造成手部或者工件的损伤,应根据需要逐渐加强力度,以达到最佳效果。

4. 使用前及时检查:在使用前,应仔细检查扳手本身是否有损坏或者生锈等情况。同时,也要检查头部是否准确咬紧螺栓头,以确保操作安全和顺畅。

第三节 电工刀的使用

电工刀是电工常用的一种切削工具。普通的电工刀由刀片、刀刃、刀把、刀挂等构成,如图 6-2 所示。电工刀不是绝缘用具,不能带电使用。不用时,把刀片收缩到刀把内。

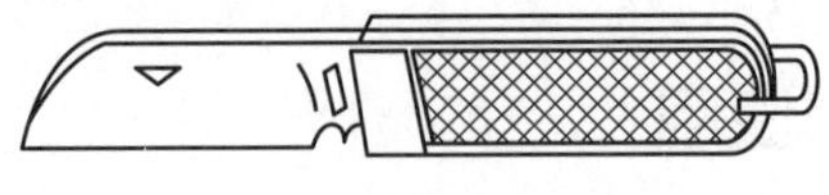
图 6-2　电工刀

电工刀的刀刃部分要磨得锋利才好剥削电线，但不可太锋利，太锋利容易削伤线芯，磨得太钝，则无法剥削绝缘层，磨刀刃一般采用磨刀石或油磨石。磨好后再把底部磨点倒角，即刃口略微圆一些。对双芯护套线的外层绝缘的剥削，可以用刀刃对准两芯线的中间部位，把导线一剖为二。

用电工刀可以削制木榫、竹榫，圆木与木槽板或塑料槽板的吻接凹槽，因此可采用电工刀在施工现场切削。

一、使用方法

1. 剥离电线的外皮：首先，将目标电线固定在平面上或手中，利用刀尖轻轻划开电线表皮，随之沿表皮裂缝滑动刀刃并向一侧取下皮层。重复此过程，直至剥开所需长度的电线皮层。

2. 切割电线：确定目标电线需要切割的位置，用刀尖指向准确位置，并用刀压小力度微调整角度，然后用力切割电线。

二、注意事项

1. 保护刀口：在使用过程中要保护好刀口，以免刀口变钝，影响切割效果。此外，在切割电线前一定要仔细观察并检查电线是否有发热现象，因为热电线的状态下的切割刀口会被电线的高温所腐蚀，导致刀口变钝。

2. 注意电势差：在使用电工刀的过程中，由于电线中存在电势差，因此一定要注意安全节制，避免因意外接触至电线，而导致触电事故的发生。

3. 避免切换电线时的触电：在切断电线之前，一定要确定电线是否已断开电源，以免影响电线本身或人体的安全。

第四节　克丝钳的使用

克丝钳用于夹持或弯折薄片形、圆柱形金属零件及切断金属丝，其旁刃口也可用于切断细金属丝，如图 6-3 所示。

一、使用方法

无论钢丝还是铁丝或者铜线，只要钳子能留下咬痕，然后用钳子前口的齿夹紧钢丝，轻轻地上抬或者下压钢丝，就可以掰断钢丝，不但省力，而且对钳子没有损坏，可以有效延长使用寿命。

刀口
齿口
铡口
钳口
绝缘管
钳头
钳柄

图 6-3　克丝钳

二、注意事项

使用克丝钳要量力而行，不可以超负荷地使用，切忌在切不断的情况下扭动钳子，容易崩牙与损坏。另外克丝钳分为绝缘和不绝缘，在带电操作时应该注意区分，以免被强电伤到。

第五节 尖嘴钳的使用

尖嘴钳钳柄上套有额定电压 500 V 的绝缘套管，是一种常用的钳形工具，如图 6-4 所示。主要用来剪切线径较细的单股与多股线，以及给单股导线接头弯圈、剥塑料绝缘层等，能在较狭小的工作空间操作。不带刃口者只能夹捏工作，带刃口者能剪切细小零件，它是电工(尤其是内线电工)、仪表及电信器材等装配及修理工作常用的工具之一。

一、使用方法

一般用右手操作，使用时握住尖嘴钳的两个手柄，开始夹持或剪切工作。

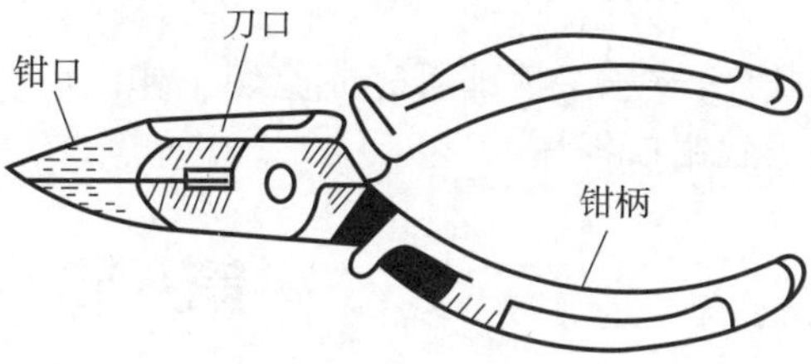

图 6-4 尖嘴钳

二、注意事项

1. 绝缘手柄损坏时，不可用来剪切带电导线。

2. 为保证安全，手离金属部分的距离应不小于 2 cm。

3. 钳头比较尖细，且经过热处理，所以钳夹物体不可过大，用力不要过猛，以防损坏钳头。

4. 注意防潮，钳轴要经常加油，以防止生锈。

第六节 剥线钳的使用

剥线钳适宜用于塑料、橡胶绝缘电线、电缆芯线的剥皮，其外形如图 6-5 所示。它是由刀口、压线口和钳柄组成。剥线钳的刀口部分设有几个咬口，用以剥落不同线径的导线绝缘层，剥线钳的钳柄上套有额定工作电压 500 V 的绝缘套管，其规格以全长的毫米数表示，有 140 mm 和 180 mm 两种。

一、使用方法

1. 根据缆线的粗细型号，选择相应的剥线刀口。

2. 将准备好的电缆放在剥线工具的刀刃中间，选择好要剥线的长度。

3. 握住剥线工具手柄，将电缆夹住，缓缓用力使电缆外表皮慢慢剥落。

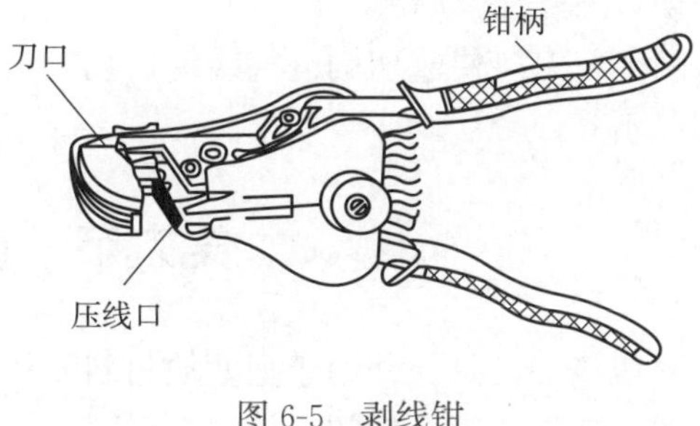

图 6-5 剥线钳

4. 松开工具手柄，取出电缆线，这时电缆金属整齐露在外面，其余绝缘塑料完好无损。

二、注意事项

1. 在使用剥线钳时，不允许用小咬口剥大直径导线，以免咬伤线芯。

2. 不允许当钢丝钳使用，以免损坏咬口。

3. 带电操作时，要首先查看柄部绝缘是否良好，以防触电。

第七节　斜口钳的使用

斜口钳是电工常用工具之一，也称为“偏口钳”。主要用于剪切导线和元器件多余的引线，还常用来代替一般剪刀剪切绝缘套管、尼龙扎线卡等。

使用方法：在使用时，一只手紧握两只手柄，将要剪切的物体放入钳口中，选择好要剪切的长度，按压手柄即可完成剪切工作。由于斜口钳钳头较小，在使用时要量力而行，否则容易导致钳口损坏。

第八节　断线钳的使用

断线钳按手柄分铁柄、管柄和绝缘柄三种，电工应用绝缘柄断线钳，其耐压为 1 000 V，如图 6-6 所示。其主要用途是剪断较粗的线材、线缆及金属丝等。

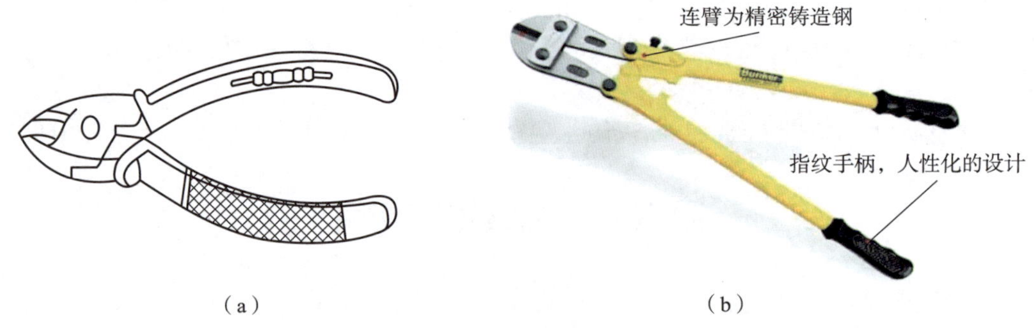

（a）　　（b）

图 6-6　断线钳

使用方法：握住断线钳的手柄，确认两个剪刀口关闭状态，然后将电气线缆带入断线钳的切口，确保线缆完全处于切口中间，避免引起线缆碰撞。接着，用力将断线钳手柄合拢，确保两个剪刀口快速切割电气线缆。切割力度要适中，不可过度用力，以避免引起线缆变形或切口不齐。

第九节　压接工具的使用

压接工具是一种用于把两块材料压接在一起的工具，通常由一把手柄和两个夹具组成，当两个夹具压向材料的一端，将其固定在柄上，再将另一个夹具压向另外一端，就可以对其进行紧固定位。

一、使用方法

1. 在使用压接工具之前，必须要确定所要进行压接操作的材料厚度，并选择合适的夹具，以便在压接操作中可以取得良好的压接效果。

2. 在使用压接工具时，要确保把夹具压向材料的一端，使其固定在手柄上，然后再将另一个夹具压向另外一端，以保证材料完全受压接工具的控制，从而取得良好的压接效果。

3. 在进行压接操作时，要确保夹具的力度均匀，以保证材料的质量，同时也要注意不要进行过度压力，以防止材料受损。

二、注意事项

1. 压接工具的手柄采用锥形设计，在压接操作中需要握住锥形手柄，以确保操作过程的安全性。

2. 压接工具的夹具部分应采用钢制材料，以保证夹具的硬度，避免在使用过程中磨损或折断，影响压接效果。

3. 在使用压接工具时，应注意保持夹具的清洁，以免夹具上积累的污垢影响压接效果。

三、液压导线压接钳

液压导线压接钳主要依靠液压传动机构产生压力达到压接导线的目的。它适用于压多股铝、铜导线，作中间连接和封端。其全套压模共有 10 副，规格为 16 mm^2、25 mm^2、35 mm^2、50 mm^2、70 mm^2、95 mm^2、120 mm^2、150 mm^2、185 mm^2、240 mm^2 导线压模。压接范围铝导线截面为 16～240 mm^2；铜导线截面为 16～150 mm^2。压接形式为六边形围压截面。液压导线压接钳如图 6-7 所示。

使用方法：

1. 压接钳对导线进行冷压接时，应先将导线表面的绝缘层及油污清除干净。将导线端头锯平并进行绑扎，根据线径选择匹配的压模具，松开泄压阀门。

2. 将模具装入活塞与模具固定座中。

3. 将选好压模具的液压钳按规定的钳压尺寸套在铜（铝）接线管上的没有接线鼻子的一段，顺时针方向拧紧泄压开关。

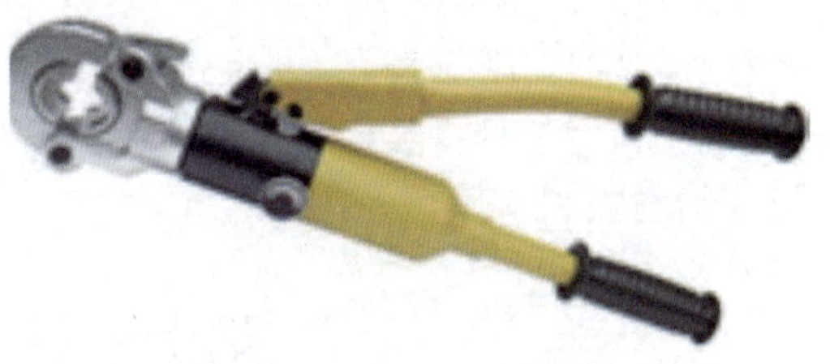

图 6-7　液压导线压接钳

4. 反复摇动手柄，注视模具，压紧至上下两个压模具相碰，然后泄压。

5. 压接完毕后，用钳子或平锉将毛刺去除干净，打磨光滑，做好绝缘处理。

第十节　木锯的使用

一、木锯的分类

（一）带锯

在带锯上，有两个大小一样的齿轮，中间用一条黑色橡胶带连接，这种构造能加大锯齿的力量，多用其切割大型木材。带锯可分为有齿和无齿。

（二）横锯

横锯的造型比较小巧，它只有一根横梁，刀片与横梁紧密地连接在一起，刀片较厚，而且呈现弧形，中间高、两边低。这类木工锯主要是用来切割原木的，原木固定后，需要两人左右拉动，将锯齿的压力施加给木材，木材也能因此得到切断。横锯的尺寸主要是根据它的长度来定，一般集中在 1 100～1 600 mm，长度越大，所能切割的原木直径也越大。为了保证安全，使用完之后，需要将锯齿水平的放置在地面上。

（三）木工锯条

木工锯条有一个木制框架，刀片安装在框架中，相比较于前两种，木工锯条的刀片要薄很多。由于具备了较大框架，所以它的拿取、施工都更加便捷、安全。

二、使用方法

木工锯的使用方法可以分为横切和纵切。所谓横切，就是指木工锯与木材保持垂直状态。在锯切之前，需要将木材放置在一定高度的架子上，用一只手将木材固定住，保证切割的时候，木材不会剧烈晃动，另外一只手则负责拿木工锯，木工锯前端与地面之间的距离要小于木工锯后端与地面之间的距离，只有保持一定的高差，才能让锯条沿着固定线路切割。还有一种方法，就是纵切。纵切的前期准备工作与横切一样，二者的差异就在于刀片的摆放位置。纵切时，刀片要与切割线呈 60°。通过事实证明，这种斜向锯割的方式难度小、效率高。

三、注意事项

木工锯的锯齿暴露在外，在使用时，一定要格外注意安全。不同类型的木工锯，刀头设计也有所差别，要根据特点，进行合理使用。建议定时检查，一旦发现木工锯有螺栓松动的情况，就要利用工具将其拧紧。同时，如果锯齿发出“嗡嗡”的声音时，也要立刻调整力度，尽量保证锯割顺利。

第十一节　钢锯的使用

一、使用方法

右手握紧锯柄，左手轻扶锯弓前端，锯割时右手主要起控制锯弓运动的作用，左手配合右手扶稳锯弓。推锯时轻施压力，左手起辅助作用，回锯时不施压力。

站姿是切割时的姿势，操作者站在虎台钳纵向中心线左侧，身体偏转约 45°，左脚向前跨小半步，重心偏于右脚，两脚自然站稳，视线落在工件的切割线上。

起锯是切割的开始，起锯的好坏直接影响锯割质量。起锯时，锯条与工件表面的角度要小，以 15°为宜。角度大，锯齿会被工件边缘卡住。起锯时压力小，速度要慢，往复行程要短。

推锯时，锯条锯弓直线运动，适用于底部要求平直的工件和薄壁的工件。另一种锯弓可上下摆动，这样可以减少切割阻力，适用于壁厚的工件。

工件要断时要注意收锯，此时用力要小，速度放慢，用左手扶住即将锯下的部分，直接锯断。

二、注意事项

锯条要装的平正，没有扭曲，松紧也要适宜，否则会造成锯条折断、锯缝不直，一般用手拨动锯条感觉硬实即可。如果锯缝超过锯弓高度时，可将锯条与锯弓呈 90°安装。

第十二节　通信工具的使用

无线电对讲机是作业人员经常使用的先进通信设备，如图 6-8 所示。它的技术要求高，价格较贵，为了更好发挥它的作用必须用心操作，认真维护，在使用前应仔细阅读使用说明书或请教有关技术人员并做到以下几点：

1. 对讲机内所有可调的线圈、微调器均在工厂经过调试，发生故障时，只准合格的技术人员用测试仪器进行重新调试，其他人不准随便修理和调试。

2. 旋转电源钮，打开对讲机，显示接听频率，把音量电位器置于最大容量，静噪电位器置于静噪位，并旋转一直到背景噪声消失，此为静噪门限。

3. 在开始工作以前，先检查天线是否接到天线插座上，插入方法是把随机提供的天线接到天线插座定位槽内，旋转并使其固定。

4. 将两对讲机置于同一频道，音量置于适当位置，相隔一定距离，进行试通话。开始发话前先检查频道是否空闲，按下“收发键”。发话时语音应洪亮、清晰、无背景噪声，发话筒距嘴 5～10 cm 为宜，收话时松开“收发键”。通话结束关闭电源。

5. 遇有外部电台干扰时，可更换频道。换频道时双方应协商一致，以免失去联络。

6. 电池存放两节以上或使用前须重新充电，充电时间根据电池种类决定，并应注意电池的正负极。

图 6-8　对讲机

7. 根据通话距离的长短，地理环境的不同，选择不同的转换开关，以便延长工作时间。

8. 长时间使用的对讲机以锰镉电池或碱性电池为好，短时间使用的或低功率使用的以锰电池为好。

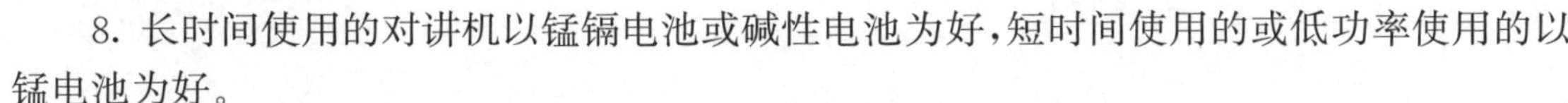

9. 不使用(或卸下电池盒)时要关闭电源开关(自动停电关机有微量电流通过)。

第十三节　砍刀的使用

一、使用方法

使用时要先站稳脚步，脚下有根，出手有劲，可以使劈砍更有力。如果脚步没站稳就挥动沉重的砍刀，很容易失去平衡而发生危险，后果很严重。

二、注意事项

1. 在不使用时把刀收好，以免发生危险或引起旁人误会。

2. 劈砍时一般来说以 45°的斜劈最有效，既可避免刀刃被树木夹住，又可减少因为树木晃动而产生的缓冲作用。

第十四节　紧线器的使用

紧线器是由夹线钳、滑轮、收线器、摇柄等组成，其主要有平口式和虎头式两种，如图 6-9 所示。在架空线路施工中作拉紧导线用。

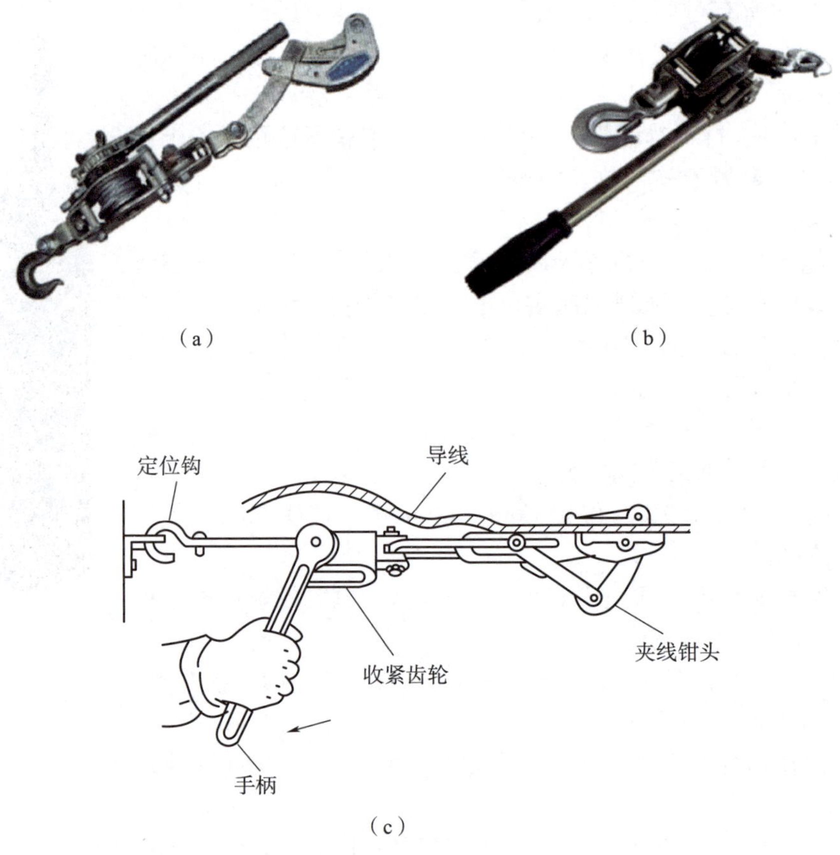

图 6-9　紧线器

一、使用方法

1. 将紧线器的钢丝绳松开，并固定在横担上，用紧线器夹住导线。

2. 将棘爪扣住棘轮，扳动棘轮扳手，逐渐将钢丝绳绕在棘轮收线器上，使导线收紧。

3. 将导线拉紧到一定程度并扎牢后，松开棘爪，使钢丝绳松开。

4. 松开夹住导线的夹线钳，将紧线器的钢丝绳绕在棘轮的滚筒上。

二、注意事项

1. 根据使用线材的粗细，采用相应规格的紧线器。

2. 在使用时如发现有滑线（逃线）现象，应立即停止使用，采取措施将线材夹牢后才能继续收紧。

3. 在收紧时应扣住棘爪与棘轮，防止棘轮脱开打滑。

第十五节　卷尺的使用

卷尺分为钢卷尺和布卷尺，计数比较精确，钢卷尺可以计数到毫米，且不变形，用于量精度要求高的尺寸，如图 6-10 所示。布卷尺可以计数到厘米，规格有 5 m、10 m、15 m、20 m、30 m、50 m，线路测量常用的规格有 30 m 和 50 m 两种。

一、使用方法

以钢卷尺为例，测量时钢卷尺零刻度对准测量起始点，施以适当拉力，直接读取测量终止点所对应的尺上刻度。使用卷尺应以“0”点端为测量基准，这样便于读数；当以非“0”点端为基准测量物品时，要特别注意起始端的数字，不然在读数时易读错。在一些无法直接使用钢卷尺的部位，可以用钢尺或直角尺，使零刻度对准测量点，尺身与测量方向一致，用卷尺量取到钢尺或直角尺上某一端的距离直接读数。

图 6-10　卷尺

二、注意事项

1. 测量前，检查钢卷尺的合格证标签是否清晰。

2. 被测量工件的起始端部应无毛边，保证测量的精度。

3. 尺带表面不得有锈迹和明显的斑点、划痕，线纹应清晰。

4. 检查卷尺的各个部位，拉出和收入卷尺时，应轻便、灵活、无卡滞现象。制动时，卷尺的按钮装置应能有效地控制尺带收卷，不得有阻滞失灵现象。

5. 尺带只能卷不能折。使用卷尺时，拉出尺带不得用力过猛，应徐徐拉出，用完尺带后应徐徐退回。对卷尺制动时，应先按下制动按钮，然后徐徐拉出尺带，用完后按下制动按钮，尺带自动收卷，当尺带自动收卷时，应防止尺带伤人。

第十六节　照明灯具的使用

一、照明光源设备的选择

1. 目前人工照明采用的电光源，按发光原理可分为两大类：一类是热辐射光源，如白炽灯、卤钨灯；另一类是气体放电光源，如荧光灯、高压汞灯、荧光高压汞灯、高压钠灯、低压钠灯、金属卤化物灯、氙灯等。

2. 铁路照明应尽量采用新光源和新型灯具，如高压水银灯、高压钠灯、金属卤化物灯等，停车广场照明可采用显色性高、寿命长的光源。

3. 站场灯柱灯塔照明、灯桥照明、高杆照明宜采用升降式灯盘。

二、照明方式

照明方式分为一般、分区一般、局部、混合照明四种。照明方式应按下列要求确定：

1. 所有工作场所，应设一般照明。

2. 同一场所内的不同区域有不同照度要求时，应采用分区一般照明。

3. 对于部分作业面照度要求高，只采用一般照明不合理的场所，应采用混合照明。

4. 在一个工作场所内不应只设局部照明。

三、照明种类

照明种类分为正常、应急、值班、警卫和障碍照明等，其中应急照明包括备用、安全和疏散照明。应按下列要求确定照明种类：

1. 工作场所均应设置正常照明。

2. 对正常照明因故障熄灭后，尚需确保正常工作或活动继续进行的场所，应装设备用照明，如枢纽通信机械室、电源室，远动调度中心调度大厅，大站(驼峰)电气集中信号楼的信号和通信机械室、电源室、信号控制台室，速度 160 km/h 以上铁路的信号楼或通信信号中继站的信号和通信机械室、电源室，有一级负荷的发、变、配电所控制室，局电子计算中心，特大型、大型站的售票室、配电室，最高计算人数 1 000 人及以上的候车室，中型及以上车站的消防控制室、消防水泵房、防烟排烟机房等。

3. 对正常照明因故障熄灭后，尚需确保处于潜在危险之中的人员安全的场所，应装设安全照明。

4. 对正常照明熄灭后，尚需确保人员安全疏散的出口和通道，应装设疏散照明，如因生产设备继续运转容易发生危险的场所，计算人数超过 50 人的生产车间和超过 100 人的其他工作场所，计算人数 600 人及以上的进出站厅、旅客地道、候车厅、售票厅，最高聚集人数 600 人及以上的公共建筑物等。

5. 大面积场所宜设置值班照明。

6. 有警戒任务的场所，应根据警戒范围的要求装设警卫照明，如油罐区及有公安守卫要求的大桥、隧道、仓库等。

7. 在高大建筑物、构筑物、跨河桥梁上，应根据航行要求常设障碍照明。

复习思考题

1. 螺丝刀的使用方法是什么？

2. 活动扳手由哪几部分组成？

3. 活动扳手的使用方法是什么?
4. 普通的电工刀由哪几部分组成?
5. 使用电工刀的注意事项是什么?
6. 克丝钳的用途是什么?
7. 尖嘴钳的用途是什么?
8. 剥线钳的使用方法是什么?
9. 使用剥线钳的注意事项是什么?
10. 斜口钳的使用方法是什么?
11. 断线钳的使用方法是什么?
12. 木工锯的使用方法是什么?
13. 紧线器由哪几部分组成?
14. 紧线器的使用方法是什么?
15. 使用卷尺的注意事项是什么?

第七章　电力常用安全用具

安全用具是确保电气设备安全运行和施工安全的必要物资保证，是施工人员的生命线。安全用具的种类很多，可分为绝缘操作用具和绝缘防护用具、验电器、突然来电防护用具（携带型接地线）、安全作业标示牌、高处作业安全用具、其他安全用具。

现就各类用具的情况作简要介绍。

第一节　绝缘操作用具和绝缘防护用具

一、绝 缘 棒

绝缘棒是基本安全用具之一，如图 7-1 所示。绝缘棒一般用浸过漆的木材、硬塑料、胶木、环氧玻璃排或环氧玻璃布管制成，在结构上可分为工作部分、绝缘部分和握手部分。工作部分是由金属制成的 L 形或 T 形弯钩，其顶端有一粗大部分，防止操作时绝缘棒从刀闸孔中脱出。工作部分的长度和宽度不大于 500 mm，以免操作时造成相间短路。

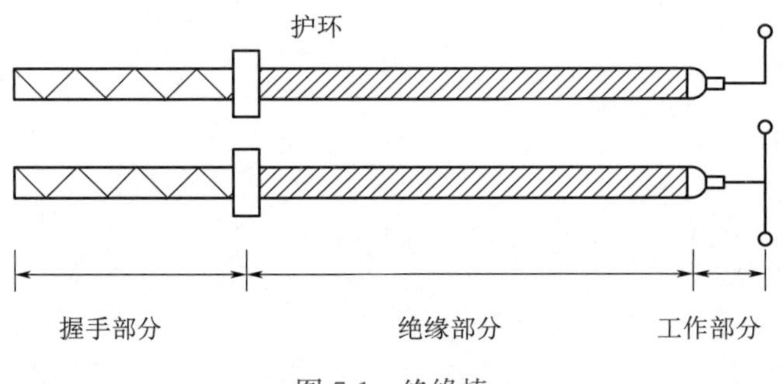

图 7-1　绝缘棒

绝缘棒用以操作高压跌落式熔断器、单极隔离开关、户外真空断路器、户外六氟化硫断路器及装卸临时接地线等，在不同工作电压的线路上使用的绝缘棒可按表 7-1 选用。绝缘棒使用时必须注意：

1. 绝缘棒必须具备合格的绝缘性能和机械强度，即应使用合格的绝缘工具。

2. 操作前，绝缘棒表面应用清洁的干布擦净，使棒表面干燥、清洁。

3. 操作时应戴绝缘手套、穿绝缘靴或站在绝缘垫上。

4. 操作者手握部位不得越过护环。

5. 在雨、雪或潮湿的天气，室外使用绝缘棒时，棒上应装有防雨的伞形罩，没有伞形罩的绝缘棒不宜在上述天气中使用。

6. 绝缘棒必须放在通风干燥的地方，并宜悬挂或垂直插放在特制的木架上。

7. 应按规定对绝缘棒进行定期绝缘试验。

表 7-1 绝缘棒规格与参数

<table>
<tr><th rowspan="2">规格</th><th colspan="2">棒长</th><th>工作部分长度</th><th>绝缘部分长度</th><th>握手部分长度</th><th>棒身直径</th><th>钩子宽度</th><th>钩子终端直径</th></tr>
<tr><th>全长/mm</th><th>节数</th><th>L_3/mm</th><th>L_2/mm</th><th>L_1/mm</th><th>D/mm</th><th>B/mm</th><th>d/mm</th></tr>
<tr><td>50 V</td><td>1 640</td><td>1</td><td rowspan="3">185</td><td>1 000</td><td>455</td><td rowspan="3">38</td><td rowspan="3">50</td><td rowspan="3">13.5</td></tr>
<tr><td>10 kV</td><td>2 000</td><td>2</td><td>1 200</td><td>615</td></tr>
<tr><td>35 kV</td><td>3 000</td><td>3</td><td>1 950</td><td>890</td></tr>
</table>

二、绝缘手套和绝缘靴

（一）绝缘手套

绝缘手套是在电气设备上进行实际操作的辅助安全用具，每 6 个月试验一次，如图 7-2(a)所示。使用前应进行外观检查，观察有无裂口，然后将手套朝手指方向卷曲，检查有无漏气，戴手套时最好将袖口放入手套的伸长部分，绝缘手套使用完后应擦干净，放在柜子里，不要和其他材料工具混放在一起。绝缘手套用绝缘性能良好的橡胶制成，作为辅助安全用具，低压绝缘手套不允许用于操作高压设备。绝缘手套的长度至少应超过手腕 10 cm。

(a) (b)

图 7-2 绝缘手套和绝缘靴

绝缘手套使用时必须注意：

1. 在使用前必须进行充气检验，发现有任何破损则不能使用。

2. 作业时，应将衣袖口套入筒口内，以防发生意外。

3. 使用后，应将内外污物擦洗干净，待干燥后放置平整，以防受压受损，切勿放于地上。

4. 应储存在干燥通风室温 −15～+30 ℃，相对湿度 50%～80%的库房中，远离热源，离开地面和墙壁 20 cm 以上，避免受酸、碱、油等腐蚀品的影响。不要露天放置，避免阳光直射。

5. 使用 6 个月必须进行预防性试验。

（二）绝缘靴

绝缘靴用绝缘性能良好的橡胶制成，主要作用是在任何电压等级的电气设备上工作时，用来与地面保持绝缘的辅助安全用具，也是防止跨步电压的基本安全用具，如图 7-2(b)所示。使用前应进行外观检查，观察有无损坏，使用完后应擦干净，放在柜子里，不要和其他材料工具混放在一起。切记不要把绝缘靴当防水靴穿。

绝缘靴使用时必须注意：

1. 应根据作业场所电压高低正确选用绝缘鞋，低压绝缘鞋禁止在高压电气设备上作为安全辅助用具使用，高压绝缘靴可以作为高压和低压电气设备上辅助安全用具使用。但不论是穿低压还是高压绝缘靴，均不得直接用手接触电气设备。

2. 布面绝缘鞋只能在干燥环境下使用，避免布面潮湿。

3. 绝缘靴的使用不可有破损。

4. 穿用绝缘靴时，应将裤管套入靴筒内，裤管不宜长及鞋底外沿条高度，更不能长及地面，保持布帮干燥。

5. 非耐酸碱油的橡胶底，不可与酸碱油类物质接触，并应防止尖锐物刺伤。低压绝缘鞋若鞋底花纹磨光，露出内部颜色时则不能作为绝缘鞋使用。

三、绝缘夹钳

绝缘夹钳是在带电的情况下，用来安装或拆卸熔断器或执行其他类似工作的工具。在35 kV 及以下的电力系统中，绝缘夹钳列为基本安全用具之一。

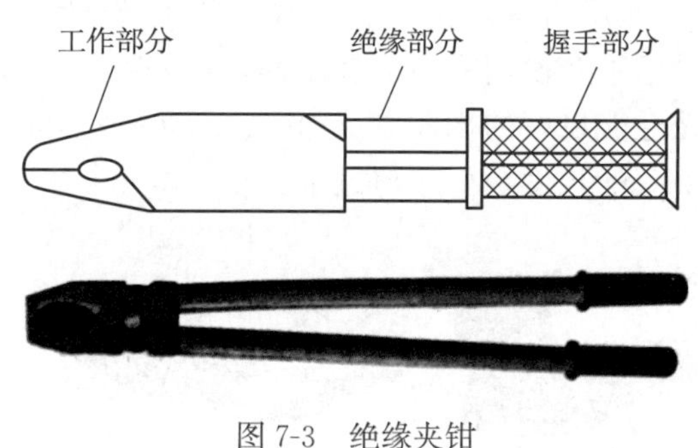

图 7-3　绝缘夹钳

绝缘夹钳与绝缘棒一样也是用浸过绝缘漆的木材、胶木或玻璃钢制成。它的结构包括工作部分、绝缘部分与握手部分，如图 7-3 所示。

绝缘夹钳使用时必须注意：

1. 绝缘夹钳必须具备合格的绝缘性能。

2. 操作时的绝缘夹钳应清洁、干燥。

3. 操作时，应戴绝缘手套、穿绝缘靴或站在绝缘垫上，戴护目眼镜，必须在切断负载的情况下进行操作。

4. 绝缘夹钳应按规定进行定期试验。

四、绝 缘 垫

绝缘垫由有一定的厚度、表面有防滑条纹的橡胶制成，其最小尺寸不宜小于 0.8 m×0.8 m。绝缘垫是在任何电压等级的设备上带电操作时用来对地面绝缘的辅助安全用具，主要放置在高压柜和低压屏前，常采用的是 5～10 mm 厚的绝缘橡胶板。其主要作用是值班员在操作时，增强操作人员对地绝缘。绝缘垫应注意防止与酸、碱、盐类及其他化学物品和油类接触，以免腐蚀后绝缘老化、龟裂或变黏。

第二节　验　电　器

验电器按电压分为高压验电器和低压验电器两种，用来检验设备、线路是否带电。

一、高压验电器

高压验电器外形如图 7-4 所示。

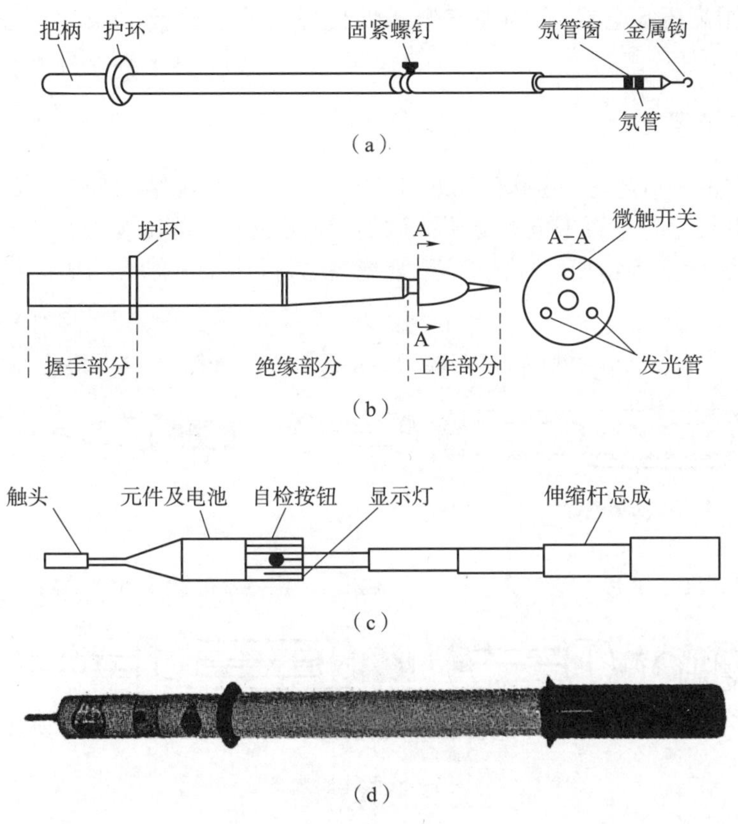

图 7-4　高压验电器

高压验电器使用时必须注意：

1. 使用前应将验电器在确认有电设备处检验，检验时应缓慢移近带电设备至发光或发声为止，以验证验电器性能良好，然后再在需要进行验电的设备上检测。

2. 使用时应特别注意手握部位不得超过护环如图 7-5 所示。

3. 使用时，应将验电器逐渐靠近被测物体，直到氖灯亮，即说明有电；只有氖灯不亮时，才可与被测物体直接接触。目前使用的验电器已逐步过渡到新型验电器。使用时，先按动微触开关，验电器会发出响亮的“嘟嘟”声，说明验电器正常可用；如果按下微触开关时没有声光，应检查是否装好电池或有其他故障。

4. 用高压验电器验电时，必须戴符合耐压要求的绝缘手套，测试时身旁应有人监护，要防止发生相间或对地短路事故，人体与带电体应保持足够的安全距离（10 kV 高压为 0.7 m 以上）。

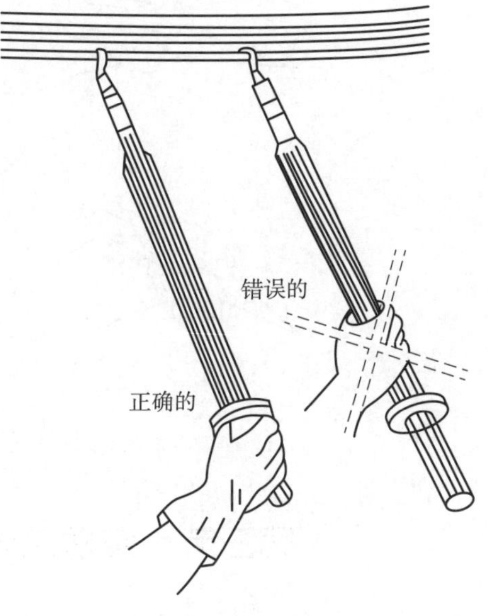

图 7-5　高压验电器握法

5. 室外使用高压验电器，必须在气候条件良好情况下进行，在雨、雪、雾及湿度较大情况下不宜使用。

二、低压验电笔

低压验电器俗称试电笔，通常有笔式和螺丝刀式两种，其结构如图 7-6 所示，是用来检测低压线路和电气设备是否带电的低压测试器，检测的电压范围为 60～500 V。它由壳体、探头、电阻、氖管、弹簧等组成。检测时，氖管亮(新式低压验电器有的用液晶显示)表示被测物体带电。

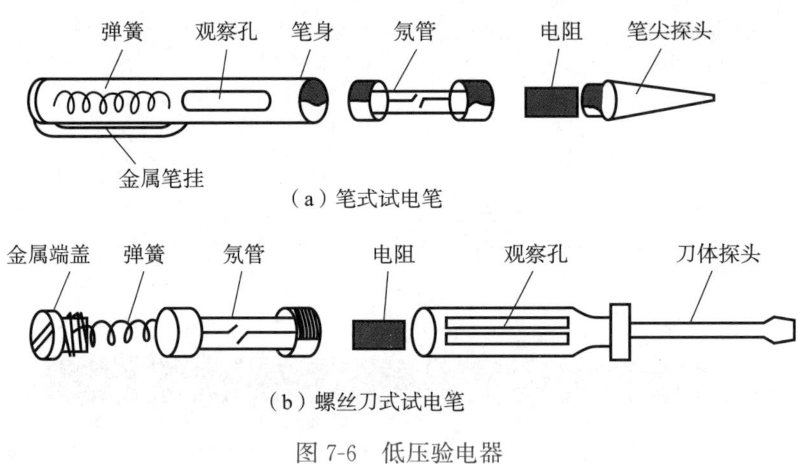

（a）笔式试电笔

（b）螺丝刀式试电笔

图 7-6　低压验电器

用试电笔验电时应让笔尾部的金属与手相接触，而且不得接触笔前端金属部分，防止触电，如图 7-7 所示。

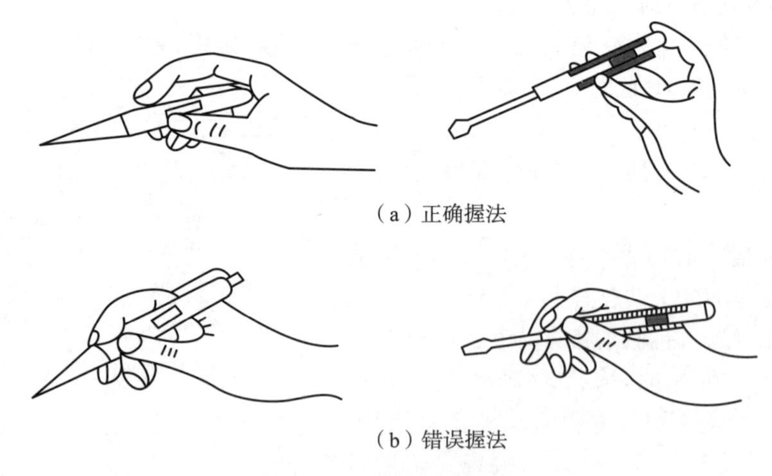

（a）正确握法

（b）错误握法

图 7-7　低压验电器握法

第三节　突然来电防护用具(携带型接地线)

携带型接地装置又称可移接地装置，又称接地封线，是指将施工或检修的线路或设备三相短路并接地，在工作地点装设接地封线是为防止突然来电而设，是保护施工及检修人员人身安全的唯一可靠的技术措施，同时检修设备断电后的剩余电流也会因接地而放尽。

架空线路停电作业时，经验明无电传输方式后，应立即将已接地的接地线对已停电的设备进行三相短路封线。接地封线所用的接地棒(接地极)应打入地下，深度不得少于 0.6 m。

接地封线应用不小于 25 mm^2 的多股软铜线和专用线夹固定在导线上，使用前应详细检查，观察有无断股，损坏的接地线应及时修理或更换，严禁使用其他导线代替。

停电作业与带电线路高压跨越时也应加挂接地封线。

装设临时接地线，应先接接地端，后接线路或设备端；拆除时顺序相反。正常情况下，应先验明线路或设备确实无电时才可装设临时接地线。在导线拆除接地线时应使用绝缘棒并戴绝缘手套，操作时应有监护人在场。

第四节　安全作业标示牌

安全作业标示牌可分为“警告类”“禁止类”“准许类”“提醒类”等，是避免工作人员和其他人员与带电部分接近而造成触电事故的必要手段。

我国常用的几种安全色的含义及规定如下：

1. 红色：表示禁用、停止和消防。如信号机、信号旗、停机按钮、消防器材，都用红色表示“禁止触动”的意思。
2. 黄色：用来表示危险。如“当心触电”“注意安全”等。
3. 绿色：表示安全、工作、运行等意义。如“在此工作”“已接地”等。
4. 蓝色：用来表示强制执行。如“必须戴安全帽”等。
5. 黑色：多用于文字、图形、符号，带有警告的意义。

标示牌的拆除应由配电值班人员或停电操作人执行，并有监护人员在场。

第五节　高处作业安全用具

一、脚　　扣

脚扣是攀登电杆的工具，主要由弧形扣环、脚套组成。脚扣分两种，一种在扣环上制有铁齿，可以咬入木杆内，供登木杆用；另一种在扣环上裹有橡胶，以增加攀登时的摩擦，防止打滑，供登混凝土杆用。使用脚扣登杆速度较快，容易掌握登杆方法，但在杆上作业时没有登高板灵活舒适，易于疲劳。

脚扣在使用前应做人体冲击试验，使用脚扣登杆时，要首先检查脚扣有无损坏，型号是否合适，并要与安全带配合使用。水泥杆脚扣可用于攀登木杆，但木杆脚扣不能用于攀登水泥杆。

二、安 全 带

安全带是登高作业时的保护用具，为了防止作业者在某个高度和位置上可能出现坠落，作业者在登高和高处作业时，必须系挂好安全带。安全带的使用和维护有以下几点要求：

1. 选用经有相应资质的部门检验合格的安全带，并保证在使用有效期内。

2. 2 m 以上的悬空作业，必须使用安全带。

3. 安全带使用前应检查绳带有无变质，卡环是否有裂纹，卡簧弹跳性是否良好。

4. 高处作业如安全带无固定挂处，应采用适当强度的钢丝绳或采取其他方法。禁止把安全带挂在移动或带尖锐、棱角、不牢固的物件上。

5. 高挂低用。将安全带可靠地挂在高处牢固的地方，人在下面工作就叫高挂低用。这是一种比较安全合理的科学系挂方法。它可以使有坠落发生时的实际冲击距离减小。

6. 安全带要拴挂在牢固的构件或物体上，要防止摆动或碰撞，绳子不能打结使用，钩子要挂在连接环上。

7. 安全带绳保护套要保持完好，以防绳被磨损。若发现保护套损坏或脱落，必须更换新套后再使用。

8. 安全带严禁擅自接长使用。如果使用 3 m 及以上的长绳时必须要加缓冲器，各部件不得任意拆除。

9. 安全带在使用前要检查各部位是否完好无损。安全带在使用后，要注意维护和保管。要经常检查安全带缝制部分和挂钩部分，必须详细检查捻线是否发生裂断和残损等。

10. 安全带不使用时要妥善保管，不可接触高温、明火、强酸、强碱或尖锐物体，不要存放在潮湿的仓库中。

11. 安全带在使用两年后应抽验或全部检验一次，频繁使用应经常进行外观检查，发现异常必须立即更换。

三、安 全 帽

安全帽是用来减轻高处落物对头部冲击伤害的一种防护用具，按用途可分为普通安全帽和冬季安全帽，冬季安全帽应有耳孔，施工时不得堵塞耳孔，以免影响听力。使用要符合规定。使用安全帽应正确操作和注意下列事项：

1. 使用前先检查外壳是否破损，有无合格帽衬，帽带是否齐全，如果不符合要求立即更换。

2. 戴安全帽前应将帽后调整带按自己头型调整到适合的位置，然后将帽内弹性带系牢。缓冲衬垫的松紧由带子调节，人的头顶和帽顶部的空间垂直距离一般在 25～50 mm，至少不要小于 32 mm 为好。

3. 不要把安全帽歪戴，也不要把帽檐戴在脑后方。否则，会降低安全帽对于冲击的防护作用。

4. 安全帽的下领带必须扣在颌下，并系牢，松紧要适度，这样不会被大风吹掉，或者是被其他障碍物碰掉，或者由于头的前后摆动，使安全帽脱落。

5. 安全帽体顶部除了在帽体内部安装了帽衬外，有的还开了小孔通风。但在使用时不要为了透气而随便打开小孔，因为这样做将会使帽体的强度降低。

6. 安全帽定期检查有没有龟裂、下凹、裂痕和磨损等情况，发现异常现象要立即更换，不准再继续使用。任何受过重击、有裂痕的安全帽，不论有无损坏现象，均应报废。

7. 严禁使用只有下颌带与帽壳连接的安全帽，也就是帽内无缓冲层的安全帽。

8. 施工人员在现场作业中，不得将安全帽脱下搁置一旁或当坐垫使用。

9. 安全帽必须在检验周期内使用，超出检验周期和超出使用周期的，不得使用。

10. 新领的安全帽，首先检查是否有劳动部门允许生产的证明及产品合格证，再看是否破损，薄厚是否均匀，缓冲层及调整带和弹性带是否齐全有效。不符合规定要求的立即调换。

复习思考题

1. 绝缘棒在使用的过程中需要注意什么？
2. 绝缘手套多长时间需要试验一次？
3. 绝缘夹钳的主要作用是什么？
4. 使用高压验电器时要注意什么？
5. 低压验电笔的使用方法是什么？
6. 使用接地线时要注意哪些问题？
7. 装设和拆除接地线的顺序是怎样的？
8. 在哪些作业中需使用接地封线？
9. 安全作业标示牌可以分为哪几类？
10. 蓝色的安全标示牌用来表示什么？
11. 脚扣的使用注意事项有哪些？
12. 安全带在使用和维护中应注意什么？
13. 在什么作业情况下需使用安全带？
14. 安全帽的使用注意事项有哪些？
15. 使用冬季安全帽时要注意哪些事项？

第八章 电力常用设备

第一节 发电机

一、发电机的结构及工作原理

发电机通常由定子、转子、端盖及轴承等部件构成。定子由定子铁芯、线包绕组、机座以及固定这些部分的其他结构件组成。转子由转子铁芯(或磁极、磁轭)绕组、护环、中心环、滑环、风扇及转轴等部件组成。轴承和端盖将发电机的定子、转子连接组装起来,使转子能在定子中旋转,做切割磁力线的运动,从而产生感应电势,通过接线端子引出,接在回路中,便产生了电流。

发电机基于电磁感应定律和电磁力定律,其构造的一般原则是:用适当的导磁和导电材料构成互相进行电磁感应的磁路和电路,以产生电磁功率,达到能量转换的目的。

二、发电机的分类

发电机分为直流发电机和交流发电机。交流发电机可以分为同步发电机和异步发电机,还可分为单相发电机和三相发电机。

三、各类发电机的具体工作原理

(一)柴油发电机工作原理

柴油机驱动发电机运转,将柴油的能量转化为电能。在柴油机汽缸内,经过空气滤清器过滤后的洁净空气与喷油嘴喷射出的高压雾化柴油充分混合,在活塞上行的挤压下,体积缩小,温度迅速升高,达到柴油的燃点。柴油被点燃,混合气体剧烈燃烧,体积迅速膨胀,推动活塞下行,称为做功。各汽缸按一定顺序依次做功,作用在活塞上的推力经过连杆变成了推动曲轴转动的力量,从而带动曲轴旋转。将无刷同步交流发电机与柴油机曲轴同轴安装,就可以利用柴油机的旋转带动发电机的转子,利用电磁感应原理,发电机就会输出感应电动势,经闭合的负载回路就能产生电流。这里只介绍发电机组最基本的工作原理,要想得到可使用的、稳定的电力输出,还需要一系列的柴油机和发电机控制、保护器件和回路。

(二)汽油发电机工作原理

汽油机驱动发电机运转,将汽油的能量转化为电能。在汽油机汽缸内,混合气体剧烈燃烧,体积迅速膨胀,推动活塞下行做功。各汽缸按一定顺序依次做功,作用在活塞上的推力经过连杆变成了推动曲轴转动的力量,从而带动曲轴旋转。将无刷同步交流发电机与汽油机曲轴同轴安装，就可以利用汽油机的旋转带动发电机的转子，利用电磁感应原理，发电机就会输出感应电动势，经闭合的负载回路就能产生电流。

（三）同步发电机工作原理

1. 主磁场的建立：励磁绕组通以直流励磁电流，建立极性相间的励磁磁场，即建立起主磁场。

2. 载流导体：三相对称的电枢绕组充当功率绕组，成为感应电势或者感应电流的载体。

3. 切割运动：原动机拖动转子旋转（给电机输入机械能），极性相间的励磁磁场随轴一起旋转并顺次切割定子各相绕组（相当于绕组的导体反向切割励磁磁场）。

4. 交变电势的产生：由于电枢绕组与主磁场之间的相对切割运动，电枢绕组中将会感应出大小和方向按周期性变化的三相对称交变电势，通过引出线，即可提供交流电源。

第二节 变 压 器

一、电力变压器的用途与分类

（一）电力变压器的用途

1. 在电力系统的发电、输电、配电、用电过程中需将电压升高或降低，变压器就是升高电压和降低电压的电气设备，其作用是将某一等级的交流电压和电流变换成另一个等级的电压和电流。

2. 它由绕在同一铁芯上的两个或两个以上的绕组组成，绕组之间通过磁场变化而联系。

（二）电力变压器的分类

1. 电力变压器按用途可分为升压、降压（配电）和联络变压器。
2. 电力变压器按相数分为单相和三相变压器。
3. 电力变压器按绕组数分为双绕组、三绕组和自耦变压器。
4. 电力变压器按绝缘介质分为油浸式变压器、干式变压器、气体绝缘变压器等。
5. 电力变压器按铁芯结构可分为铁芯式和铁壳式。

二、电力变压器的构造

电力变压器由铁芯、线圈、绝缘油及附属零件（油箱、散热器、油枕、套管、分接开关、瓦斯继电器、安全阀、温度计）等组成。

（一）铁芯

铁芯是变压器中的导磁体，是作为导磁用的。

（二）线圈

线圈是导电用的，一般用扇形或圆形截面的铜（或铝）导体绕制而成，外面缠以电缆纸和棉纱作绝缘层。

（三）绝缘油

变压器中的绝缘油具有冷却铁芯和线圈绝缘的作用。

（四）油箱和散热器

油箱是存放铁芯、线圈和绝缘油以及安装高、低压套管等附件用的，它能使变压器所产生的热量得到散发，并保护变压器器身使其不受到外界（如风、雨、灰尘）的影响。

油箱上的散热器，能使变压器箱内的油得到循环而冷却。

（五）分接开关

电力变压器在运行时，二次线圈输出的电压是随输入电压的高低及负载电流的大小和性质而变化的。为了保持二次线圈电压恒定或控制其变化的幅度，电压应该在一定范围内可以调节。因此变压器的高压侧一般都有抽头，称为分节头。变换分节头位置就可改变一、二次线圈的匝数比，以达到调节二次线圈电压的目的。

变压器的电压调节一般有无载调压和有载调压两种。无载调压是在变压器从电网中切除的情况下进行的，有载调压可以带负载切换，不需断电。

（六）油枕

当变压器的温度变化时，变压器内绝缘油的体积会膨胀和收缩，当油温下降时，体积缩小，油面将会与大面积的空气接触，势必会加速油的吸潮和氧化，同时也使变压器中的油因温度升高时补偿其体积。一般变压器上都装有油枕。

（七）安全阀

安全阀又称安全气道或防爆管，容量在 1 000 kV · A 及以上的变压器均装有安全阀，它的作用是防止油箱受到由于变压器内部故障时所引起的突然增高的压力。

（八）瓦斯继电器

瓦斯继电器又称气体继电器，它装在油枕与油箱的连接管上，是保护变压器的一种器具，内部有两个带水银接点的浮筒。瓦斯继电器的作用是当变压器内部故障时，产生大量气体，这些气体通向瓦斯继电器，使水银接点浮筒动作，发出信号或接通跳闸回路。

（九）温度计

温度计用来测量并监视变压器内部的温度，有水银温度计、信号温度计和电阻温度计等。

三、电力变压器的铭牌和技术数据

（一）变压器铭牌

变压器铭牌是制造厂家为用户提供的规定基本参数。变压器的铭牌上标有型号、产品代号、标准代号、厂名、制造年月等。

（二）变压器的技术数据

1. 型号

变压器型号由两部分组成，前一部分用汉语拼音字母组成，代表变压器的类别、结构、特征和用途。后一部分用数字组成，代表变压器的容量（kV · A）和高、低压绕组的电压等级（kV）。例如：SLT-1000/10 表示三相油浸自冷铝线变压器，额定容量为 1 000 kV · A，高压侧额定电压为 10 kV。

2. 额定容量 S_e

变压器额定容量是指在变压器铭牌所规定的额定状态下变压器二次的输出能力，单位用 kV·A 表示。

3. 额定电压 U_{e1} 和 U_{e2}

一次额定电压 U_{e1} 是指加到一次绕组上电源的线电压额定值，二次额定电压 U_{e2} 为变压器空载时的二次侧线电压，单位用 kV 表示。

4. 额定电流 I_{e1} 和 I_{e2}

变压器一、二次额定电流 I_{e1} 和 I_{e2} 是指在额定容量允许温度下，变压器一、二次绕组中长期允许通过的电流。

5. 额定频率 f_e

我国规定工频为 50 Hz。

6. 额定温升

温升是指变压器绕组及上层油面的温度与变压器周围环境温度之差。对每台变压器都规定温升限值。绝缘材料耐热等级见表 8-1。

表 8-1　绝缘材料耐热等级

绝缘耐热等级	A	E	B	F	H	C
耐热温度/℃	105	120	130	155	180	220

7. 空载电流 I_0

变压器运行时的电流值一般是指变压器的励磁电流，常用占电流的百分数来表示。容量 800 kV·A 及以上的空载电流百分数为 2%～2.5%，在 800 kV·A 以下的为 3%～6%。

8. 空载损耗 P_0

空载损耗是指变压器空载时的有功功率损耗，也就是变压器的铁损。变压器空载损耗约占额定功率的 10%左右。

9. 阻抗电压 U_k

阻抗电压也叫短路电压，是变压器在二次绕组短接情况下，一次绕组流过额定电流时所加的电压。6～10 kV 电压等级的电力变压器，阻抗电压标准约为 4%～5.5%。

10. 短路损耗 P_d

短路损耗是指通过对变压器短路试验，测出的有功功率损耗，也叫变压器的铜损。

11. 电压比 k

电压比是指变压器空载状态时，一次侧额定电压与二次侧额定电压之比。

12. 连接组标号

连接组标号是指三相变压器一、二次绕组之间连接和极性关系的一种代号，它表示变压器一、二次绕组间对应电压的相位关系，也叫接线组别。

三相变压器的同一侧三个绕组，有星形连接、三角形连接、曲折形连接三种接线，如图 8-1 所示。

(1)星形连接是指三相绕组中有一个同名端相互连在一个公共点(中性点)上，其他三个线端分别引出接电源或负载。

(2)三角形连接是指三个绕组的首、尾相接，即异名端相接成一个闭合回路，在每两相连接点上引出三根线端接电源或负载。

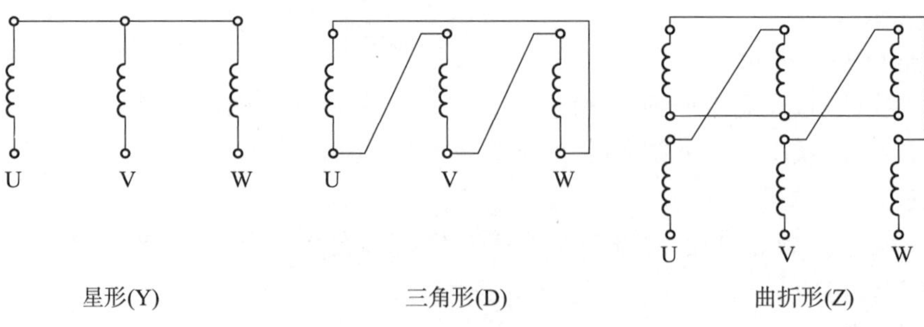

图 8-1　三相变压器常用接线法

(3)曲折形连接也属星形连接，只是每相绕组分成两个部分，分别绕在两个铁芯柱上。

三相变压器的一、二次绕组连接后，其一、二次电压对应向量有相位差。一般采用线电压向量间的角度，用时钟法表示，分成 12 个时区，每差 30°为一种组别号。将一次侧线电压向量定为时钟的分针，定于 12 时区上，将二次侧线电压向量定为时针，所指的时区数即为变压器的连线组别的组号。

13. 冷却方式

(1)变压器采用不同的冷却循环方式和冷却介质使变压器达到冷却的目的。变压器铭牌上用两个或四个字母代号标志。

(2)冷却方式字母代号表示的意义如下：

①冷却介质：A—空气，W—水，G—气体，L—不燃性合成油，O—矿物油(合成油)。

②循环种类：N—自然循环，F—强迫循环，D—强迫导向油循环。

四、电力变压器的工作原理

1. 变压器的基本工作原理就是电磁感应原理。

2. 变压器的原绕组(一次)接通交流电源，在绕组内流过交变电流产生磁势，在磁势的作用下，铁芯中产生交变磁通 Φ，即原绕组从电源吸取电能转变成磁能，在闭合的铁芯中原绕组(一次)、副绕组(二次)同时切割磁力线，由于电磁感应作用，分别在原、副绕组上产生感应电动势 E_1 和 E_2。

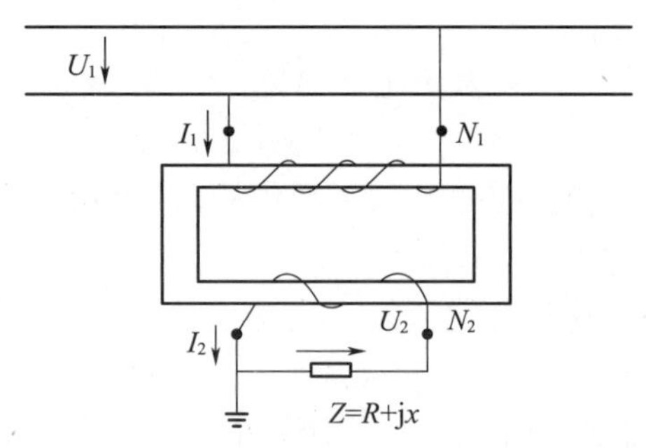

图 8-2　单相变压器原理

3. 如此时将副绕组与外电路负荷接通，在副绕组感应电动势作用下，便有电流通过负载，铁芯中的磁能又转变为电能。

4. 变压器在传递电能的过程中，铁芯中的交变磁场通过原、副绕组每一线匝中都产生相同的感应电势。变压器原、副绕组的匝数不同，所产生的感应电势也不同，这就是变压器变换交流电压、电流的原理。单相变压器原理如图 8-2 所示。

5. 变压器一、二次侧感应电动势之比等于一、二次绕组匝数之比，即 $E_1/E_2=N_1/N_2$。

6. 由于变压器一、二次绕组的漏电抗和电阻都很小，可以忽略不计算，因此可近似地认为：$U_1=E_1$；$U_2=E_2$。于是得出 $U_1/U_2=E_1/E_2=N_1/N_2=K$，式中 K 为变压器的变压比。变压器一、二次绕组的匝数不同，导致一、二次绕组的电压高低也不同，匝数多的绕组电压高，匝数少的绕组电压低，这就是变压器变换电压的原理。

7. 在一、二次绕组电流 I_1、I_2 的作用下，铁芯中的磁势为：$I_1N_1+I_2N_2=I_0N_1$，式中 I_0 为变压器的空载励磁电流。由于 I_0 比较小，在数值上可忽略不计，因此可改写为：$I_1N_1+I_2N_2=I_0N_1=0$，$I_1N_1=-I_2N_2$，于是从数值上有如下关系：$I_1/I_2=N_2/N_1=1/K$。

由此可见，变压器一、二次电流之比与一、二次绕组的匝数成反比。即变压器绕组匝数多的一侧电流小，匝数少的一侧电流大，也就是电压高的一侧电流小，电压低的一侧电流大。

第三节 配电装置

一、高压断路器

（一）概述

高压断路器是变配电系统中关键设备之一，它既能切换正常的负载，也可在电路发生故障时，切断故障电路。高压断路器承担着控制和保护的双重任务。大部分断路器能进行快速自动重合闸操作，在切除线路瞬间性故障后，能及时恢复正常运行。

（二）高压断路器的主要功能

1. 根据经济实用、改变运行方式或设备检修的需要，通过高压断路器（与隔离开关配合）进行倒闸作业，断开部分一次电路设备，接通另一部分一次电路设备。

2. 与继电保护装置相配合，快速切断故障设备及故障段牵引网。高压断路器有很强的灭弧能力，不仅能开断有载电路，还能开断短路故障电路。

（三）高压断路器的组成

高压断路器主要由如下几个部分组成：

1. 触头

用来实现电路通断的重要部件，触头闭合则电路关合，触头分离则电路开断。断路器中的触头分动触头和静触头两种，有时为了增加断口数目，还设置中间触头。动触头由运动机构带动，静触头则固定在断路器的一端。

2. 弧室

在动静触头间隙发生电弧时，一般被限制在具有灭弧装置的灭弧室中，电弧在灭弧室中被纵向或横向吹长、冷却而熄灭。灭弧室的结构必须满足断路器一定开断容量下灭弧的要求。

3. 绝缘介质

可分为灭弧用绝缘介质及支持用绝缘介质。灭弧用绝缘介质可以是变压器油、专用开关油、SF_6 气体、压缩空气或真空。支持用绝缘介质可以是电工瓷、环氧树脂或玻璃钢等。

4. 壳体结构

把触头、灭弧室、绝缘介质等组装在一起，用以实现断路器工作的目的。它多由钢材、电工瓷、密封紧固件组成，壳体构架必须满足断路器在电气绝缘方面、机构动力学方面以及工作环境的各种要求。

5. 运动机构

使可动触头在规定范围内动作的联动机构，多由具有绝缘性能和一定强度的连杆机构组成。运动机构可以直接和断路器的操动机构连接，执行操动机构对断路器的操作。

（四）高压断路器的分类

高压断路器根据所采用的灭弧介质不同可分为以下几种类型：

1. 油断路器

采用变压器油作为灭弧介质和绝缘介质。断路器中的变压器油仅作为灭弧介质和断口绝缘，而带电部分对地绝缘采用电瓷或其他介质，称少油断路器；断路器中的变压器油不仅作为灭弧介质和断口绝缘，同时还作为带电部分对地绝缘，称多油断路器。

2. 压缩空气断路器

利用压缩空气作为灭弧介质和断口绝缘的断路器。

3. 六氟化硫(SF_6）断路器

采用具有优良灭弧性能和绝缘性能的 SF_6 气体作为灭弧介质的断路器。

4. 真空断路器

利用真空的高介电强度性能来灭弧的断路器。

5. 其他类型断路器

如自动产气断路器、磁吹断路器等。

此外，断路器按其装设地点分为户内式和户外式两种类型。

二、高压隔离开关

（一）概述

隔离开关是高压开关的一种，它没有专门的灭弧装置，不允许带负荷拉闸。因此，必须在断路器切断以后才能拉开隔离开关。同样也不能带负荷合闸，必须在断路器闭合之前，先将隔离开关合闸。但它可以利用闸刀分开时将电弧拉长和空气的自然熄弧能力，开断一定数值的空载电流(不超过 5 A)。

（二）高压隔离开关的结构

高压隔离开关主要由如下几个部分组成：

1. 支持底座

该部分的作用是起支持和固定作用，将导电部分、绝缘子、传动机构、操动机构等固定为一体，并安装在钢架上。

2. 导电部分

包括触头、闸刀、接线座。该部分的作用是传导电路中的电流。

3. 绝缘部分

包括支持绝缘子、操作绝缘子。其作用是将带电部分与接地部分绝缘。

4. 传动部分

传动部分的作用是接受传动结构的力矩，并通过拐臂、连杆、轴齿或操作绝缘子，带动动触头以完成闸刀的分合。

（三）高压隔离开关的用途与要求

1. 用途

(1)将电气设备与带电部分隔离，以保证被隔离的电气设备能安全地进行检修。

(2)接通和断开小电流，隔离开关一般不允许带负荷操作，如回路中无断路器时，允许使用隔离开关进行下列操作：

①开、合电压互感器和避雷器。

②开、合仅有电容电流的母线设备。

③电容电流不超过 5 A 的无负荷线路。当电压在 20 kV 及以上时，应使用户外型三相联动隔离开关。

④用户外型三相联动隔离开关，允许开、合电压为 10 kV 及以下，电流为 15 A 以下的负荷。

⑤开、合电压为 10 kV 及以下，电流在 70 A 以下的环路均衡电流。

2. 对隔离开关的一般要求

(1)所用隔离开关的电压等级及容量应符合使用条件。

(2)在开断状态时，隔离开关动、静触头之间开距应符合要求，保证在任何情况下，不致造成电击穿，并易于观察其明显的分断状态。

(3)隔离开关应具备闭锁位置，该装置动作灵活，正确可靠。带有接地刀闸的隔离开关，接地刀闸与主触头的机构闭锁应正确可靠。分闸时先断开主触头，后合接地刀闸；合闸时先分接地刀闸，后合主触头。

(4)三级联动隔离开关，三相同期误差不得大于 5 mm。

三、电压互感器

（一）概述

电压互感器是一种电压变换装置(PT)，将高电压变换成低电压，以使用低压量值反映高压量值的变化。因此可以直接用普通电器仪表进行测量。

由于采用了电压互感器，各种测量仪器和保护装置不直接与高电压相连接，从而保证了仪表测量和继电保护工作的安全。此外，由于电压互感器的二次均为 100 V，使得测量仪表和继电器电压线圈制造上可以标准化，简化了制造工艺并降低了成本。因此，电压互感器在电力系统中得到了广泛的应用。

（二）电压互感器的工作原理

电压互感器的工作原理类同于变压器。它也是由铁芯、一次线圈、二次线圈、接线端子及绝缘支持物等组成。有的二次绕组除主绕组外，还有附加绕组。在铁芯上装有一次和二次绕组，它们之间相互绝缘。

电压互感器的一次线圈接于系统的线电压或相电压，其绝缘应随实际系统电压的高低而定。它的一次线圈匝数 N_1 很多，并联在供电系统的一次电路中，而二次线圈匝数 N_2 较少，接于高阻抗的测量仪表和继电保护的电压线圈，因此电压互感器在工作时接近空载状态。

电压互感器的一、二次线圈额定电压之比，称为额定变比 K，即

$$K=\frac{U_{e1}}{U_{e2}} \tag{8-1}$$

（三）电压互感器的使用注意事项

1. 运行中的电压互感器不允许短路，否则将会产生很大的短路电流，烧毁电压互感器。

2. 一次绕组并接在干线回路中，二次绕组并接在测量回路中，接线时要注意极性正确。

3. 额定电压应与所运行的系统相适应。

4. 电压互感器的二次侧必须有一处接地，以防一、二次绕组绝缘击穿而危及人身和设备安全。

四、电流互感器

（一）概述

电流互感器是一种电流变换装置(CT)。它将高压电流和低压大电流变成电压较低的小电流，供给仪表和继电保护装置，并将仪表和保护装置与高压电路隔开。电流互感器的二次侧电流均为 5 A，这使得测量仪表和继电保护装置使用安全、方便，也使其在制造上可以标准化，简化了制造工艺并降低了成本。因此，电流互感器在电力系统中得到了广泛的应用。

（二）电流互感器的工作原理

电流互感器的工作原理如图 8-3 所示，它由铁芯（一般由硅钢片叠制而成）、一次线圈、二次线圈、接线端子及绝缘支持物等组成。

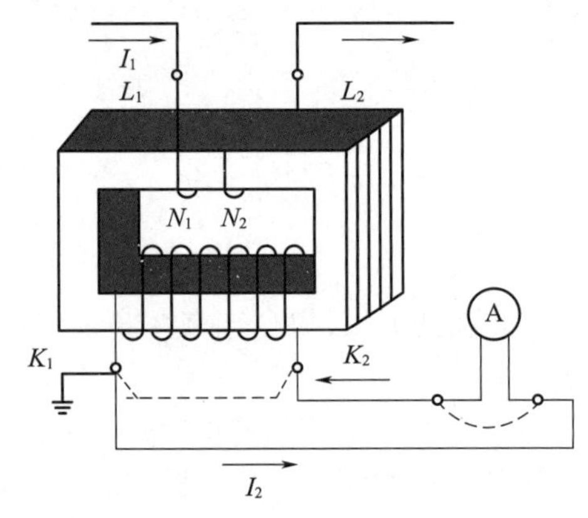

图 8-3　电流互感器原理

它的一次线圈匝数 N_1 很少，串联于被测线路中，流过较大的被测电流 I_1。二次线圈匝数 N_2 较多，它与仪表、继电器等的电流线圈串联在一起，形成一个闭合电路。由于这些电流线圈的阻抗很小，所以电流互感器在工作时，二次侧接近短路状态。

电流互感器的工作原理大致与变压器相似，所不同的是电流互感器一次侧绕组内通过的电流 I_1 取决于线路的负荷电流，与二次负荷无关。二次侧绕组内流过的电流 I_2 大小，取决于一次侧电流大小，这是电流互感器与变压器的重要区别。

电流互感器的额定变比 K 是指一、二次额定电流比，还可以近似地表示为互感器一、二次绕组的匝数比，即

$$K=\frac{I_1}{I_2}=\frac{N_2}{N_1} \tag{8-2}$$

由式(8-2)可知，利用匝数比值不同，可将电网上大电流变为小电流 I_1，即 $I_1=KI_2$。

（三）电流互感器的使用注意事项

1. 严禁运行中的电流互感器二次线圈开路。因为，二次线圈开路后二次侧阻抗无限增大，二次电流等于零，二次磁动势等于零，一次电流完全变成了激磁电流，在二次线圈中产生很高的电势，线圈感应出高电压，直接威胁人身和设备安全。如需要检验或拆换电流互感器二次回路中的测量仪表时，应先用铜片将电流互感器二次接线端柱短路。

2. 选择电流互感器的变比要适当，电力设备在额定值运行时，一次侧电流宜在其额定

电流的 2/3 以上。

3. 额定容量要大于二次负载总容量，以确保测量准确度等级。

4. 一次绕组串接于线路中，二次绕组串接在测量回路中，接线时要注意极性正确，尤其是电能表、功率表极性不能接错。

5. 电流互感器二次应有一处可靠接地，以防一次、二次绕组之间绝缘击穿时，危及人身和设备安全。

第四节　变　台

一、变台系统图

（一）电气材料

1. 高压电气设备：单极隔离开关，跌落式熔断器，避雷器，S9-10 kV/0.4 kV、315 kV · A 变压器一台。

2. 低压电气设备：设总开关 250 A 低压断路器一块，信号回路 50 A 低压断路器一块，室内照明 80 A 低压断路器一块，锅炉 100 A 低压断路器一块，备用 50 A 低压断路器一块。

（二）变台系统接线

变台系统接线如图 8-4 所示。

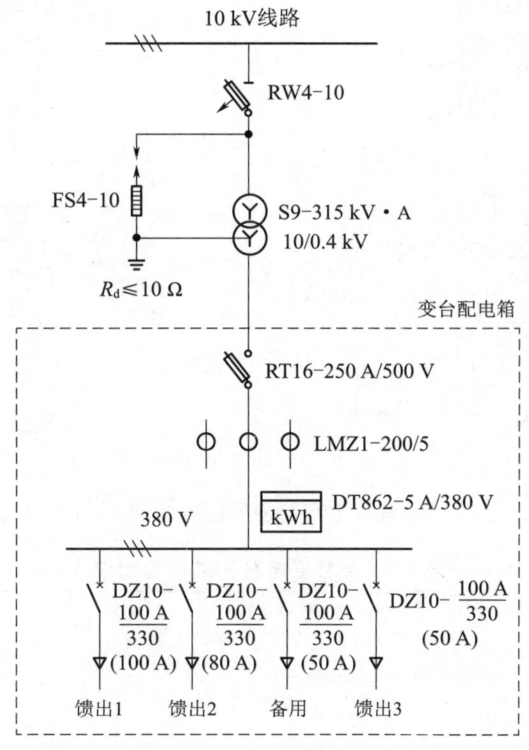

图 8-4　变台系统接线

1. 画图要求：图标准确，数据、回路、名称完备，图纸比例合理、美观。应在每个回路上标明回路名称。

2. 选图例：隔离开关、跌落式熔断器、变压器、阀型避雷器、低压断路器。

二、单杆变电台安装项目

单杆变电台安装项目示意如图 8-5 所示，项目明细见表 8-2。

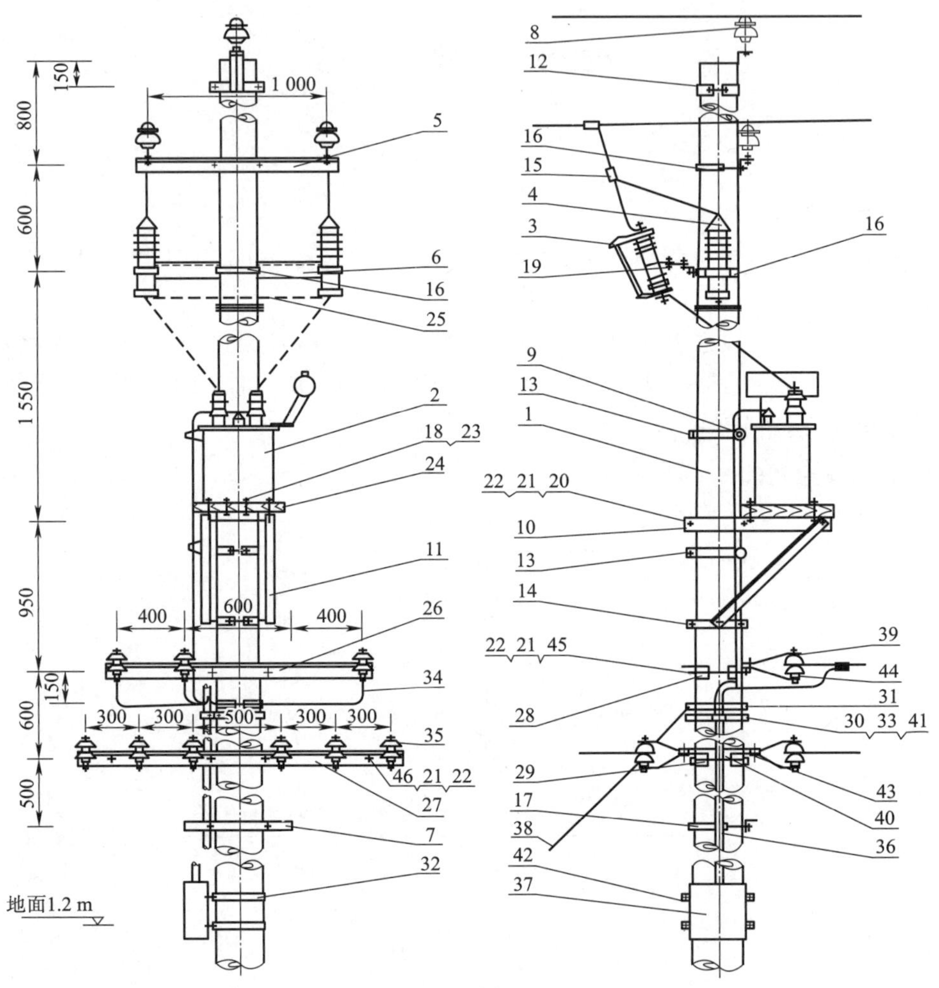

图 8-5　单杆变电台安装项目示意(单位：mm)

表 8-2　单杆变电台安装项目明细

序　号	名　　称	型号及规格	单　　位	数　　量
1	钢筋混凝土电杆	ϕ190	根	1
2	单相油浸变压器	DJ-5/10	台	1
3	跌落式熔断器	RW-10/50	个	2
4	避雷器	FS、YWS	个	2

续上表

序　号	名　　称	型号及规格	单　　位	数　　量
5	高压横担	∠63×6×1100	根	1
6	设备横担	∠63×6×1100	根	1
7	登杆横担	∠50×5×710	根	3
8	针式绝缘子	P-15T	个	3
9	针式绝缘子	T-5T(PD 型)	个	2
10	变压器托架	∠50×5×850	根	2
11	变压器托架撑角	∠50×5×900	根	2
12	杆顶支架抱箍		副	1
13	电线管抱箍	$D=250$	副	2
14	撑角抱箍	$D=240$(双面)	副	1
15	并沟线夹	JB 型	个	4
16	U 形抱箍	$R=90$	副	2
17	U 形抱箍	$R=120\sim130$	副	3
18	方头螺栓带螺母	M10×65	副	8
19	方头螺栓带螺母	M12×40	副	4
20	方头螺栓带螺母	M16×280	副	3
21	方垫圈	扁钢 35×5×3，$\phi18$	个	14
22	弹簧垫圈	16	个	14
23	垫圈	10	个	8
24	木板	520×520×40	块	1
25	接地装置		处	1
26	低压四线横担	∠75×6×1 500	根	2
27	信号六线横担	∠75×8×1 800	根	2
28	M 形抱铁		个	2
29	M 形抱铁		个	2
30	电线管抱箍	$D=290$	个	3
31	拉线抱箍		副	1
32	联络箱抱箍		副	2
33	电线管固定卡箍	扁钢 40×4×145	个	8
34	塑料绝缘线	BVR-1.5 mm^2	m	38
35	蝴蝶形绝缘子	ED-2	个	15
36	镀锌钢管	$\phi50$	m	7
37	低压联络箱	DLX 型	个	1

续上表

序　号	名　　称	型号及规格	单　　位	数　　量
38	拉线	GJ-25	组	1
39	铁拉板	扁钢 40×4，L＝270	个	30
40	三孔连板		个	2
41	方头螺栓带螺母	M12×75	副	6
42	方头螺栓带螺母	M12×100	副	4
43	方头螺栓带螺母	M16×50	副	15
44	方头螺栓带螺母	M16×130	副	15
45	方头螺栓带螺母	M16×320	副	4
46	等长双头螺栓带螺母	M16×360	副	4

（一）开关设备横担安装项目

1. 设备横担安装：1 根横担∠63×6×1 100 mm，U 形抱箍，R＝90，距杆顶 1.4 m。

2. 跌落式熔断器安装：距横担 600 mm，安装在变压器另一侧。

3. 避雷器安装：安装在∠50×5×300 mm 固定支架上。

4. 上引线、接地引下线安装：4 个并沟线夹，上引线 25 mm^2 铝芯绝缘线，下引线 35 mm^2 铝芯绝缘线。

（二）变压器及其托架安装项目

1. 变压器托架：2 根∠50×5×850 mm，距设备横担 1.55 m。

2. 托架支撑：2 根∠50×5×900 mm，双面撑角抱箍 D＝240 mm，距托架 950 mm。

3. 变压器及垫板：变压器安装在托架上，高压接线柱在外侧，外壳接地。

4. 变压器一、二次接线：压接线端子，一次接跌落式熔断器，二次接电缆或绝缘线。

（三）电线管及其抱箍安装项目

1. 电线管抱箍安装：扁钢 40×6 mm，D＝250 mm，2 副，固定变压器二次引线。

2. 电线管固定卡箍安装：扁钢 40×4×145 mm。

3. 镀锌钢管安装：ϕ50×7 m。

（四）低压联络箱及其抱箍安装项目

1. 联络箱抱箍安装：R＝150 mm，2 副扁钢 25×4×410 mm。

2. 低压联络箱安装：DLX 型，距地面 1.2 m。

（五）单杆变台接地装置安装项目

1. 变压器接地线安装：零线与外壳接地连线 25 mm^2 铝线。

2. 接地干线安装：扁钢 25×4 mm 或钢筋 ϕ8。

3. 接地线保护管安装：钢管 ϕ32×2 m。

4. 并沟线夹安装：3 个。

5. 安装保护管抱箍：2 副扁钢 30×3 mm。

6. 安装接地极：∠50×5×2 500 mm。

第五节　投光灯塔(桥)

一、室外照明的要求

1. 照明设备的布置不影响信号瞭望和技术作业。

2. 灯柱、灯塔支柱采用钢筋混凝土电杆时,应符合有关规定。

3. 灯柱、灯塔、灯桥的金属构件均应镀锌或涂油漆防腐。

4. 每套灯具应在相线上设熔断器。

5. 引入灯具的导线,在入口处应做防水弯。

6. 灯塔、灯桥的防雷及接地装置应符合设计要求。

7. 灯具安装高度,设计无规定时离地面一般不低于 3 m,在墙上安装时,不得低于 2.5 m;金属卤化物灯灯具安装高度宜在 5 m 以上。

8. 站场照明灯塔、灯柱、灯桥柱体的外缘距轨道中心不应小于 2.45 m;距有调车作业的牵出线或梯线不小于 3.5 m;位于站场外侧轨道以外时,距轨道中心不小于 3 m。其布置不应影响信号瞭望、技术作业和站场的发展。

二、站场照明设备

站场照明设备的布置不应影响信号瞭望和技术作业,通常采用的照明设备有灯柱、灯塔、灯桥或几种混合方式。

(一)灯柱

1. 灯柱采用混凝土电杆时梢径一般为 150 mm。

2. 站场灯柱外缘距站场边缘的距离不应小于 1.5 m;路灯灯柱外缘距道边不应小于 0.5 m;有侧沟时应在侧沟外 0.5 m; 道口灯柱外缘距铁路中心不应小于 2.45 m, 距道边不应小于 0.5 m;灯柱偏离中心位置不应大于 50 mm。

(二)灯塔

1. 投光灯塔一般布置在股道外侧,当需要在股道中间布置时,灯塔外缘距铁路中心不应小于 3 m。投光灯塔的高度一般采用 13 m、15 m、21 m、28 m、35 m 五种,13 m 和 15 m 投光灯塔塔材用钢筋混凝土电杆,21 m、28 m 和 35 m 投光灯塔塔材为钢结构。

2. 投光灯塔电源引入方式可采用架空或电缆引入,但灯塔不应作为承力杆使用。

灯塔照明配线应采用钢管配线,导线宜采用钢芯绝缘线,配管应横平竖直,并用套卡固定在支架上。

3. 灯具及镇流器的安装应符合下列要求:

(1)灯具及镇流器盒直接固定在工作台的角钢上或花纹细板上。

(2)投光灯底座应安装牢固,按需要的光轴方向将枢轴拧紧固定,俯角符合设计要求。

(3)镇流器一般安装在铁盒内,每盏投光灯应设熔断保护。

4. 投光灯的控制方式一般应分组集中控制,并以自控为宜,自控常采用智控、光控、时控三种方式。三相负荷应尽量平衡,投光灯控制接线可参照设计或厂家提供的有关图纸。

5. 基础施工的一般要求如下：

灯塔基础用150号混凝土浇筑，混凝土基础的施工工艺参照其规范要求，施工后基础允许施工误差应不大于下列规定：

(1)保护层厚度5 mm；

(2)立柱断面尺寸1%；

(3)基础顶面间或主角钢操平印记间的相对高差5 mm；

(4)地脚螺栓中心偏移±5 mm；

(5)地脚螺栓顶端标高+20 mm。

安装铁塔前应将基础周围的回填土分层夯实至地面标高，对石坑及有流沙淤泥的基础坑应按设计规定处理。

6. 铁塔组立时混凝土基础必须符合下列要求：

(1)经中间检查试验合格；

(2)混凝土强度分组组立时达到设计强度的70%；

(3)混凝土强度整体组立时达到设计强度的100%。

7. 投光灯铁塔应符合下列要求：

(1)铁塔各段杆件材质、截面符合设计要求，焊缝符合标准。

(2)钢结构和铁附件，其角钢弯曲不应大于对应长度的2‰，且最大弯曲变形不应大于5 mm。若变形大于上述允许范围而未超过表8-3中的数值，允许采用冷矫正，矫正后不得有裂纹。

表8-3 采用冷矫正法的角钢变形限度

角钢宽度/mm	变形限度/%	角钢宽度/mm	变形限度/%
40	35	70	20
45	31	75	19
50	28	80	17
56	25	90	15
63	22	100	14

注：不等边角钢按窄边计算。

8. 螺栓连接的铁塔组装有困难时，需查明原因，严禁强行组装。少量螺孔位置不对需扩孔时，扩孔部位不应大于3 mm。大于3 mm时，应堵焊后重新打孔，并进行防腐处理。严禁用气割扩孔或烧孔。

铁塔安装结束后对涂层被破坏部分应进行修补，整个铁塔的倾斜度不应大于3‰，对不能达到要求的应进行加垫垫片。

（三）灯桥

站场内投光灯塔在调车场内作照明时，易被停放的车辆挡住光线产生阴影而影响调车作业，而灯桥上的投光灯，因系平行于股道照射，光线均匀不会产生阴影，照度也有所提高，能够满足现场作业的要求，在8股道以上的调车场及到发场被广泛采用，两座灯桥间距一般为400～500 m。

投光灯一般布置在灯桥防护拉杆的立柱上，投光方向在两股道的中间，平行股道向两侧照射，灯桥下面的照明是在横梁上吊装高压水银荧光灯，一般容量为250 W，间距不大于30 m。

1. 灯桥设置、安装应符合下列要求：

(1)设置位置符合设计要求，并应满足铁路建筑限界的规定。桥体各部位均符合设计要求及现行有关技术标准。

(2)基础施工应符合技术指南的有关规定。钢筋混凝土立柱的杯形基础，在拆除内模板后，杯口应拉毛，立柱组立后，立柱与基础间用细石混凝土填实。

(3)灯桥组装结束后全部螺栓应复紧一次，单螺母螺栓施加防松措施。

(4)防雷接地、保护接地应符合有关规定。

(5)灯桥外缘与电力线路、接触网带电部分水平净距应符合有关规定。

(6)灯桥配线方式应采用三相四线制，导线为铜芯绝缘线。沿桥支柱敷设时宜采用钢管配线，沿桁梁敷设时宜采用绝缘子明配线。

(7)灯桥安装时，梁部组成后，按支持点做挠度测验，应大于规定值。桥柱一般采用整体浇制，预埋件应按设计位置固定，基础形式常采用纵形基础，基础要求与灯塔部分相同。

2. 投光灯安装应符合下列规定：

(1)投光灯的俯角应符合设计要求；

(2)投光灯引入线宜用橡皮套电缆直接引入；

(3)投光灯、反射器、玻璃罩等应固定牢固，灯具应接地良好；

(4)灯座板应焊在灯桥的角钢(钢管)扶手拉杆上。

3. 镇流器的安装应符合下列规定：

(1)镇流器引线采用绝缘导线或橡皮电缆；

(2)镇流器和熔断器应设通风良好和拆卸方便的保护罩以便保护。

当光源功率因数较低时，采取低压电容器进行补偿，电容器应装在通风良好的箱内，装设在灯桥配电箱附近。

4. 投光灯的控制方式如下：

投光灯的控制方式有集中自动控制和多回路控制：

(1)自动集中控制通常采用微光、时间和微电脑三种方案，集中控制点一般设在经常有人值班处所，有条件时可将控制线引在配电所控制室内。

(2)多座灯桥时，为减少启动电流，应进行分座启动。同一电源供电的分座启动延时时间不应小于2 min。

第六节　箱变(10/0.4 kV低压变电所)

一、概　　述

箱变的全称是箱式变电站(图8-6)是一种将电力变压器和高、低压配电装置等组合在一个或几个柜体的整体，可以吊装运输的箱式电力设备。由于它结构紧凑、外观整洁、移动安装方便、维护量小等特点，在铁路、工厂、城市的电网建设中被大量采用。

图 8-6 铁路专用小容量箱变

二、箱变的结构

箱变的总体结构主要分为高压开关设备、变压器及低压配电装置三大部分。根据系统需要，高压开关可选用六氟化硫或真空断路器、环网开关、负荷开关加熔断器，还可在高压侧加装计量装置。低压侧一般安装有总开关及分路馈线开关，也有的只安装馈线开关，向低压终端用户直接馈电，还可装设补偿电容器、计量装置等。配电变压器一般选用油浸式或干式变压器。高压开关设备所在的室一般称为高压室，变压器所在的室一般称为变压器室，低压配电装置所在的室称为低压室，这三个室在箱变中有“目”字形布置和“品”字形布置。箱变是由多件单独设备根据用户需要组合，因此有各种形式和功能，根据其结构的不同可分为美式箱变和欧式箱变。我国的箱变一般采用的是欧式箱变。

三、对铁路行车电源箱变的要求

1. 可靠性原则：确保不停电，保证铁路安全运行。
2. 先进性原则：达到国际先进水平，高技术含量。
3. 系统性原则：集高压、低压、监控于一体。
4. 造型美观原则：美化铁路站台、简洁大方。
5. 全程可监控原则：所有开关加装电动操作机构。

四、铁路行车电源箱变供电系统

铁路行车电源箱变一般是两路高压进线(图 8-7)，分别经过各自的变压器变压后，低压出线引入低压屏母线，再经自动空气开关分两路引进车站信号楼的电力电源室，为行车信号设备提供电源。

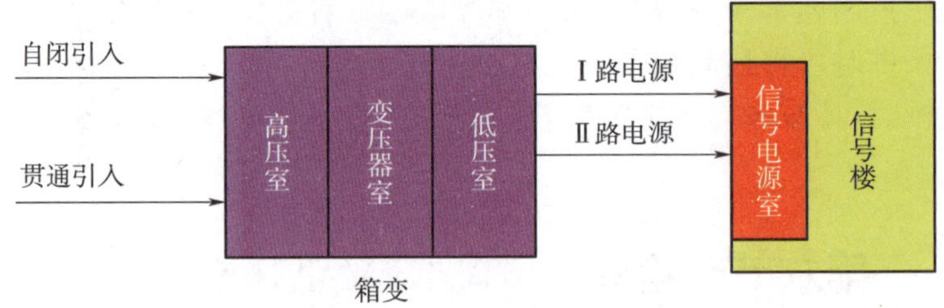

图 8-7 铁路行车电源箱变供电系统

五、箱变的运行与维护

(一)运行的基本要求

1. 箱式设备放置的地方应选择在较高处，不能放在低洼处，以免雨水灌入箱内影响运行。浇筑混凝土平台时要留有空隙，便于电缆进出线的敷设。

2. 箱体与接地网必须有两处可靠的连接，箱变接地和接零可共用一接地网，接地网一般在基础的四角打接地桩，然后连成一体。

3. 箱式设备周围不能违章堆物，确保电气设备的通风及运行巡视需要，箱变以自然风循环冷却为主，变压器室门不应堵塞。

4. 高压配电装置中的环网开关、变压器、避雷器等设备发现缺陷及时整修，定期进行绝缘预防性试验。停送电时要正确解除机械联锁，并使用绝缘棒操作。

（二）巡视维护

箱变应根据巡视维护周期进行定期巡视，检查设备运行情况，必要时进行试验。一般巡视项目如下：

1. 基础是否牢固，孔洞是否封堵，柜体有无潮气；
2. 接地装置是否完备，连接是否良好，接地电阻是否符合要求；
3. 户外环境有无变化，有无影响交通和行人的安全；
4. 检查各路馈线负荷情况，三相负荷是否平衡或过负荷现象，开关分合位置是否正确。

第七节 补偿装置

一、电容器

（一）概述

在供电线路中，为了提高线路的功率因数、降低功率损耗和电能损失及改善电压质量，一般在变配电所内都装设电容器，如图 8-8 所示。

图 8-8 电容器

电容器回路一般装有保护装置和放电装置。低压电容器常用自动空气开关与线路接通和切断。高压电容器用断路器来接通和断开，并且每个电容器都装有熔断器来加以保护。

电容器常采用白炽灯和电压互感器连接成三角形或 V 形进行放电。

（二）电容器的安装

1. 安装前检查

电容器在安装前应进行外观检查。检查油箱有无膨胀和凹陷，瓷瓶有无裂纹或缺口，有无漏油现象，引出线端连接用的垫圈及防松螺帽是否齐全，套管的导油芯棒是否有弯曲现象。

2. 安装

安装电容器应根据每个电容器铭牌的容量按相分组，应尽量调配至三相电容间误差最小，其差值不应超过 5%，然后将电容器放在安装位置上。电容器要放平正，铭牌应面向维护通道的一侧。相邻电容器外壳应符合设计规定，一般不小于电容器厚度的 1/2。电容器底部距地面距离不小于 100 mm。电容器外壳和构架均应有接地螺栓，安装时，要用接地线将其与变电所地网连在一起，接地线截面应按规定选择。高压电容器必须经试验合格后才投入运行。

（三）电容器常见故障及处理

1. 电容器巡视检查的项目：

(1)绝缘子有无闪络放电、裂纹、破损；

(2)外壳有无变形、渗油、漏油；

(3)接地是否良好，放电回路与引线接触是否良好；

(4)安全距离是否合格；

(5)断路器、熔断器(熔丝)是否熔断，电压电流是否正常。

2. 电容器常见故障有以下几种：

(1)电力电容器发生爆炸，有爆炸声音、异味；

(2)接头严重过热或熔化，有异味；

(3)电容器喷油或起火；

(4)外壳鼓肚严重，三相电流不平衡超过 50%；

(5)故障电容器回路电流值较小，端电压较高，引起电容柜故障跳闸。

当运行中的电容器出现上述情况之一时，应立即停止电容器的运行。

二、电 抗 器

（一）概述

电抗器是一个无导磁材料的空心电感线圈(图 8-9)，由导线在同一平面上绕成螺旋线形的饼式线圈叠加在一起构成，其作用是限制短路电流。在发生短路故障时，将短路电流限制在一定的数值范围内，以减轻变、配电设备的负担。

图 8-9　电抗器

（二）电抗器的分类

1. 按结构及冷却介质分为空心式、铁芯式、干式、油浸式等。

2. 按接法分为并联电抗器和串联电抗器。

3. 按功能分为限流和补偿。

4. 按具体用途细分，例如：限流电抗器、滤波电抗器、平波电抗器、功率因数补偿电抗器、串联电抗器、平衡电抗器、接地电抗器、消弧线圈、进线电抗器、出线电抗器、饱和电抗器、自饱和电抗器、可变电抗器(可调电抗器、可控电抗器)、轭流电抗器、串联谐振电抗器、并联谐振电抗器等。

(三)电抗器的作用

电力系统中所采取的电抗器常见的有串联电抗器和并联电抗器。串联电抗器主要用来限制短路电流,也有在滤波器中与电容器串联或并联用来限制电网中的高次谐波。并联电抗器经常用于无功补偿。220 kV、110 kV、35 kV、10 kV 电网中的电抗器是用来吸收电缆线路充电容性无功的。可以通过调整并联电抗器的数量来调整运行电压。超高压并联电抗器有改善电力系统无功功率有关运行状况的多种功能,主要包括:

1. 轻空载或轻负荷线路上的电容效应,以降低工频暂态过电压。
2. 改善长输电线路上的电压分布。
3. 使轻负荷时线路中的无功功率尽可能就地平衡,防止无功功率不合理流动,同时,也减轻了线路上的功率损失。
4. 在大机组与系统并列时,降低高压母线上工频稳态电压,便于发电机同期并列。
5. 防止发电机带长线路可能出现的自励磁谐振现象。
6. 当采用电抗器中性点经小电抗接地装置时,还可用小电抗器补偿线路相间及相地电容,以加速潜供电流自动熄灭,便于采用。

第八节 自动低压开关

一、胶盖瓷底闸刀开关

胶盖瓷底闸刀开关主要适用于额定电压交流 380 V 或直流 440 V、额定电流 60 A 以下的电气装置以及电热、照明等配电设备,供不频繁地手动接通和切断负载电路,并具有短路或过载保护作用。胶盖瓷底闸刀开关分为二级和三级,电流等级分 10 A、15 A、30 A、60 A 四种。三级开关在适当降低容量时,也可作为小容量异步电动机的不频繁直接启动和停止使用。

二、刀 开 关

刀开关大部分都用在成套动力箱和开关柜中,主要适用于额定电压交流 380 V 或直流 440 V、额定电流 1 500 A 以下的工业企业的配电设备中,作为不频繁地手动接通和切断电路或隔离电源之用。装有灭弧室的可以切断负荷电流,其他都只作隔离装置使用。刀开关的结构极为简单,由操作手柄、触刀、静插座和绝缘底板组成。

刀开关的种类很多,按刀的极数分有单极、双极和三极;按刀的转换方向分有单投和双投;按灭弧装置情况分有带灭弧罩和不带灭弧罩(有灭弧罩的刀开关可以切断负载电路,没有灭弧罩的刀开关只可作隔离开关使用);按操作方式分有直接手柄操作式和远距离连杆操作式;按接线方式分有板前接线和板后接线。

刀开关使用时额定电压应等于或大于电路额定电压,其额定电流应等于或大于电路工作电流。若用刀开关来控制小型电动机,则必须考虑电动机的启动电流比较大,应选用额定电流较大的开关，而刀开关的通断能力和其他性能均应符合电器的要求。刀开关断开负载电流不应大于允许断开电流值，一般结构的刀开关通常不允许带负载操作，但装有灭弧室的刀开关，可作不频繁带负载操作。刀开关所在线路的三相短路电流不应超过规定的动、热稳定值。

三、封闭式负荷开关

封闭式负荷开关又称铁壳开关，它的用途与胶盖瓷底闸刀开关相同。封闭式负荷开关主要由闸刀、瓷插式熔断器、灭弧装置、操作机构和钢板（或铸铁）外壳构成。三把闸刀固定在一根绝缘方轴上，受手柄操纵。操作机构装有机械联锁，使盖子打开时手柄不能合闸，或者手柄合闸时盖子不能打开，以保证操作安全。另外，操作机构中装有速断弹簧，使闸刀能快速接通或切断电路，其分合速度与手柄的操作速度无关，有利于迅速切断电弧，减少电弧对闸刀和静插座的烧蚀。

封闭式负荷开关的运行与维护：

1. 开关的金属外壳应可靠接地或接零，防止漏电时发生触电事故。

2. 接线时，应将电源线接在静触座的接线端子上，负荷接在熔断器一端；如果接反了，在维修时有可能不安全。

3. 检查机械联锁是否正常，速断弹簧有无锈蚀、变形现象。

4. 检查压线螺钉紧固后有无松脱现象。

5. 检查外壳是否完好无损，操作的绝缘杆应牢固无损，可动触片固定牢固，接触紧密。

6. 被控制设备应在开关容量之内，所配熔体应满足负荷要求。

四、交流接触器

交流接触器是一种适用于远距离频繁接通和切断大容量（大电流）电路的自动控制电器，其主要控制电动机，也可用于控制其他电动负载。它有三对常开主触头用于接通负荷电源，还有两对常开和两对常闭辅助触头。辅助触头随着主触头的接通和断开而同时闭合或断开，供给控制回路中应用。

接触器的操作线圈有交、直流之分。交流控制的为 50 Hz，36 V、220 V、380 V；直流为 48 V、110 V、220 V。

五、低压断路器

低压断路器旧称低压自动开关或空气开关。它既能带负荷通断电路，又能在短路、过负荷和低电压（或失压）时自动跳闸，其功能与高压断路器类似。

（一）低压断路器的性能

1. 低压断路器具有良好的灭弧性能，以熄灭切断电流时所产生的电弧。它既能在正常情况下切断负载电流，又能在发生短路时自动切断短路电流。

2. 开关中装设的电磁脱扣器，用作短路保护，当短路电流达到近 10 倍额定电流时，电磁脱扣器迅速分断。

3. 一般自动开关还装有复式脱扣，也就是电磁脱扣加上热脱扣。热脱扣依据双金属片受热弯曲的原理，主要保护电器的过载。

（二）低压断路器的工作原理

低压断路器的工作原理如图 8-10 所示。

1. 从图中可见，正常工作时，电磁脱扣器的动作线圈串联在开关回路中。

2. 当负载发生短路等故障，流过开关触头的电流大于整定值时，该线圈中流过的电流产生的磁力克服弹簧的拉力，带动衔铁，顶开开关的操作机构中的钩子，使开关跳闸，起到熔断器的短路保护作用。

3. 失压脱扣器工作原理与电磁脱扣器相反。当开关的电源电压降低到一定值，失压脱扣器线圈产生的电磁力小于弹簧的作用力，衔铁被释放，顶开操作机构中的钩子开关跳闸，起到失压保护作用。

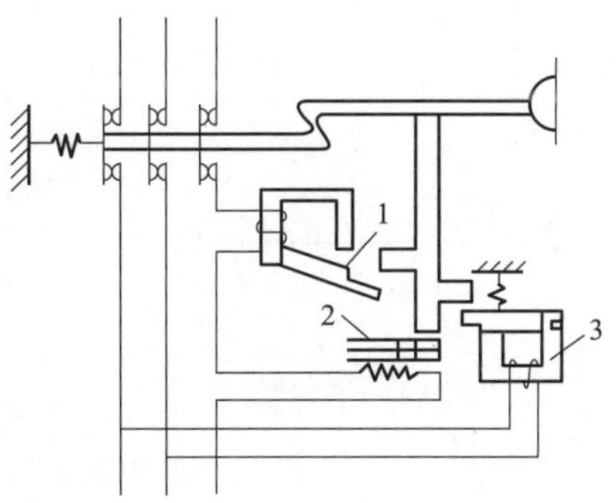

1—电磁脱扣器；2—热继电器；3—失压脱扣器。

图 8-10 低压断路器的工作原理

4. 热脱扣器实际上是一个双金属片的热继电器，其发热元件串联在开关触头的主回路中，当电路过载时，双金属片受热弯曲，顶开开关的操作机构中的钩子，使开关跳闸，起到了过载保护作用。

（三）低压断路器的构造

低压断路器由以下几部分组成：

1. 触头系统：包括主触头、弧触头、副触头、辅助触头等。

2. 电磁系统：包括电磁脱扣器、失压脱扣器、分励脱扣器等。

3. 灭弧系统：包括灭弧罩、灭弧室、弧触头等。

4. 操动系统：包括手动和电动操作两种，电动操作机构容量在 600 A 及以下有电磁铁合闸操作机构，1 000 A 及以上有电动机合闸操动机构。

5. 绝缘底座：按结构形式可分为框架式结构（Dw 型）和装置式结构（Dz 型）两种。

（四）低压断路器的分类

1. 低压断路器按灭弧介质分类，有空气断路器和真空断路器等；按用途分类，有配电用断路器、电动机保护用断路器、照明用断路器和漏电保护断路器等。

2. 配电用低压断路器按保护性能分类，有非选择型和选择型两类。

(1)非选择型断路器，一般为瞬时动作，只作短路保护用；也有的为长延时动作，只作过负荷保护用。

(2)选择型断路器，有两段保护、三段保护和智能化保护。低压断路器的三种保护特性曲线如图 8-11 所示。

①两段保护为瞬时或短延时与长延时两段。

②三段保护为瞬时、短延时与长延时特性三段，其中瞬时和短延时特性适于短路保护，而长延时特性适于过负荷保护。

③智能化保护，其脱扣器由微机控制，保护功能更多，选择性更好，这种断路器称为智能型断路器。

近几年来，各种新型号的断路器已大量生产，有的是国内有关单位新开发研制的，有的是引进国外先进技术生产的。新产品的各项性能指标优于老产品，将逐步替代老产品。

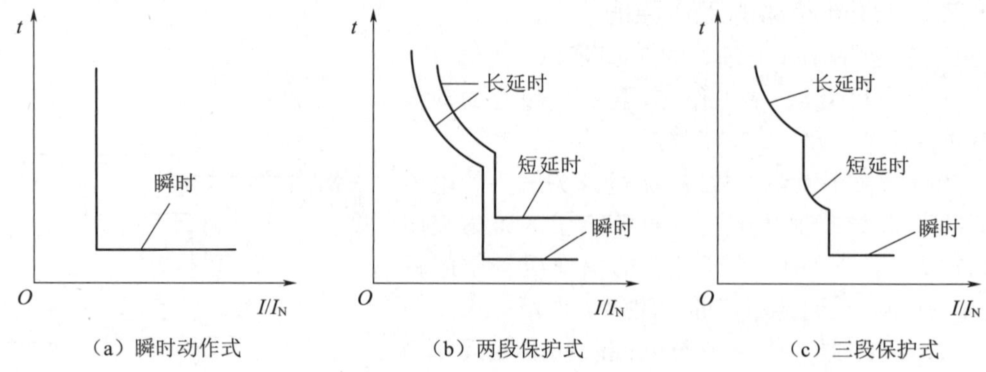

图 8-11　低压断路器的保护特性曲线

复习思考题

1. 简述发电机的结构及工作原理。
2. 电力变压器的构造由哪几部分组成？
3. 简述电力变压器的工作原理。
4. 高压断路器的主要功能是什么？
5. 电压互感器使用时的注意事项有哪些？
6. 电流互感器使用时的注意事项有哪些？
7. 室外照明应符合哪些要求？
8. 投光灯安装应符合哪些规定？
9. 电容器巡视检查项目有哪些？
10. 简述电抗器的作用。
11. 低压断路器由哪几部分组成？
12. 高压断路器由哪几部分组成？
13. 高压隔离开关的用途有哪些？
14. 电容器常见故障有哪些？

第九章　电力设备运行与维护

第一节　供电与用电管理

一、供电用户

铁路供电主要为铁路运输生产服务。原则上不供给路外用户，当附近无其他部门电源，确需铁路供电网络供电时，应履行相关报批手续，经铁路局集团公司供电部批准同意后方可供电。

双线铁路自动闭塞区段应设置双回电力贯通线路。其中一级负荷电力贯通线路主要应作为通信、信号等重要一级负荷设备的主供电源及沿线其他一、二级用电负荷的备用电源，综合负荷电力贯通线路主要为沿线其他无线列调、红外线轴温探测设备、车号识别系统、车站电台、道口报警设备、车辆 5T 设备、微机售票设备等中小负荷供电，并兼作重要一级负荷的备用电源。

电力贯通线路原则上不准供给其他负荷用电，若接其他负荷，需经铁路局集团公司供电部批准。

两路电源的用户，严禁两路电源并列运行。电源互投转换装置由用户自行负责运行维护，除信号、通信、防灾、信息等对转换时间有要求的部门可装设自动转换装置外，其他用户只允许装设手动转换装置。特殊要求需经铁路局集团公司供电部批准。

二、用电增容

用电单位在铁路供电系统新装用电或增加用电容量时，应向供电单位办理用电申请手续，供电单位按照审批权限逐级申报，批准后方可实施。如因申请用电地区供电能力不足或政府规定限制的用电项目，供电单位有权停止或暂缓办理。用电单位不得擅自转供电力。

铁路新建工程增加用电设备，引起新建需由供电单位接管的电力设备，或者引起既有电力设施改造和增容时，建设单位应委托符合资质的设计单位进行设计，并组织设计单位和供电单位共同商定方案，向供电单位或地方供电部门办理有关手续方可实施，未经同意，任何单位和个人不得擅自改动电力供电设备。凡变配电设备改造、增容等建设工程涉及地方供电部门的，建设单位会同设计单位与地方供电部门办理有关手续，在办理设备移交手续前，应向供电单位提供与地方供电部门签订的供用电合同等相关资料。

为确保供电系统的安全，用户总开关的保护定值或熔丝的容量必须由供电单位确定，不得随意变更。供电与用电设备上下级之间的保护定值或熔丝的容量应呈阶梯设置，并保证其动作的选择性、灵敏性和可靠性，运行中不得随意变更。

三、电压等级和质量

1. 供电的额定电压：低压供电单相 220 V；三相 380 V。

2. 受电电压根据用电容量、可靠性和输电距离，可采用 110 kV、35(63)kV、10 kV 或 380/220 V。

3. 用户受电端电压波动幅度应不超过额定电压的情况有以下几种：

(1)35 kV 及其以上高压供电的，电压正、负偏差的绝对值之和不超过额定值的 10%；

(2)10 kV 及以下三相供电的，为额定值的±7%；

(3)220 V 单相供电的，为额定值的−10%～+7%；

(4)自动闭塞信号变压器二次端子，为额定值的±10%；

(5)在电力系统非正常情况下，用户受电端的电压最大允许偏差不应超过额定值的±10%。

供电单位应经常对用户受电电压进行测定和调查。当供电电压达不到上述要求，且对运输生产有影响时，应采取改善措施。

四、运行指标

1. 供电能力：指的是供电能力之和，单位为 kV·A。变电所按主变容量计算；配电所按进线电流互感器计算，$S=\sqrt{3}UI$；地方 T 接高压按变压器容量计算；地方 T 接低压按与供电公司签订的协议容量计算；两路电源分段运行的变配电所按两路电源容量之和计算；三路电源分段运行的变配电所按三路电源容量之和计算，三路电源有一路作备用的，按运行的两路电源容量之和计算。

2. 用电设备容量：指的是用电设备的容量，单位为 kW。

3. 发受电量：发电量和受电量之和，单位为 kW·h。

4. 供电量：包括运输生产、路内其他和路外单位的实际用电量(不含自用供电量)，单位为 kW·h。

5. 自损率：自用及损失与实际电量之比。

6. 功率因数：有功功率与视在功率之比。

7. 负荷率：平均负荷与最大负荷之比。

8. 利用率：变压器平均利用容量与额定容量之比。

五、电气节能

铁路供配电系统的节电量由功率因数节电、负荷率节电、利用率节电、损失率节电组成，单位为 kW·h。功率因数节电是每提高 1%，按实际供电量的 0.1%折算节电量；负荷率节电是每提高 1%，按实际供电量的 0.05%折算节电量；利用率节电是每提高 1%，按实际供电量的 0.1%折算节电量；损失率节电是每提高 1%，按实际供电量的 1%折算节电量。

供电单位要根据用电负荷特征，合理设置调整高压无功补偿和低压无功补偿装置的自动、手动补偿方式，尽可能地满足铁路供配电系统与公网接口处的功率因数不低于 0.9、低压配电系统的功率因数不低于 0.9 等要求。

供电单位应加强对轻载、空载运行的电力变压器的管理，根据负荷性质优化供电方式，合理分配负荷，提高变压器的利用率。

根据不同的用电情况，合理分配和平衡用电负荷，合理调整线路布局，控制总线损率及受电端电压在允许电压的偏差范围内。

选用节能型的变压器、空调、照明灯具、信号显示、继电器、仪表等电气设备和元器件，日常加强温控装置、防凝露装置等设备的管理，根据运行环境及季节等特征，及时调整设置，降低自用电量。

第二节　电力设备运行相关标准

电力设备的运行管理贯彻岗位责任制、交接班制、分工负责制和设备保养制度。供电单位应加强对运行中的供电设备的监视、检查和养护工作，提高供电质量，保证安全、经济、可靠供电。

电力设备运行工作主要是对带电设备进行巡视检查、非停电检测，通过眼观、耳听、鼻嗅、测量等手段判断设备运行状态是否正常，及时发现设备缺陷和危及设备安全的隐患，为设备检修提供合理、准确、可靠的依据。巡视检查中还可对不影响人身和设备安全的设备缺陷进行处理，有利于及时消除缺陷，预防事故发生，缩小故障范围。

电力设备运行管理工作还包括规定变配电所、电力贯通线路、信号电源等电力设备的正常运行方式，故障情况下的非正常运行方式及抢修预案，具体规定及要求由各铁路局集团公司根据实际情况确定。供电单位应具备必要的、与运行设备相符合的技术图纸及有关资料，以便系统地、历史地掌握设备状态。

1. 电力作业人员应做好下列工作：

(1)熟悉并掌握供电设备、运行方式，正确监视设备运行，及时处理故障；

(2)定期巡视和做好日常维护工作；

(3)经调度许可，正确操作非远动控制的高、低压开关(包含熔断器)；

(4)在远动设备故障、通信中断或其他原因导致无法实现远方操作时，根据调度命令正确操作高、低压开关并及时汇报；

(5)当发现设备异常时，应迅速向调度汇报；

(6)调度询问有关设备情况时，应准确答复；

(7)及时、正确地填写各种记录和报表，妥善保管图纸、资料，管理好工具、备品。

2. 电力运行人员交接班时应进行下列工作：

(1)交班人员应向接班人员介绍设备运行情况，接班人员阅读运行日志及有关记录，熟悉上一班情况。

(2)交接班人员共同巡视设备，检查信号装置和安全设施是否良好完备。

(3)检查工具、仪表、安全用具、备品等是否完备。

(4)交接班完毕，由交接班人员在交接记录上签字。

(5)正在处理事故或倒闸作业，不得进行交接班。未办完交接班手续，交班人员不得离开岗位。

3. 电力调度应做好下列工作：

(1)掌握设备分布、运行方式及状态；

(2)正确及时发布调度命令；

(3)掌握管内设备作业情况，掌握停、送电和倒闸作业；

(4)正确操作远动装置；

(5)指挥事故处理，掌握安全情况，提出预防事故措施；

(6)掌握系统负荷、供电质量，分析运行中的问题，提出改进意见；

(7)及时传达上级命令和有关指示，及时向上级汇报情况；

(8)运用计算机进行调度管理工作。

4. 发、变、配电所运行值班人员应做好下列工作：

(1)熟悉供电系统和用户用电设备使用情况，监视设备的运行和仪表指示；

(2)熟悉供电设备性能和系统的一、二次接线，能迅速处理故障；

(3)按调度命令或工作票填写倒闸作业票，并正确地进行倒闸作业；

(4)正确会签工作票和做好停电作业的安全许可和规定的监护工作；

(5)定期巡回检查和做好日常养护工作，定期对供电系统进行安全分析，制定预防事故措施；

(6)及时、正确地填写各种记录和报表，妥善保管图纸、资料、工具、备品。

第三节　电力线路的巡视和保养

一、巡视时间

高速铁路配电所、贯通线路、箱式变电站、车站 10/0.4 kV 综合变电所、车站 10/0.4 kV 信号变电所等巡视工作分为白天(列车开行时间内)、夜间(天窗时间内)、特殊巡视。

1. 白天巡视：

(1)列车开行时间内的设备巡视属于带电巡视，只允许目视观测，不允许任何作业；

(2)铁路安全防护栏内的设备巡视可通过添乘列车进行；

(3)铁路安全防护栏外的设备巡视可进入房间，打开门锁，读取仪表数据、非接触式检测等，但不允许任何作业。

2. 夜间巡视：

天窗时间内巡视应为停电巡视，可与接触式检测、日常保养等同时进行。

3. 特殊巡视：

遇有各种自然灾害或电力设备发生故障时安排的巡视。

高速铁路电力设备巡视时，如需开启具有远动上传信号的设备房屋、变压器室、箱变、电抗器等门锁，需向集团公司供电调度口头申请，同意后方可开启门锁。

二、设备巡视项目和内容要求

(一)白天(列车开行时间内)巡视内容

1. 添乘巡视:

重点检查外部环境影响,电缆径路、设备周围等处所是否有新的建筑或市政施工影响电力设备安全运行的情况。

2. 步行巡视:

(1)巡视检查电缆径路上是否有开挖、取土、堆土情况;电缆进、出口封堵措施是否完好;电缆径路、设备周围等处所是否有新的建筑或市政施工等影响电力设备安全运行的情况。

(2)巡视检查电缆桥架、槽道、电缆沟(井)是否完整,有无破损;巡视检查电缆标桩是否齐全、电缆标识是否清晰。

(3)检查箱变、电抗器附近有无施工,箱体是否倾斜;箱变、电抗器附近是否堆积异物,标识是否完好;基础通风口防护网有无破损;基础井内有无积水;箱变围墙、大门、箱变外壳有无损坏、锈蚀。清理箱变基础周边的杂草、杂物,做到场地清洁无垃圾。

(4)静听运行中的设备有无不规则的异常声音。

(5)检查变配电所、箱变测量仪表、指示灯显示是否正常;检查开关位置是否与运行状态一致;检查 SF_6 气体压力表指示是否正常;在变压器、电抗器隔离栅栏外观察有无放电闪络现象;观察低压馈出电缆接线端子有无发热烧损痕迹;检查确认高压柜上“有电指示器”显示是否正常;检查电缆沟、槽、井内有无积水。

(6)观察综合自动化装置、RTU、UPS等工作状态、灯光显示是否正常。

(7)抽取、排除各种沟、槽、井内积水。

(二)夜间(天窗时间内)巡视内容

1. 白天巡视的所有内容。
2. 检查电气设备接续部分是否连接良好。
3. 二次设备接线有无松动。
4. 对运行设备清洁、清扫。

(三)特殊巡视内容

遇有各种自然灾害或电力设备发生故障,重点检查自然灾害发生区段或设备故障区段是否有设备损坏、着火、冒烟等现象。如存在上述现象应及时处理、隔离并退出运行,防止事故扩大、蔓延。

三、巡视的项目

(一)灯塔、灯桥

1. 检查灯塔、灯桥地脚螺栓是否松动、断裂、缺失、锈蚀。
2. 检查灯塔、灯桥塔体是否锈蚀、倾斜,影响行车。
3. 检查灯塔、灯桥主体部件是否松动、零部件是否掉落。
4. 检查灯塔、灯桥低压配电箱箱体、箱门是否牢固可靠。

5. 检查低压配电箱内电气设备是否运行良好，配线有无老化破损，感温片是否发热变色。

6. 检查灯塔、灯桥上方是否有异物、鸟巢，检查接地是否良好。

7. 检查升降机构是否灵活、可靠。

8. 检查构架、攀爬支架是否完好，有无锈蚀情况。

9. 检查灯塔、灯桥照明灯具是否正常照明。

10. 检查灯具照明控制装置控制功能是否良好，配管、配线是否良好。

（二）高压开关柜

1. 望：仪表数据显示是否正常；保护装置等有无异常；电气指示灯（分合闸指示灯、储能装置指示灯）是否正常；SF_6 开关气压指示装置是否完好，气压是否在合格区域（绿色区域）内；开关位置（工作/试验、远方/就地）是否对位；负荷开关、接地开关机械位置图是否正确，设备正常运行时，负荷开关在合位，接地开关在分位；带电显示器是否正常；柜内是否有小动物、杂物。

2. 闻：高压柜内是否有放电造成的异味。

3. 测：各部接点温度测试或通过观察感温片有无异常，主回路上各部接头端子感温片有无发热变色。

4. 记：按规程及时做好巡视记录。

5. 远动装置巡视内容执行“电力远动设备巡视记录表”。

（三）低压开关柜

1. 望：仪表指示是否正常；柜内母线、二次接线是否紧固，有无松动、发热、感温片变色；各个开关、互感器、接触器、浪涌保护器是否良好，开关位置是否正确；保护装置工作是否正常；接地线是否接触良好；柜体、柜内是否整洁，指示灯显示是否正确。

2. 闻：柜内是否有放电造成的异味。

3. 测：测试各回路电流、电压与盘柜仪表指示是否一致正常。

4. 记：按规程及时做好巡视记录。

5. 远动装置巡视内容执行“电力远动设备巡视记录表”。

（四）变压器、变压器台

1. 变压器

（1）油浸式变压器：检查一、二次电气连接点有无腐蚀、过热和烧损痕迹，感温片有无过热变色；一、二次套管是否清洁，有无裂纹、损伤、放电痕迹；油温、油色、油面是否正常，有无异味；呼吸器是否正常，有无堵塞；外壳有无脱漆锈蚀；焊口有无裂纹渗油；接地是否良好；各部密封垫有无老化；各部螺栓是否完整有无松动；铭牌及其他标识是否完好。

（2）干式变压器：检查连接母线一、二次引线接头有无变形；一、二次绝缘子有无裂纹、破损、放电痕迹；有无异常声响、异味（绝缘焦化的异味）；各紧固件、连接件是否松动，导电零件有无生锈、腐蚀的痕迹，绝缘表面有无爬电痕迹和炭化现象；变压器环氧树脂层是否有龟裂、破损，表面是否有积污；接地是否良好。

2. 变压器台

变压器台架高度是否符合规定，有无锈蚀、倾斜、下沉；落地变压器台有无裂缝和倒塌危险；变压器安装是否牢固；变压器台上的其他设备（如表箱开关等）是否完好；台架周围有无树木及接近带电体的堆积物;有无危及安全的施工作业。

3. 按规定测量电流、电压。

4. 检查一、二次熔断器是否齐备,瓷绝缘是否完整,熔丝是否松动。

(五)箱式变电站

1. 高压室巡视内容执行高压开关柜巡视标准。

2. 低压室巡视内容执行低压开关柜巡视标准。

3. 变压器室门、窗、护栏设施是否完好;变压器室烟感、通风、照明、温控设施是否正常;其他巡视内容执行变压器(变压器台)、电抗器巡视标准。

4. 检查变压器温度控制器是否运行正常。

5. 检查无功补偿装置是否运行正常;检查各部位接点、各接线端子有无过热,感温片有无过热变色;检查接触器、互感器是否正常。

6. 检查低压室内 UPS 或 EPS 是否运行正常。

7. 检查箱变基础是否坍塌、倾斜,通风口是否通畅。

8. 检查箱变基础内电缆是否发热,是否有积水。

9. 远动装置巡视内容执行"电力远动设备巡视记录表"。

(六)导线、电杆、金具、绝缘子、拉线、接地装置

1. 导线

(1)钢芯无断股,铝绞线允许断股数不超标(7 股断 1 股;19 股断 2 股;37 股断 4 股)。

(2)交叉跨越无断股,无接头,一个档距内每根导线接头不超过两个,接续良好。

(3)过引线、引下线、接户线等各处电气连接点接触良好可靠,无过热烧损,运行温度不超过环境温度 5 ℃。

(4)导线对树木、建筑物,对地及其他线路的距离符合要求,交叉跨越的各项距离及角度符合规定要求;导线上不能挂有异物,防振锤完好,安装距离符合规定。

(5)弛度在规定值的$-5\%\sim+10\%$以内,各相一致,导线排列符合规定。

2. 电杆

(1)检查杆身是否倾斜,埋设位置是否偏离中心线,电杆是否上拔。

(2)检查水泥电杆是否有裂纹。

(3)检查电杆是否位于路面、水沟、河槽内,是否需要防护或加固。

(4)位于路边易被碰撞电杆是否粘贴防撞警示贴。

3. 金具

(1)检查横担、杆顶帽是否锈蚀,是否歪斜,螺栓是否松动、脱落。

(2)检查横担、金具上是否有异物、鸟巢等。

4. 绝缘子

(1)检查绝缘子(针式/悬式绝缘子)是否掉瓷,是否有放电、闪络痕迹。

(2)检查绝缘子(针式/悬式绝缘子)是否歪斜,螺栓是否松动、脱落。

(3)检查绑线或预绞丝是否松动、松脱。

5. 拉线

(1)检查拉线各部分连接件是否健全,是否松动、锈蚀。

(2)检查拉线是否容易被撞挂,是否需要加装拉线护套,是否需要硬隔离防护。

6. 接地装置

(1)检查接地引线各固定点连接是否紧固。

(2)检查接地线与接地极(体)连接处是否锈蚀。

(七)隔离开关(单极开关)、跌落开关、避雷器

1. 隔离开关

(1)检查绝缘支柱是否整洁无裂纹、无破损,无放电痕迹。

(2)检查隔离开关触头是否无损伤,接触紧密。

(3)检查操作机构和联锁装置是否可靠,动作灵活。

(4)检查金属部件是否锈蚀,检查各连接部分的螺栓、垫圈、销子是否齐全。

2. 跌落开关

(1)检查跌落开关上的金属部件是否锈蚀,开关是否歪斜,螺栓是否松动、脱落。

(2)检查高压熔丝是否熔断,各部件完整无损伤。

3. 避雷器

(1)检查避雷器脱落器是否脱落。

(2)检查避雷器是否炸裂,固定螺栓是否齐全。

(3)检查避雷器更换记录,确保避雷器运行年限不超 5 年(包括箱变和接头箱)。

(八)高压电缆分接箱、高压环网柜

1. 高压电缆分接箱

(1)检查电缆分接箱及分接箱基础是否完整,查看通气孔是否畅通,检查基础内是否积水,遮水板是否完整。

(2)检查油漆铁件、门锁是否锈蚀、完整。

(3)检查 SF_6 开关气压指示装置是否完好,气压是否在合格区域(绿色区域)内。

(4)检查带电显示器是否正常,检查开关与地刀操作闭锁装置是否完好、可靠。

(5)检查电缆及电缆头是否完好。

(6)检查分接箱内终端头有无放电、过热现象,感温片有无变色。

(7)检查电缆故障指示器状态是否正常。

2. 高压环网柜

(1)检查箱体是否漏雨、锈蚀,门锁是否完整。

(2)检查箱内各部接点及接触部分感温片有无变色及放电烧损现象。

(3)检查各块仪表数据显示是否正常,各馈出回路标识是否完好,零线接地是否可靠,箱内是否堆积杂物。

(九)高压电缆、低压电缆

1. 检查电缆埋设通道上有无建房、挖土、打井、烧荒等危及电缆安全的作业。

2. 检查电缆通道埋设标桩是否齐全,有无被移动、被盗、字迹不清、标记丢失等现象;电缆通道上有无洪水冲刷、沉陷塌方、乱堆放重物现象;电缆通道安全距离内有无危及安全的物品及易燃、易爆物。

3. 地埋电缆有无露出地面,埋深不足现象;检查隧道和沟道电缆地面、墙壁和盖板有无

下沉、漏水，排水和通风是否良好。

4. 检查电缆保护管有无锈蚀，保护管是否齐备；电缆穿越铁路、公路保护管应齐全、无损坏、埋深达标。

5. 悬挂电缆对地安全距离符合标准，无车挂伤痕迹，配件齐全；悬挂电缆挂环距离合理，均匀悬挂，无脱落，悬挂钢索无严重锈蚀，固定牢靠；固定钢索装置牢固，承重电杆无倾斜、无裂纹，配件无丢失、松动。

6. 电缆本体无损伤，钢带无严重锈蚀。

7. 电缆头无龟裂、老化、放电痕迹。

8. 检查电缆外绝缘无变形、破损或无放电烧蚀现象。

（十）巡视各类电气安全距离符合规定

1. 导线对地最小距离（表 9-1）

表 9-1　导线对地最小距离（单位：m）

经过地区	电力线路/kV			自闭架空线路/kV
	0.38	10(6)	35	10(6)
居民区	6.0	6.5	7.0	6.0
非居民区	5.0	5.5	6.0	5.0
交通困难地区（车辆、农业机械不能到达地方）	4.0	4.5	5.0	4.0

2. 架空线路与弱电线路的垂直距离（表 9-2）

表 9-2　架空线路与弱电线路的垂直距离（单位：m）

名　称		垂直距离
信号线		0.6
导线电压/kV	0.38(0.22)	1
	10(6)	2
	35	3

3. 架空线路与铁路、公路、电车道交叉时的最小垂直距离（表 9-3）

表 9-3　架空线路与铁路、公路、电车道交叉时的最小垂直距离（单位：m）

电压/kV	铁路（至轨面）		至电气化铁路承力索或接触线	公　路		电车道	
	标准轨	窄　轨		一、二公路	三、四公路	至路面	至承力索或接触线
35	7.5	7.5	3.0	7.0	7.0	10.0	3.0
10(6)	7.5	6.0	不允许	7.0	7.0	9.0	3.0
0.38	7.5	6.0	不允许	6.0	6.0	9.0	3.0
信号线	不允许	6.0	不允许	5.5	4.5	不允许	不允许

4. 架空线路与电气化铁路的最小水平距离(表 9-4)

表 9-4　架空线路与电气化铁路的最小水平距离(单位:m)

<table>
<tr><td rowspan="3">电压/kV</td><td colspan="3">铁　路</td></tr>
<tr><td>标准轨</td><td>窄　轨</td><td>电气化</td></tr>
<tr><td colspan="3">电杆外沿至轨道中心</td></tr>
<tr><td>35</td><td>7.5</td><td>7.5</td><td rowspan="3">路内:10.0
路外:杆高加 3.0 且不小于 10.0</td></tr>
<tr><td>10(6)</td><td colspan="2" rowspan="2">路内:3.0
路外:杆高加 3.0</td></tr>
<tr><td>0.38</td></tr>
</table>

5. 各种电力线路交叉跨越时的最小垂直距离(表 9-5)

表 9-5　各种电力线路交叉跨越时的最小垂直距离(单位:m)

<table>
<tr><td rowspan="2">电压/kV</td><td colspan="5">电力线路</td></tr>
<tr><td>0.38</td><td>10(6)</td><td>35～110</td><td>220</td><td>330</td></tr>
<tr><td>35</td><td>3.0</td><td>3.0</td><td>3.0</td><td>4.0</td><td>5.0</td></tr>
<tr><td>10(6)</td><td>2.0</td><td>2.0</td><td>3.0</td><td>4.0</td><td>5.0</td></tr>
<tr><td>0.38</td><td>1.0</td><td>2.0</td><td>3.0</td><td>1.0</td><td>5.0</td></tr>
<tr><td>信号线</td><td>1.0</td><td>2.0</td><td>3.0</td><td>—</td><td>—</td></tr>
</table>

6. 架空线路与河流、管道、索道交叉跨越时的最小垂直距离(表 9-6)

表 9-6　架空线路与河流、管道、索道交叉跨越时的最小垂直距离(单位:m)

<table>
<tr><td rowspan="3">电压/kV</td><td colspan="4">河　流</td><td>易燃易爆管道</td><td>一般管、索道</td></tr>
<tr><td colspan="2">通航河流</td><td colspan="2">不通航河流</td><td colspan="2" rowspan="2">导线在上面至管道任何部分
导线在上面至管、索道任何部分</td></tr>
<tr><td>至常年最高洪水位</td><td>至常年最高洪水位的船桅杆</td><td>至水面</td><td>至冰面</td></tr>
<tr><td>35</td><td>6.0</td><td>2.0</td><td>3.0</td><td>6.0</td><td>4.0</td><td>3.0</td></tr>
<tr><td>10(6)</td><td>6.0</td><td>1.5</td><td>3.0</td><td>5.0</td><td>3.0</td><td>2.0</td></tr>
<tr><td>0.4</td><td>6.0</td><td>1.0</td><td>3.0</td><td>5.0</td><td>1.5</td><td>1.5</td></tr>
<tr><td>信号线</td><td>6.0</td><td>1.0</td><td>2.0</td><td>3.0</td><td>—</td><td>—</td></tr>
</table>

7. 导线与边坡、峭壁、岩石之间的最小距离(表 9-7)

表 9-7　导线与边坡、峭壁、岩石之间的最小距离(单位:m)

<table>
<tr><td rowspan="2">经过地区</td><td rowspan="2">信号线</td><td colspan="3">导线电压/kV</td></tr>
<tr><td>0.38</td><td>10(6)</td><td>35</td></tr>
<tr><td>步行可到达的山坡</td><td>2.5</td><td>3.0</td><td>4.5</td><td>5.0</td></tr>
<tr><td>步行不能到达的山坡、峭壁和岩石</td><td>1.0</td><td>1.0</td><td>1.0</td><td>3.0</td></tr>
</table>

8. 导线与建筑物的距离(表 9-8)

表 9-8 导线与建筑物的距离(单位:m)

项 目	信号线	导线电压/kV		
		0.38(0.22)	10(6)	35
垂直距离	2.0	2.5	3.0	4.0
水平距离(边导线)	1.0	1.0	1.0	3.0

9. 导线与树木间的最小距离(表 9-9)

表 9-9 导线与树木间的最小距离(单位:m)

名 称	信号线	导线电压/kV		
		0.38(0.22)	10(6)	35
垂直距离	1.0	1.0	1.5	3.5
水平距离(边导线)	1.0	1.0	2.0	3.0

10. 架空电力线路与弱电线路的交叉角(表 9-10)

表 9-10 架空电力线路与弱电线路的交叉角

弱电线路等级	一级	二级	三级
交叉角	≥45°	≥30°	不限制

四、检修与保养

(一)普速铁路电力设备检修原则

电力设备检修,应贯彻“预防为主、保养与维修、一般修与重点修、状态检测与计划检修相结合”的原则,按标准精检细修,不断提高检修质量。

(二)普速铁路电力设备检修的三个等级

1. 大修

彻底整修设备,对设备进行全部解体,更换全部不合标准零部件及附属装置,通过大修提高设备的性能与效率,保证质量良好地使用。电力设备使用寿命年限如下:

(1)架空线路:15 年。

(2)电缆线路:15 年。

(3)变压器(调压器):15 年。

(4)高、低压配电装置:15 年。

(5)变压器台:15 年。

(6)投光灯塔(桥):15 年。

(7)内燃机:8 000 h。

(8)发电机:6 年。

(9)消谐线圈:15 年。

(10)箱变:30 年。

(11)综合自动化(RTU、FTU、STU):8～10 年。

(12)交直流屏:8～10 年。

(13)低压柜:西门子(8PT)、施耐德(Okken、BlokSeT)、ABB(MNS2.0/3.0)30 年,其他品牌 15 年。

(14)高、低压柜内元器件:参考高、低压柜使用年限。

(15)电抗器:参考变压器使用年限。

(16)其他设备:如无特殊规定按使用说明书执行。

2. 维修

对设备局部解体,着重恢复设备的电气性能、机械强度和精度,更换主要不合标准零、配件及附属装置,使设备质量达到合格以上要求。维修分为对行车设备或危及供电安全的设备的关键部位重点修和对一般设备的一般修。

3. 保养

对电力设备进行检查、测试、清扫、调整及补油,达到及时发现设备隐患,改善设备工作状态的目的。

(三) 基本要求

设备检修的基本要求如下:

1. 检修后的设备应符合质量标准要求,在正常情况下,保证质量良好地使用到下一个检修期。

2. 设备运行虽已达到大修年限,但经试验鉴定确认质量良好时,经总工程师批准,并报局集团公司备案,可适当延长大修周期;设备虽未达到大修年限,但经试验鉴定已不能保证安全运行时,经局集团公司批准可提前进行大修。

3. 在电力设备上作业,必须执行保证安全的组织措施和技术措施,在电气化区段作业还应采取防感应电措施。作业前应遵循以下规定:

(1)检修前一天签发停电作业工作票,由车间、技术科、调度科分别审核批准,审核通过后召开预想会。

(2)停电检修当日按调度命令执行。

(3)作业前由执行人向工作组员宣读工作票,再次强调工作任务和注意事项。

(4)按停电作业工作票办理停电,由工作领导人与值班调度核对停电计划,向值班调度要令,值班调度下达停电命令后,工作领导人通知工作执行人,由工作执行人与工作许可人按工作票办理停电手续,工作许可人(配合许可人)完成有关的安全措施后向执行人汇报,执行人宣布开工命令。遇有多组作业时由工作领导人统一指挥。

(5)设备检修影响行车信号一路供电或其他一级供电负荷一路供电的,必须在作业前确认另一路供电正常后,方可停电作业,并制定应急措施。

(6)桥梁、隧连桥、隧道内电力设备检修时,可利用接触网 V 形天窗点或垂停天窗点进行,也可单独提报天窗计划进行。

(7)在套用接触网天窗计划时,水电车间在接到长大桥梁、隧道作业计划后立即联系供电车间了解详细情况,安排作业人员参加供电车间安全预想会。供电车间将水电车间作业人员填入接触网工作票内，水电车间人员全部为工作组员，由供电车间工作领导人指挥，驻站联络员、作业现场两侧防护员均由供电车间人员担任。水电车间作业人员每组设一个防护员，完成本组的防护任务。

(8)长大桥梁、隧道的电力设备检修必须把人身安全放在首位，按有关规程、制度、办法采取可靠的安全措施，严格执行标准化作业程序，确保不发生任何人身伤害事故。

(9)通过验电器无法判断是感应电报警还是尚未停电时，严禁进行接地作业，应先确认相邻两隔离开关已断开，并已设置可靠接地封线，经验电确认后方可登杆作业，防止因未进行可靠接地造成人身伤害。若停电线路过长，无法确认感应电压已维系在安全电压等级时，应设置移动地线于作业点附近两侧(具体位置视现场情况而定)，随作业人员移动挂设。

4. 铁路安全防护栏内的设备检修、动车所内需跨越股道的作业时，必须提报天窗，在天窗时间内进行。利用天窗检修电力设备时，车间干部必须到位，车间干部和工班长对作业前的安全措施布置情况，工具、材料准备情况，检修工艺的落实情况等进行检查，确保检修安全和检修质量。

5. 作业人员登杆作业前必须认真检查安全用具和工具，状态良好方可使用。攀登电杆时，严禁单手扶持，严禁携带器具、材料上杆，作业前系好安全带并检查锁扣是否安全牢固。登高用具(脚扣、安全带等)必须按周期检测，并按编号保管良好，测试记录按规定上报备案。

6. 当两条或多条架空线路并列运行时，登杆作业前必须认真确认检修线路的杆号牌颜色、线路区间，经监护人共同确认后，由工作监护人将并行的且距离在 6.5 m 范围内的其他线路粘贴“高压危险，禁止攀登”警戒带。

7. 遇有架空避雷线区段设备停电检修时，除采取正常的安全措施外，检修区段两端的避雷线也必须悬挂接地封线。

8. 设备检修时，检修人员必须规范着装，穿工作服、绝缘鞋、戴安全帽，携带个人工具、安全劳保用具等必备品。所用各类工器具必须试验合格，并确认在有效期内。

（四）检修周期、方式及标准

1. 电力设备的检修方式分为段组织的集中修和车间独立检修两种。段组织的集中修按照各供电段电力设备集中修管理办法执行。车间独立检修由各车间组织力量进行检修。

2. 涉及“天窗内”“天窗点外”计划时，按照段内相关规定进行。

（五）检修作业程序

1. 基本规定

电力设备检修实行修前查勘、修中检查、修后验收制度，分别如下：

(1)修前查勘：设备修理前应进行质量状态检查，确定检修项目，认真做好设计文件和材料、工具、备件及劳力的准备工作。

(2)修中检查：检修过程中检修人员必须按工艺精检细修，解决技术关键，加强零部件的中间检查，保证检修质量。同时对设备的关键部件、主要的技术参数和隐蔽工程，应认真做好记录。

(3)修后验收：按设备鉴定标准进行验收。大修工程验收应按《铁路电力工程施工质量验收标准》(TB 10420—2018)的有关规定进行，并提出验收报告。验收报告包括：竣工图纸、试验合格证、各种记录和技术文件，并及时纳入技术档案。各电力检修工区应提前 1～2 个月由工长、设备负责人及有关人员参加修前查勘，并做好电力设备检修(保养)工作量记录，同时通过物资材料系统及时申领相关材料。

2. 检修分类

铁路电力设备检修分为三个等级：大修、保养、状态维修。

(1)大修：属彻底性修理，对设备进行全部解体，全面检查、试验、探伤、调整，更换全部不合标准零部件及附属装置。大修应结合运输生产发展的需要进行技术改造。通过大修提高设备的性能与效率，保证质量良好地使用。铁路电力大修年限应符合相关规程，电力设备寿命超过使用年限后的彻底更换。

(2)保养：定期对电力设备进行检查、测试、清扫、调整、更换易损易耗元件等，达到及时发现设备隐患，改善设备工作状态的目的。日常保养(不需停电进行)可结合巡检进行。

(3)状态维修：通过检测、故障排查、实时监视、巡视发现运行中存在问题的设备进行有计划、针对性地维修。

3. 作业程序

(1)制定检修作业方案

作业方案应包含作业概况、作业内容、作业组织、检修标准、应急处置等项目。

(2)严格工作票审核

工作票审核由车间、技术科、调度科分别审核批准。

(3)召开预想会

进行班前预想会的目的是在作业之前，把工作中可能遇到的安全风险、突发性情况进行梳理，并制定针对性措施，做到未雨绸缪，防患于未然，使作业人员清楚本次作业自己所承担的责任和工作任务及安全注意事项，并根据作业内容、人员、机具、天气、道路交通、作业环境等进行全方位预想。针对作业中存在的安全风险、突发事件、应急处置等情况制定针对性的预防措施，从根本上遏制事故的发生，预想会召开流程见表 9-11。

表 9-11　预想会召开流程

1. 组织机构
会议主持人：工作领导人 参会人员：工作领导人、工作执行人、工作许可人、驻站联络员、行车防护员、看口人员、工作监护人、作业组人员、汽车司机、材料员
2. 召开流程
(1)召开时间 在维修、巡视作业的前一天召开，特殊情况下可在作业前 30 min 召开。 (2)前期准备 ①工作票签发人签发工作票。 ②工作执行人准备检修(施工)方案、预想会记录、作业分工单、岗位风险预想及作业派工单。 ③工作执行人安排材料员按作业方案准备机具材料，填写“工器具、材料清点表”或“铁路进、出防护栅栏物品核对检查表”。 (3)召开会议 班前预想会的召开要按照“六大程序”“五个明确”进行。 ①点名。工作领导人按照工作票中所列人员进行点名。

②宣票。工作领导人对整体工作情况进行简要说明，宣读并讲解工作票，包括讲解现场作业示意图，明确停电范围、明确作业范围。天窗作业时，还需明确封锁范围、防护范围。 ③分工。工作领导人按照作业人员分工单，明确各岗位人员承担的任务。 ④预想。个人岗位风险预想。每个岗位根据各自承担的作业任务，逐一对本岗位可能存在的风险进行预想，预想内容要包含“五个明确”（明确停电范围、明确作业范围、明确承担任务、明确存在的安全风险、明确相应的防控措施）。 ⑤部署重点安全事宜及提问。工作领导人结合本次作业对共性安全问题及常规性安全风险进行部署。根据作业内容、人员、机具、天气 、道路交通、作业环境等进行全方位预想。针对作业中存在的安全风险、突发事件、应急处置等情况制定针对性的预防措施。列举本次作业“杜绝违章作业清单”“拒绝违章作业清单”，从根本上遏制人身事故的发生。 同时，工作领导人、工作执行人、跟班干部根据各岗位预想情况进行抽查提问。 ⑥总结。工作领导人、工作执行人、跟班干部进行总结点评。参会人员在熟知会议内容后在“岗位分工风险预想”岗位风险预想责任人一栏及“预想会记录”上签字确认

4. 工前检查确认

(1)工作执行人指派材料员按照“工器具、材料清点表”清点安全用具、检修工具、材料，确保种类齐全、状态良好、在有效期内。

(2)司机、用车人、安全监督岗按照机动车出乘一次检查标准检查车辆状态，确保状态良好。

5. 设备检修作业

(1)按调度(含行调、电调、段调)命令执行。

(2)检修作业严格按照“作业方案”执行。

6. 设备修后验收

(1)检修任务完成后由工作执行人组织人员进行设备修后验收。

(2)确认设备检修质量合格后，材料员清点机具、材料，工作执行人清点人员，确认无误后，按调度(含行调、电调、段调)命令执行恢复供电。

(3)修后拆旧要填写“旧料回收单”，由回收人员和材料员双方签字确认。

7. 总结会

总结会需填写“总结会记录”，见表 9-12，对本次作业完成情况进行汇总梳理，总结好的做法，对存在的问题制定具有针对性的防范措施，使作业人员清楚各个岗位存在的问题，避免以后工作中同类情况再次发生。

表 9-12　总结会记录

召开流程
1. 点名。工作领导人按照工作票中所列人员进行点名。 2. 整理。工作执行人收回工作票、岗位风险预想及作业派工单、“工器具、材料清点表”、“铁路进、出防护栅栏物品核对检查表”、“驻站联络员工作流程表”、“旧料回收单”。 3. 汇报。各岗位人员汇报检修完成情况。作业组人员、工作执行人、工作许可人、驻站联络员、行车防护员、看口人员、工作监护人、材料员、汽车司机依次对作业完成情况及存在的问题进行汇报。 4. 总结。工作领导人要在本次作业结束后，对工作任务完成情况以及设备安全运行情况进行总结。对于工作中违章行为、工作怠慢、组织失误、责任心不强、安全意识不高等现象及时提出批评，必要时向上一级领导提出处罚的建议。对于存在不足要举一反三，制定有效整改措施并限期落实，避免以后工作中同类情况再次发生

8. 留存资料

需留存的资料有:停水停电计划;天窗计划;作业方案;预想会记录;作业分工单;岗位分工风险预想;设备记名检修单;工作票;工器具、材料清点表;旧料回收单;进、出防护栅栏物品核对检查表;驻站联络员工作流程表;总结会记录。

9. 相关要求

(1)检修作业的相关要求:

必须按照“做好一个方案(作业方案)、开好两个会议、杜绝三类作业、填好四项清单、落实好五个确认、抓好六项制度”的原则进行组织。

①做好一个方案:利用巡视、修前调查等手段对检修做好详细调查,并针对检修内容和重点做好作业方案。

②开好两个会议:预想会、总结会。严格执行“五个明确”“六个程序”,安全风险点及控制措施制定要详细,采取的控制措施应具有可操作性。

③杜绝三类作业:一是杜绝邻近带电高压设备进行作业;二是杜绝低压设备检修(包括清扫)带电作业;三是杜绝作业方案中无安排、无预想及现场临时新增作业。

④填好四项清单:人员分工单、材料单、设备记名检修单、旧料回收单。

⑤落实好五个确认:一是确认人员符合技术等级、技术标准;二是确认机具材料清点数量、状态良好;三是确认车辆出车状态良好;四是确认停电范围、作业范围、封锁范围;五是确认设备修后状态及开通条件。

⑥抓好六项制度:一是工作票审核制度;二是班前预想会和班后总结会制度;三是“一人作业、一人监护”制度;四是“一米验电”和“逢触必验”验电制度;五是预防感应电、反送电伤害制度;六是电缆线路作业前和耐压试验前后放电制度。

(2)预想会和总结会应逐项做好记录,填写认真,字迹清晰,全过程录音。

(3)安全风险点及控制措施要结合段下发的相关文件及现场实际情况进行针对性预想,采取的控制措施具有可操作性。

(4)作业范围及安全措施采取位置必须小于或等于天窗计划作业范围,小于停电范围且必须在接地封线范围内(开口隔离开关杆严禁悬挂接地封线)。

(5)春防试验、配电所改造且水电车间有检修作业时,由水电检修车间工作领导人组织召开预想会,水电车间工作领导人、工作执行人必须参加。水电车间预想会和总结会自行召开。

(6)配电所出口结合部检修(不含春防试验)。水电车间有配电值班员的预想会及总结会,由水电车间工作领导人组织召开;水电车间无配电值班员的预想会及总结会,由水电检修车间指派两名配电值班员参加,由水电车间工作领导人组织召开。

(7)电力集中修作业时,工作执行人、作业组员、材料员、汽车司机参加水电车间预想会。

(8)施工配合作业时,施工单位负责人、安全员参会,并在班前预想会记录上签字。

(9)天窗计划、停电计划、日常巡视、设备检测等作业必须召开安全预想。天窗计划、停电计划必须有预想会记录。

(10)参加预想会和总结会人员应遵守现场秩序,不得来回走动,不准接打手机,不准大声喧哗,不准迟到早退。

复习思考题

1. 铁路供电的主要对象是什么?
2. 铁路供电中一级、二级用户主要有哪些?
3. 对于两路供电的用户有哪些要求?
4. 为确保供电系统的安全,用户总开关的保护定值或熔丝的容量应由谁来规定?
5. 35 kV 及其以上高压供电的额定值是多少?
6. 10 kV 及以下三相供电的额定值是多少?
7. 220 V 单相供电的额定值是多少?
8. 自动闭塞信号变压器二次端子的额定值是多少?
9. 在电力系统非正常情况下,用户受电端的电压最大允许的差是多少?
10. 电力作业人员应做好哪些工作?
11. 电力运行人员交接班时应做好哪些工作?
12. 电力调度应做好哪些工作?
13. 发、变、配电所运行值班人员应做好哪些工作?
14. 电力巡视分为哪几类?
15. 夜间巡视的内容有哪几项?

第十章　电力设备施工

铁路施工安全对保证铁路运输安全、维护正常的运输秩序具有重要意义。保证铁路施工安全是每一位铁路基础设施维护从业人员的最高目标，要切实采取有效措施，加强新形势下铁路施工安全管理工作，遏制施工事故发生，构建企业安全生产监督管理的长效机制，确保安全生产事故能真正得到控制。随着中国铁路事业突飞猛进，铁路网规模和质量显著提升，高速铁路网越织越密。铁路工程建设脚步永不停歇，保证新线建设质量是每位铁路建设者、参与者最基本、最重要的使命和责任。

第一节　电力设备施工的基础知识

一、电力设备施工的分类

铁路施工分为营业线施工和邻近营业线施工两种。

（一）营业线施工

营业线施工是指影响营业线设备稳定、使用和行车安全的各种作业，按组织方式、影响程度分为施工和维修两类。

施工按照作业复杂程度和设备影响范围依次分为Ⅰ级施工、Ⅱ级施工、Ⅲ级施工。维修按照作业复杂程度和设备影响范围，分为Ⅰ级维修和Ⅱ级维修。

维修项目是指作业开始前不需限速，结束后须达到正常放行列车条件，并且在维修天窗时间内能完成的项目。

（二）邻近营业线施工

邻近营业线施工是指在营业线两侧一定范围内、营业线设备安全限界外影响或可能影响铁路营业线设备稳定、使用和行车安全的作业。邻近营业线施工分为A、B、C三类。

二、天　　窗

天窗是指列车运行图中不铺画列车运行线或调整、抽减列车运行线施工和维修作业预留的时间。天窗按用途分为施工天窗和维修天窗，按影响范围分为垂直天窗和V形天窗。

第二节　电力设备施工的要求与规定

一、电缆线路

（一）一般规定

1. 电缆线路路径选择的基本要求

(1)在满足安全的前提下,为节省投资,要尽量选择最短距离的路径。

(2)为便于安装和维护,电缆路径要尽量减少穿越各种管道、铁路、公路和其他高低压电缆等设备的次数。如在建筑物内安装,要尽量减少穿越墙壁和楼房地板的次数。

(3)电缆路径要考虑远景规划,尽量避开拟建房屋和建筑工程、各种管线工程等需要挖掘的地方。

(4)从安全运行考虑,要尽量保证电缆不受各种损害,包括机械外力、振动、虫害、水浸泡、摩擦、化学腐蚀、杂散电流和热源影响等。

(5)便于搬运、施工而且容易维修的地方。

(6)地形复杂的桥隧区段、大桥、特大桥应允许电缆在铁路桥梁上或铁路隧道内敷设。

2. 电缆的搬运

(1)电缆应在电缆盘上搬运。短电缆可按不小于电缆最小弯曲半径的规定卷成圈,且至少在四处捆紧后搬运。在装卸和搬运中,应防止电缆和电缆盘受伤,不得在地面上拖拉。

(2)运输或滚动电缆盘前,必须保证电缆盘牢固,电缆绕紧。电缆盘只允许短距离滚动,滚动方向必须顺着电缆盘上箭头指示的方向(即电缆的缠紧方向)。其道路应平整、坚实。

(3)无保护板的电缆盘如需滚动,其挡板应高出电缆 100 mm,如地面不平或松软时,尚需采取其他保护措施。

(4)用车辆运输电缆要绑扎结实,不应使电缆及电缆盘受到损伤。在卸车时严禁将电缆盘直接由车上推下。

(5)禁止将电缆盘平放搬运、平放储存。

(6)电缆运至现场应存放在干燥、地基坚实、易于排水和便于敷设的地方。

3. 电缆的展放

用电缆盘展放电缆时一般应按下列顺序操作:

(1)电缆盘应穿轴,并用支架架起。

(2)电缆展放要从盘的上部展放,同时用人工转动电缆盘。电缆不得在地上摩擦拖动,展放的电缆应有弛度。

(3)所有人员均应站在电缆的同一侧,拐弯处应站在拐弯的外侧。

(4)放下电缆时,应按先后顺序轻轻放下,不得乱放。

10 kV 及以下电缆长度不超过 50 m 时,允许用人工直接开圈展放。

4. 电缆截面的选择

电力电缆缆芯截面的选择,应符合下列规定:

（1）除临时性回路外，对于持续工作回路，缆芯最高工作温度和短路时的最高温度应符合规定。

（2）电气连接回路在最大工作电流作用下的电压降，不应大于允许值。

（3）在最大短路电流作用时间产生的热效应，应满足热稳定条件。

（4）对 1 kV 电力电缆，应符合馈线回路启动设备与熔断器选择性的要求，必要时可增大电缆截面。

（5）同一供电回路需用多根电缆并联供电时，宜选择相同材质、相同截面的电缆。

（二）电缆敷设相关规定

1. 电缆敷设方式应根据电缆形式、数量、工程条件、环境特点等因素，并按满足运行可靠、便于维修的要求和技术经济合理的原则选择，且应符合下列要求：

（1）同一径路中电缆根数在 6 根及以下，地下通道没有限制的场所宜采用直埋，但在有化学或杂散电流腐蚀的土壤中及地下管道较长的场所不应采用直埋。

（2）同径路敷设的电缆一般不超过 12 根或同径路电缆需要分期敷设的宜采用排管敷设。

（3）同一径路敷设的电缆数量较多或较多的电缆需分期敷设时，宜采用电缆沟敷设。有防火、防爆要求的明敷电缆，应采用埋砂敷设的电缆沟。

（4）同径路电缆数量较多或新建的特大型客站、大型调车场的电缆可采用电缆隧道敷设或利用综合管道敷设。

2. 电缆敷设前应按下列要求进行检查：

（1）电缆型号、电压、规格应符合设计要求。

（2）电缆通道畅通、排水良好；金属部分的防腐层完整；隧道内照明、通风符合要求。

（3）电缆外观应无损伤、绝缘良好，当对电缆的密封有怀疑时，应进行潮湿判断。直埋电缆与水底电缆应经试验合格。

（4）电缆放线架应放置稳妥，钢轴的强度和长度应与电缆盘质量和宽度相配合。

（5）敷设前应按设计和实际路径计算每根电缆的长度，合理安排每盘电缆，减少电缆接头。

（6）在带电区域内敷设电缆，应有可靠的安全措施。

3. 电缆进入电缆沟、隧道、竖井、建筑物、盘（柜）以及穿入管子时，出入口应封闭，管口应密封。

4. 电缆敷设时，不应损坏电缆沟、隧道、电缆井和人井的防水层。

5. 并联使用的电力电缆其长度、型号、规格应相同。

6. 电缆在敷设前应试验相间及各相对地的绝缘电阻（10 kV 电缆用 2 500 V 兆欧表；1 kV 及以下电缆用 1 000 V 兆欧表）。1 kV 以上的电缆宜做耐压试验，确认电缆合格后方可使用。

7. 电缆敷设时，应留出足够的备用长度，以备因温度引起变形时的补偿和检修时使用。如电缆从垂直面引向水平面、保护管的出（入）口、引入建筑物处、电缆终端头及中间接头处要均应留有备用长度，高压电缆不应小于 5 m，低压电缆不应小于 3 m。

8. 电缆敷设的环境温度低于规定温度时，不宜施工。如因特殊原因必须施工时，应将电缆预先加热。

（三）电缆敷设方式分类

电缆敷设方式一般有直埋电缆，电缆在沟内敷设，电缆在室内明敷设，电缆在变、配电所敷设，电缆在混凝土排管中敷设，电缆在隧道内敷设，电缆在电缆隧道内敷设，电缆在桥梁上敷设，电缆在桥架上敷设。

1. 直埋电缆

直埋电缆应有铠装和防腐保护层。直埋电缆的深度应符合下列规定：

(1)一般地区电缆表面距地面不应小于 700 mm；在人行道下面敷设时，不应小于 500 mm。

(2)当位于车行道或穿越农田应适当加深，且不应小于 1 m。

若不能满足上述两项要求时，应采取保护措施。

(3)电缆引入建筑物与地下设施交叉及绕过地下建筑物处，长度小于 5 m 且有金属管保护时埋深可减至 500 mm。

(4)寒冷地区应埋在冻土层以下或采取防止电缆受到损伤的措施(如在土壤排水性好的干燥冻土层或回填土中埋设，亦可增大电缆敷设曲线，并沿整个电缆线路的上下各铺以 100～200 mm 厚的砂层)。

2. 电缆在沟内敷设

(1)电缆沟应平整，能防止地下水浸入，沟盖齐全。电缆沟内表面应平正，每隔 4 550 m 设置积水井(坑)，电缆沟应有不小于 0.3%的坡度或排水沟，转角处不应小于电缆的允许弯曲半径。

(2)敷设在支架上的电缆应分层排列，如两侧装设电缆架，则控制电缆和低压电力电缆应尽可能敷设在一侧。电缆架的垂直净距：电力电缆为 150 mm；控制电缆为 100 mm。

(3)电缆敷设于沟底时，电力电缆相互间的水平净距为 35 mm。不同级电力电缆间与控制电缆间最小水平净距不应小于 150 mm。控制电缆间距不应小于电缆外径。

3. 电缆在室内明敷设

(1)电缆在钢索上悬吊敷设，钢索及支持钢索的支架必须经过防腐处理。支架间的距离直线部分不宜大于 20 m，曲线部分不宜大于 15 m，钢索每隔 300～500 m 应设耐张段。挂点间的最大距离：电力电缆不应大于 0.75 m；控制电缆不应大于 0.6 m。

(2)电缆在支架上或沿墙敷设所有零件均要求做防锈处理。

(3)裸铅包、铝包、全塑电缆用卡子固定时，应采用软衬垫保护，如毡条、泡沫塑料等。

4. 电缆在变、配电所敷设

(1)平房式变、配电所，当引入(出)高压电缆数量为 4 根及以下时，宜采用直埋敷设；4 根以上时，可采用电缆沟敷设。电缆引入(出)处，应有预留长度，并做防水处理。

(2)高压室布置在楼上的变、配电所，当采用电缆引入(出)时，可采用整体浇灌电缆沟或电缆夹层敷设，室外电缆可采用明敷设。变、配电所沿外墙明敷电缆，可用 2 mm 厚钢板防护，并做防腐处理。

(3)室内高压电缆终端头的安装，可用抱箍或 Ω 形卡子固定在开关柜底部铁架上。

5. 电缆在混凝土排管中敷设

当电缆通过混凝土整体浇筑站台面时，电缆可敷设在混凝土排管中。

(1)敷设于混凝土排管内的电缆宜采用塑料护套电缆或采用特别加厚的裸铅包电缆。其预留管孔数,除考虑散热孔外可留10%的备用孔,但不少于2孔。

(2)混凝土排管的安装,应符合下列规定:

①排管顶部距地面不应小于700 mm;在人行道下面的排管不应小于500 mm。

②排管沟底以素土垫平夯实,并铺设不小于80 mm厚的100号混凝土垫层垫平。

③排管排列前,应清除孔内积灰、杂物,混凝土孔边缘应无毛刺。

④排管连接时,管孔应对正,接口处缠纸条或塑料胶粘带,防止砂浆进入,用1号泥砂浆封实。承重地段排管外侧做80 mm厚100号混凝土保护层。

⑤排管的排列,应有倾向电缆人井方向的不小于0.2%的坡度。

⑥电缆人井的设置距离,应验算电缆芯线受牵引时的允许拉力,并应在排管转弯处、排管终端及直线段每隔75 m处设人孔井。井内应有积水坑。

6. 电缆在隧道内敷设

电缆在铁路隧道内采用混凝土槽和钢索以及支架固定敷设时,应符合下列要求:

(1)混凝土槽

①混凝土槽设在线路一侧应予固定,并将槽间隙封实。

②槽内铺细砂或自熄性泡沫塑料垫层。

③盖板应予封实。

(2)钢索

①支持钢索用的托架,其间距在直线部分不宜大于20 m,曲线部分不宜大于15 m。

②钢索每隔300～500 m应设耐张段。

③钢索上悬挂电缆固定点间的最大距离:电力电缆为0.75 m,控制电缆为0.6 m。

④在潮湿处所电缆与隧道壁间的距离不应小于50 mm。

(3)电缆采用支架固定

①支架应有足够的机械强度和防腐蚀的要求,支架的间距不应大于如下规定:

a. 水平敷设电力电缆1.0 m,控制电缆0.8 m;

b. 垂直敷设电力电缆1.5 m,控制电缆1.0 m。

②电力电缆对其他电缆、接触导线和隧道壁的最小距离不应小于如下规定:

a. 当电缆为10 kV电力电缆时距隧道壁0.15 m;

b. 当电缆为低压电缆时距隧道壁0.05 m。

③隧道内同侧敷设的各种电缆的排列应按高压电缆、低压电缆、控制电缆的顺序由上而下排列。

④电缆固定支架不应侵入建筑接近限界内。

⑤高压电缆固定支架下端距钢轨面不应小于4.5 m;低压电缆支架下端距钢轨面不应小4.5 m。

7. 电缆在电缆隧道内敷设

电力电缆在电缆隧道内敷设应符合下列要求:

(1)电缆隧道、工作井的净高不宜小于1.9 m,与其他沟道交叉处的局部净高不能小于1.4 m。

(2)电缆隧道内应设置纵向泄水边沟,泄水坡度不得小于 0.5%。隧道底部沿纵向宜设泄水边沟。

(3)电缆隧道宜采用自然通风。

(4)电缆隧道两端应设出口(包括人孔),两个出口间的距离不应大于 75 m,如超过 75 m 时,尚应增设安全孔(人孔),安全孔(人孔)的直径不应小于 700 mm。

(5)电缆隧道内应有照明,其电压不应超过 36 V,否则应采取安全措施。

8. 电缆在桥梁上敷设

电缆沿桥梁敷设时,应符合下列要求:

(1)电缆沿较短桥梁敷设时,可穿管敷设,其水平支点距离为 1.5～2.0 m;电缆沿较长桥梁敷设时,可用复合材料槽道或钢板槽道敷设。电缆槽道宜设在桥梁人行道旁。

(2)槽道内应垫自熄性泡沫塑料或铺细沙垫层,槽道盖板应予封严。

(3)在桥梁伸缩缝处和桥墩外侧电缆应留有余量,并将电缆余量加以固定,防止因振动和风吹而损伤电缆,桥梁上敷设的电缆应有减振措施。

(4)桥梁上敷设的电缆宜采用交联聚乙烯电缆。

(5)桥梁上敷设的电缆在无减振措施时不应采用铅包电缆。

9. 电缆在桥架上敷设

(1)在室内采用电缆桥架安装时,其电缆不应有黄麻或其他易燃材料外护层。

(2)在有腐蚀或特别潮湿的场所采用电缆桥架安装时,应根据腐蚀介质的不同采取相应的防护措施,并宜选用塑料护套电缆。

(3)电缆桥架(托盘、梯架)水平敷设时,距地高度一般不宜低于 2.5 m,垂直敷设时距地 1.8 m 以下部分应加金属盖板保护,但敷设在电气专用房间(如配电室、电气竖井、技术层)内时除外。

(4)电缆桥架水平敷设时,宜按荷载曲线选取最佳跨距进行支撑,跨距一般为 1.5～3.0 m,垂直敷设时,其固定点间距不宜大于 2.0 m。

(5)电缆桥架多层敷设时,其层间距离:控制电缆间不应小于 0.2 m;电力电缆间不应小于 0.3 m;弱电电缆与电力电缆间不应小于 0.5 m,如有屏蔽盖板可减小到 0.3 m;桥架上部距顶棚或其他障碍物不应小于 0.3 m。

(6)几组电缆桥架在同一高度平行敷设时,各相邻电缆桥架间应考虑维护、检修的距离。

(7)在电缆桥架上可以无间距敷设电缆,电缆在桥架内横断面的填充率:电力电缆不应大于 40%;控制电缆不应大于 50%。

(8)不同电压、不同用途的电缆,不宜敷设在同一层桥架上。

(四)电力电缆终端头及电缆接头的制作

电缆终端头与电缆接头的制作,应由经过培训合格、熟悉工艺的人员进行。电缆终端头及电缆接头制作时,应严格遵守制作工艺规程。

1. 电力电缆终端头及电缆接头的规定

在室外制作 6 kV 及以上电缆终端与接头时,其空气相对湿度宜在 70%及以下,当湿度大时,可提高环境温度或加热电缆。制作塑料绝缘电力电缆终端与接头时,应防止尘埃、杂物落入绝缘内，严禁在雾和雨中施工。在室内施工时，应备有消防器材，室内或隧道中施工应有临时电源。

采用的附加绝缘材料除电气性能应满足要求外，尚应与电缆本体绝缘具有相容性。两种材料的硬度、膨胀系数、抗张强度和断裂伸长率等物理性能指标应接近。橡塑绝缘电缆应采用弹性大、黏结性能好的材料作附加绝缘。

2. 电力电缆连接金具的选用

电缆线芯连接金具，应采用符合标准的连接管和接线端子，其内径应与电缆芯线紧密配合，间隙不应过大；截面宜为线芯截面的 1.2～1.5 倍。采用压接时，压接钳和模具应符合规格要求。

(1)当控制电缆在下列情况下可有接头，但连接应牢固，并不应受到机械拉力：

①当敷设长度超过其制造单根(盘)长度时；

②必须延长已敷设竣工的控制电缆时；

③当消除使用中的电缆故障时。

(2)制作电缆终端和接头前，应熟悉安装工艺资料，做好检查，并符合下列规定：

①电缆绝缘状况良好，无受潮；塑料电缆内不得进水。

②附件规格应与电缆一致；零部件应齐全无损伤；绝缘材料不得受潮；密封材料不得失效；壳体结构附件应预先组装，清洁内壁；试验密封、结构尺寸应符合要求。

3. 电力电缆接地线的选用

电力电缆接地线应采用铜绞线或镀锡铜编织线。电缆终端头和接头应采取加强绝缘、密封防潮、机械保护等措施。6 kV 及以上的电缆终端和接头，尚应有改善电缆屏蔽端部电场集中的有效措施，并应确保外绝缘相同和对地距离。

电缆在剥切线芯绝缘、屏蔽、金属护套时，线芯沿绝缘表面至最近接地点(屏蔽或金属护套端部)的最小距离应符合要求。

4. 塑料绝缘电缆在制作终端头和接头时，彻底清除半导电屏蔽层。对包带石墨屏蔽层，应使用溶剂擦去碳迹；对挤出屏蔽层剥除时不得损伤绝缘表面，屏蔽端部应平整。

三芯油纸绝缘电缆应保留统包绝缘 25 mm，不得损伤。剥除屏蔽碳墨纸，端部应平整。弯曲线芯时应均匀用力，不应损伤绝缘纸；线芯弯曲半径不应小于其直径的 10 倍。包缠或灌注、填充绝缘材料时，应消除线芯分支处的气隙。

5. 电缆线芯连接时，应除去线芯和连接管内壁油污及氧化层。压接模具与金具应配合恰当。压缩比应符合要求。压接后应将端子或连接管上的凸痕修理光滑，不得留有毛刺或尖角。

三芯电力电缆终端处的金属护层必须接地良好；塑料电缆每相铜屏蔽和钢铠应焊接地线。

装配、组合电缆终端和接头时，各部件间的配合或搭接处应采取堵漏、防潮和密封措施。铅包电缆铅封时应擦去表面氧化物；搪铅时间不宜过长，铅封必须密实无气孔。

6. 塑料电缆宜采用自粘带、粘胶带、胶粘剂(热熔胶)等方式密封，塑料护套表面应打毛。黏结表面应用溶剂除去油污，黏结应良好。

7. 塑料电缆采用热缩型或冷缩型电缆终端接头或中间接头时，应按产品的技术要求进行施工，并满足下列要求：

（1）电缆的剥切长度应符合相应的产品要求。

（2）电缆绕包材料的拉伸长度及缠绕层数、包缠长度应符合技术要求。

（3）电缆手套的固定必须由掌心处开始，分别向袖口和指端处收缩，收缩过程中应挤出掌心处的空气，使之密封。

（4）热缩型终端头固定后，各端口应有少量热熔胶溢出；冷缩型终端头固定后，应按产品技术要求的延迟时间使其充分收缩。

8. 电缆终端上应有明显的相色标志，且应与系统的相位一致。控制电缆终端可采用一般包扎，接头应有防潮措施。

9. 电缆的中间接头和终端接头应符合下列规定：

（1）设在便于检查及修理处，并在其附近预留电缆备用段；

（2）设在城镇人行道或其他道路的电缆头，当开挖不便时，应设置于人孔井内；

（3）并列敷设的电缆，中间接头的安放位置应适当错开，电缆中间接头与邻近的电缆之间的净距离不得小于 0.25 m；

（4）长距离的 10 kV 电缆每隔 1.5～2.5 km 宜设一处电缆对接箱。

二、架空线路

电力线路的测设位置应在符合地方政府发布规划，并在批准的施工红线范围内。因施工需要，事关开放线路走廊通道、占用农田、砍树、青苗赔偿等，应按有关规定与地方政府、属地村镇、产权单位签订协议，并在工程竣工后将有关协议移交运营接管单位。

电力线路的径路应符合设计的要求，位于居民区或公共场所的线路杆塔应设置醒目的安全警示标志。

（一）架空线路材料及器材检验

1. 架空电力线路工程所使用的原材料、器材，具有下列情况之一者，应重做检验：

（1）超过规定保管期限者；

（2）对原试验结果有怀疑或试样代表性不够者。

2. 架空电力线路使用的线材，架设前应进行外观检查，且应符合下列规定：

（1）不应有松股、交叉、折叠、断裂及破损等缺陷。

（2）钢绞线、镀锌铁线表面镀锌层应良好，无锈蚀。

（3）铜绞线不应有松股、断股等缺陷，应按照设计要求进行施工。

（4）绝缘线表面应平整、光滑、色泽均匀，绝缘层厚度应符合规定。绝缘线的绝缘层应挤包紧密，且易剥离，绝缘线端部应有密封措施。

3. 由黑色金属制造的附件和紧固件，除地脚螺栓外，应采用热浸镀锌制品。

4. 各种联结螺栓宜有防松装置。防松装置弹力应适宜，厚度应符合要求。

5. 金属附件和螺栓表面不应有裂纹、砂眼、锌皮剥落及锈蚀等现象。螺杆与螺母的配合应良好。

6. 金具组装配合应良好，安装前应进行外观检查，且应符合下列规定：

（1）表面光洁，无裂纹、毛刺、飞边、砂眼、气泡等缺陷；

(2)线夹转动灵活，与导线接触密贴；

(3)镀锌良好，无锌皮剥落、锈蚀现象。

7. 绝缘子及瓷横担绝缘子安装前应进行外观检查，且应符合下列规定：

(1)瓷件与铁件组合无歪斜现象，且结合紧密，铁件镀锌良好；

(2)瓷釉光滑，无裂纹、缺釉、斑点、烧痕、气泡或瓷釉烧坏等缺陷；

(3)弹簧销、弹簧垫的弹力适宜。

高压绝缘子安装前，应按每批到货数量抽取5%(且不少于50只)进行交流耐压试验，如不合格率在20%以上，则应对其余部分进行全部试验，并将不合格的剔出。

8. 架空线路的杆、塔上应涂写下列标志，并符合设计要求：

(1)每根杆、塔的杆号及线路名称编号；

(2)高压路线的变电台、开关杆、分歧杆、换位杆、引入杆应有相序标志；

(3)安全警示标识。

9. 线路的导线排列，应符合下列规定：

(1)高压线路面向负荷侧从左侧起，导线排列相序为A、B、C；环状线路或导线有换位时，按设计要求。

(2)低压线路面向负荷侧从左侧起，导线排列相序为A、O、B、C；同一根导线向两侧供电时与其中一侧导线排列一致。

（二）杆塔组立与绝缘子安装

1. 根据杆位地形，考虑立杆和组装的方便，电杆组立前应选择排杆或组装方向，并满足下列要求：

(1)直线双杆顺线路方向排杆。

(2)转角杆顺线路转角平分线方向排杆。

(3)单杆任意方向排杆。

(4)如无障碍时，直线杆宜顺线路方向排杆；转角杆宜沿线路转角的平分线排杆。

2. 电杆立好后，应符合下列规定：

(1)直线杆的横向位移不应大于50 mm；35 kV架空电力线路不应大于杆长的3/1 000；10 kV及以下架空电力线路杆梢的位移不应大于杆梢直径的1/2。

(2)带有防风拉线的直线杆，架线前后，杆身和杆梢均应始终处于直线状态。

(3)转角杆的横向位移不应大于50 mm；转角杆应向外角预偏，紧线后不应向内角倾斜；向外角的倾斜，其杆梢位移不应大于杆梢直径。

(4)耐张杆(含安装线路隔离开关杆)应直立无预偏值，设备安线后不应向拉线反方向倾斜。

(5)终端杆应向拉线侧预偏，其预偏值不应大于杆梢直径，紧线后不应向拉线反方向倾斜。

(6)线路在设有双侧拉线的跨越杆时，应向非跨越方向倾斜，紧线后不应向跨越方向倾斜；向非跨越方向的倾斜，不应大于一个杆梢。

(7)三连杆应单独直立埋设，两杆间连杆及抱箍安装高度、方式符合设计要求。拉线设置方向应符合平衡线路张力需要。

3. 绝缘子安装应符合下列规定：

(1)安装应牢固，连接可靠，防止积水；

(2)安装前应清除表面灰垢、附着物及不应有的涂料。

4. 悬式绝缘子安装应符合下列规定：

(1)与电杆、导线金具连接处，无卡压现象。

(2)耐张串上的弹簧销子、螺栓及穿钉应由上向下穿，特殊困难时可由内向外或由左向右穿入。

(3)悬垂串上的弹簧销子、螺栓及穿钉应向受电侧穿入，两边线应由内向外、中线应由左向右穿入。

(4)绝缘子裙边与带电部位的间隙不应小于 50 mm。

采用的闭口销或开口销不应有折断、裂纹等现象。当采用开口销时应对称开口，开口度应为 30°～60°。不得用线材或其他材料代替闭口销、开口销。

三、油浸变压器、电抗器及互感器

1. 油浸变压器、电抗器的装卸及二次运输应按下列要求做充分调查，制定施工技术安全措施：

(1)了解道路及沿途桥梁、涵洞、沟道等的结构、宽度、坡度、转角及承重情况，如不能满足要求应采取加固措施；

(2)调查沿途电力架空线、通信线等高处障碍物的情况；

(3)了解装卸车地点的环境、起重能力及地面坚实程度。

2. 设备进场后，应及时进行下列外观检查：

(1)油浸变压器、电抗器的规格和容量与设计相符；

(2)油箱及所有附件应齐全、无锈蚀及机械损伤，密封应良好；

(3)油箱箱盖或钟罩法兰及封板的联结螺栓应齐全，紧固应良好、无渗漏；

(4)充油套管的油位应正常、无渗油，瓷件完好；

(5)充气运输设备的气压正常。

3. 铁芯检查应符合下列规定：

(1)铁芯应无变形、铁轭与夹件间的绝缘垫应良好；

(2)铁芯应无多点接地；

(3)铁芯外引接地的变压器拆开接地线后，铁芯对地绝缘应良好。

4. 绕组检查应符合下列规定：

(1)绕组绝缘层应完整，无缺损、变位现象；

(2)油路应无堵塞；

(3)绕组的压钉应紧固，防松螺母应锁紧。

5. 冷却装置安装应符合下列规定：

(1)散热器安装前用合格的绝缘油冲洗干净，并将残油排尽；阀门及法兰连接处密封应良好；安装完毕后应即注满油。

(2)风扇电动机及叶片安装应牢固、转动应灵活、转向应正确，运转时应无振动、过热，电源配线应采用耐油绝缘导线。

6. 储油柜安装应符合下列规定：

(1)安装前应清洗干净。

(2)隔膜应完整无破损,胶囊做充气检查应不漏气。

(3)胶囊在储油柜中应安装正确,不应扭偏;胶囊口的密封应良好,呼吸应畅通。

(4)油标指示应与储油柜的真实油位相符;油位表动作应灵活,其信号接点位置应正确,绝缘应良好。

7. 套管安装应符合下列规定：

(1)瓷套表面应无裂纹、伤痕,套管、法兰颈部及均压球内壁应清洁,充油套管应无渗油现象,油位指示正常;套管应经试验合格。

(2)充油套管的内部绝缘受潮时,应予干燥处理。

(3)高压套管穿缆的应力锥应进入套管的均压罩内,其引出端头与套管顶部接线柱连接处应擦拭干净、接触紧密。

(4)套管顶部结构的密封垫应安装正确、密封良好;连接引线时,不应使顶部结构松脱;对于采用螺杆式引出端子的套管,应安装转换端子后再与母线连接。

8. 互感器一般可不进行器身检查,但在发现有异常情况时,应按下列要求进行检查：

(1)螺栓应无松动,附件完整;

(2)铁芯应无变形,且清洁紧密无锈蚀;

(3)绕组绝缘应完好,连接正确、坚固;

(4)绝缘支持物应牢固,无损伤;

(5)内部应清洁,无油垢杂物;

(6)穿芯螺栓应绝缘良好。

四、防雷设备、接地装置

接地装置的设置方式、电力线路杆塔的接地体材质和引出线的截面应符合设计要求。接地装置的热稳定和机械强度的要求,低压电气设备地面上外露接地线的最小截面都应符合国家相关技术标准的规定。在地下不得采用裸铝导体作接地体或接地线。

利用化学方法降低土壤电阻率时,采用的降阻剂应符合下列规定：

(1)材料的选择应符合设计要求;

(2)材料应符合国家现行的技术标准,并有合格证件。

（一）防雷设备

避雷针、避雷器等设备和材料进场后,应检查确认其规格型号符合设计要求及相关技术标准的规定。避雷针组立前应先将变电所的接地装置敷设完成,组立后应立即用引下线与接地装置焊接牢固。

避雷针的接地方式及接地电阻值应符合设计要求。独立避雷针及其接地装置与道路或建筑物的出入口等的距离应大于 3 m;当小于 3 m 时,应采取均压措施。独立避雷针的接地装置与配电装置接地体的地中距离不应小于 3 m。避雷器不得倒置、任意拆开、破坏密封和损坏元件。

避雷器安装前应进行下列检查：

(1)瓷件应无裂缝、破损，瓷套与铁法兰间的黏合应牢固，法兰泄水孔应畅通；

(2)组合单元应经试验合格，底座绝缘应良好；

(3)运输时用以保护金属氧化物避雷器防爆片的上下盖子应取下，防爆片应完整无损；

(4)金属氧化物避雷器的安全装置应完好。

(二)接地网的敷设

接地体顶面埋设深度应符合设计要求。当无要求时，其顶面距地面不宜小于 0.6 m。角钢及钢管接地体应垂直配置。除接地体外，接地体引出线地中部分和与接地装置焊接部位应做防腐处理。在做防腐处理前，表面必须除锈并去掉焊接处残留焊料。

垂直接地体的间距不宜小于其长度的 2 倍；水平接地体的间距应符合设计要求，当无设计要求时，不宜小于 5 m。

明敷设接地线的安装应符合下列规定：

(1)应便于检查。

(2)敷设位置不应妨碍设备的拆卸与检修。

(3)支持件的距离，在水平直线部分宜为 0.5～1 m；垂直部分宜为 1.5～3 m；转弯部分宜为 0.3～0.5 m。

(4)接地线应按水平或垂直敷设，在直线段上，不应有高低起伏及弯曲等情况。

(5)接地线沿建筑物墙壁水平敷设时，离地面距离宜为 250～300 mm，接地线与建筑物墙壁间的间隙宜为 10～15 mm。

(6)在接地线跨越建筑物伸缩缝、沉降缝时，应设置补偿器，补偿器可用与接地线相同的材料制作。

(三)接地体的连接

当接地体(线)采用电焊连接时，焊接必须牢固无虚焊。接至电气设备上的接地线不能采用焊接时，应采用镀锌螺栓连接。

当接地体(线)的连接采用搭接焊时，其搭接长度应符合下列规定：

(1)扁钢为其宽度的 2 倍(且至少焊接 3 个棱边)。

(2)圆钢为其直径的 6 倍。

(3)圆钢与扁钢连接时，其长度为圆钢直径的 6 倍。

(4)扁钢与钢管、扁钢与角钢焊接时，为了连接可靠，除应在其接触部位两侧进行焊接外，并应以由扁钢弯成的弧形(或直角形)卡子或直接由扁钢本身弯成弧形(或直角形)与钢管(或角钢)焊接。利用串联的金属构件、金属管道作接地线时，应在其串接部位焊接金属跨接线。

(四)电气设备的接地

1. 下列电气装置的金属部分均应接地：

(1)变压器、电机、电器、移动式用电器具等的金属底座和外壳。

(2)电气设备的传动装置。

(3)室内、外配电装置的金属或钢筋混凝土构架；靠近带电部分的金属遮栏和金属门以及构筑物外露的所有金属构件。

(4)配电、控制、保护用的屏(柜、箱)及操作台等的金属框架和底座。

(5)交、直流电力电缆的接头盒；终端头的金属外壳和电缆的金属护层；可触及的电缆金属保护管和穿线的钢管，铠装控制电缆的外皮。

(6)电缆支架。

(7)互感器的二次绕组。

(8)装在配电线路杆上的电力设备外壳。

(9)封闭母线的外壳及其他裸露的金属部分。

2. 电气装置的下列部分可不接地或接零：

(1)安装在配电屏、控制屏和配电装置上的电气测量仪表、继电器和其他低压电器等的外壳，以及当绝缘损坏时在支持物上不会引起危险电压的绝缘子的金属底座等；

(2)安装在已接地金属框架上的设备，应保证设备底座与金属框架接触良好；

(3)额定电压 220 V 及以下的蓄电池室内的金属支架；

(4)与已接地的机座之间有可靠电气接触的电动机和电器的外壳。

五、拉线安装

拉线盘的埋设深度和方向，应符合设计要求。拉线棒与拉线盘应垂直，螺杆连接处应采用双螺母，其外露地面部分的长度应为 500～700 mm。拉线坑应有斜坡，回填土时应将土块打碎后夯实。拉线坑宜设防沉层。

1. 普通拉线的安装工序为：

(1)施工准备；

(2)挖坑下拉线盘；

(3)预制拉线；

(4)安装拉线抱箍；

(5)安装 UT 型线夹。

2. 拉线安装应符合下列规定：

(1)拉线受力面与材质的设计要求。拉线与电杆夹角不应小于 45°，当受到地形限制时，不应小于 30°，特殊情况下也可采用弓形拉线及撑杆等措施，撑杆与电杆的夹角不宜小于 30°。

(2)承力拉线应与线路方向的中心线对正；分角拉线应与线路分角线方向对正；防风拉线应与线路方向垂直。

(3)拉线棒出土处与要求位置的偏差：终端、顺向拉线不应大于拉线高度的 1.5%；合力、防风拉线不应大于拉线高度的 2.5%。

3. 顶(撑)杆的安装应符合下列规定：

(1)顶杆底部埋深不宜小于 0.5 m，且设有防沉措施；

(2)与主杆之间夹角应符合设计要求，允许偏差为±5°；

(3)与主杆连接应紧密、牢固。

空旷地区的架空电力线路电杆连续直线杆超过 10 基时，应装设防风拉线。

六、高压断路器及户外隔离开关

（一）高压断路器

高压断路器在电路中起控制作用，是高压电路中的重要电气元件之一。断路器在运输和装卸过程中，不得倒置、碰撞或受到剧烈振动。当制造厂有特殊要求时，应按制造厂的要求运输或吊装。

1. 断路器的安装与调整工序流程为：

(1)施工准备；

(2)组装支架；

(3)支架组立；

(4)外观检查；

(5)断路器柱安装；

(6)操动机构安装；

(7)保护管安装；

(8)断路器调整；

(9)补充 SF_6 气体；

(10)传动试验、接地；

(11)除锈刷漆；

(12)整理记录。

2. 断路器进场检查应符合下列规定：

(1)断路器的充气部件，其气体压力应符合产品的技术要求；

(2)产品的部件、备件及专用工器具齐全，无锈蚀或机械损伤；

(3)瓷件表面光滑、无裂纹，瓷、铁件黏合牢固，铸件无砂眼；

(4)绝缘件无变形受潮、裂纹或表层剥落等缺陷；

(5)产品的出厂合格证、试验报告及技术资料齐全。

3. 断路器和操动机构联合动作时，应符合下列规定：

(1)在联合动作前，根据产品类型及其技术要求向断路器内充入合格的六氟化硫气体；

(2)具有慢分、慢合装置的断路器，在进行快速分、合闸前，应先进行慢分、慢合操作，分、合过程中不得有卡阻、滞留现象；

(3)机械指示器的分、合闸位置与断路器的实际状态一致。

4. 断路器的安装与调整应符合下列规定：

(1)灭弧室的部件无裂纹或松动现象；分、合闸过程中无卡阻现象，合闸后触头接触紧密。

(2)弹簧缓冲器安装牢固、动作灵活，缓冲作用良好。

(3)三相联动或单相双柱式断路器，其相间或柱间连杆与机构传动杆或工作缸活塞杆应在同一中心线上，拐臂角度一致，连杆拧入深度符合产品的技术要求。

（二）隔离开关

1. 隔离开关、负荷隔离开关及高压熔断器进场后应进行外观及内在质量检查，并符合产品技术要求。隔离开关及负荷隔离开关的安装与调整，应符合下列规定：

(1)隔离开关的相间距离误差:110 kV 及以下不应大于 10 mm。相间连杆应在同一水平线上。

(2)支柱绝缘子应垂直于底座平面(V 形隔离开关除外),且连接牢固;同一绝缘子柱的各绝缘子以及同一相各绝缘子柱的中心线应在同一垂直平面内。

(3)传动装置的拉杆应校直,其内径与操动机构的转轴直径应相配合,两者间的缝隙不应大于 1 mm,连接部分的销子不应松动。

(4)延长轴、轴承、拐臂等传动部件的安装位置正确,固定牢靠。

(5)接地刀转轴上的扭力弹簧调整到操作力矩最小,并加以固定;其垂直连杆上应涂以黑色油漆。

(6)分、合闸止钉按产品技术要求进行调整,并加以固定。

(7)操动机构的安装牢固,动作平稳,无卡阻或冲击现象。

(8)电动操作的隔离开关,应先手动进行分、合闸调整,合格后再进行电动操作检查。

(9)隔离开关、负荷开关合闸后,触头间的相对位置以及分闸后触头间的净距或拉开角度,符合产品的技术要求。

(10)两相或三相联动的隔离开关在分、合闸时触头应同时接触,触头接触时的不同期值应符合产品的技术要求。

(11)负荷隔离开关合闸后,主触头可靠地与主刀刃接触;分闸时,三相的灭弧刀片应同时跳离固定灭弧触头。

(12)隔离开关、负荷隔离开关的导电部分,应符合下列规定:

①用 0.05 mm×10 mm 的塞尺检查触头的接触情况,对于线接触应塞不进去。对于面接触,接触宽度为 50 mm 及以下时,塞入深度不应超过 4 mm;接触宽度为 60 mm 及以上时,不应超过 6 mm。

②触头间的接触紧密,两侧的接触压力均匀,部分不应有折损,连接牢固,接触良好。

③触头表面平整、清洁,并涂以中性凡士林防腐。

(13)隔离开关、负荷隔离开关的闭锁装置动作灵活、正确、可靠;带有接地刀的隔离开关,主触头与接地刀间的机械或电气闭锁正确可靠。

(14)隔离开关及负荷开关的辅助开关安装牢固,动作正确,接触良好。

复习思考题

1. 铁路施工分为哪几类?
2. 什么是营业线施工?
3. 什么是邻近营业线施工?
4. 营业线施工按照作业复杂程度和设备影响范围分为哪几类?
5. 什么是天窗?
6. 天窗按用途分为哪几类?
7. 电缆敷设方式有什么?
8. 电缆敷设前应做哪些检查?

9. 断路器的安装与调整工序是什么?
10. 电缆在桥架上应怎样安装?
11. 电力架空线路施工的一般要求是什么?
12. 架空线路施工前应检查什么?
13. 金具在安装前应检查什么?
14. 悬式绝缘子的安装应符合哪些要求?
15. 避雷器安装前应进行哪些检查?

第十一章　电力远动技术

第一节　电力远动被控站设备和监控设备基本知识

铁路电力远动(电力远程监控、信号电源监控)系统,是实现供电段调度对行车信号电源(自动闭塞、贯通高低压供电系统)及其他重要负荷供电状态实时监测和控制的计算机网络系统。它由调度端设备(主控站)、执行端设备(被控站)及网络通道设备等组成。

电力远动系统是重要的行车设备。《铁路技术管理规程》规定:电力远程监控系统是电力供应设备应具备的技术条件,是快速列车开行区段保证运输安全畅通的技术装备,也是电力设备的一部分。铁路电力远动系统的基本组成有现场信息转换与控制机构、远动终端(RTU)、通信信道、调度端。

一、电力远动被控站设备

被控站设备指设在铁路沿线的电力(变)配电所、箱式变电站、车站低压变电所内,完成对铁路电力供电设备运行状态的采集、预处理、发送、接收及输出执行功能,包括远动终端(RTU)和综合自动化系统。

(一)远动终端的组成原理

RTU 一般都是模块化设计,用不同的模块来实现各个功能。基本的模块包括:电源模块、通信模块、主控制模块、控制输出模块、遥信量采集模块、遥测量采集模块、GPS 时钟模块以及各个模块之间联系的总线模块,还有一些外围模块(如控制输出的外围中间继电器模块、外围遥信模块等)。设计 RTU 的硬件结构时,将各个模块按照功能划分成不同的单元。

(二)远动终端的硬件结构

RTU 的硬件结构如图 11-1 所示。CPU 为其核心部分,负责计算与控制。程序执行代码部分固化在 ROM 中,数据部分则保留在 RAM 中,在系统复位或开机时,这些数据的初始化值可以从网络上装入。外设接口用于连接显示器、键盘、打印机等。信道接口用于与远方的调度端联系。AI 是电流、电压等模拟量信号;DI 是开关状态、事件情况等遥信量信号;遥控、遥调是远动命令执行输出信号。各组成部分是通过总线(BUS)进行联系的。

(三)远动终端的主要功能

RTU 是被控端的远动设备,实际上也是一个微机,用来完成遥控接收、输出执行、遥测信量的数据采集及发送的功能。主要功能如下:

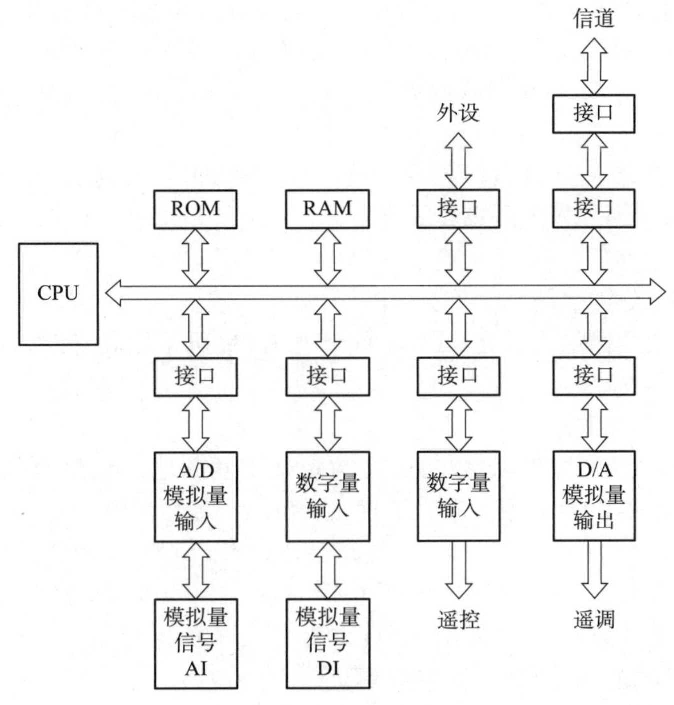

图 11-1 RTU 的硬件结构

1. 采集状态量信息

通过一些接口电路，把变电所的断路器、隔离开关的状态转变为二进制数据，存储在计算机的某个内存区。

2. 采集模拟量测量值

所谓采集，即把变电所的一些电流、电压、功率等模拟量，通过互感器、变送器、A/D 转换器变成二进制数据，存储在计算机的某个内存区。

3. 与调度端进行通信

把采集到的各种数据，组成一帧一帧的报文送往调度端，并接收调度端送来的命令报文。通信中有一个重要的工作，即对发送的数据进行抗干扰编码，对接收的数据进行抗干扰译码，如果发现有误则不执行命令。

通信规约一般有应答式(polling)、循环式(CDT)等。应答式规约是以调度端为主，不断对各个被控站进行查询，被控站有问时必须在规定时间内回答，无问时绝对不允许主动上报信息；适用于信息量少、通道质量较高的地方。循环式规约以被控站为主，自发地不断循环上报现场数据；适用于数据量大、通道质量不高的地方。

4. 被测量越死区传送

每次采集到的模拟量与上一次采集到的模拟量进行比较，若差值超过一定的限度(死区)，则送往调度端，否则认为无变化，不传送，这可以大大减少数据的传送量。

5. 事件顺序记录(SOE)

当某个开关状态发生变位后，记录下开关号、变位后的状态，以及变位的时刻。事件顺序记录有助调度人员及时掌握被控对象发生事故时各开关和保护动作状况及动作时间，以区分时间顺序，做出运行对策和事故分析。时间分辨率是事件顺序记录的重要指标，分为 RTU 内与 RTU 之间两种。RTU 内要求分辨率小于 5 ms，RTU 之间的分辨率要求小于 10 ms。

6. 执行遥控命令

调度端发来遥控命令，RTU 收到命令，确认无误后，即进行遥控操作，通过接口电路、执行机构，使某个或多个断路器或隔离开关进行“合”或“分”的操作。

7. 系统对时

RTU 站间 SOE 分辨率是一项系统指标，因此它要求各 RTU 的时钟与调度中心的时钟严格同步。可以采用全球定位系统 GPS 来同步对时，也可采用软件对时，就是主站定时向各被控站发布对时广播令。

8. 自恢复和自检测功能

RTU 作为远动系统的数据采集单元，必须保证不间断地完成和 SCADA 系统的通信，但 RTU 的工作环境恶劣，具有强大电磁干扰，运行中难免发生程序受干扰或通信瞬时中断等异常情况，有时也会发生电源瞬时掉电，这都会造成 RTU 死机，而使系统无法收到该被控站对象的信息。因此要求 RTU 在遇到这些情况时，能在最短时间内自动恢复，重新从头开始运行程序。为了维护方便，通常要求 RTU 含有自检程序。

（四）远动终端的日常维护及注意事项

RTU 的日常运行时，应定期对模板进行清扫，保证良好的通风及散热条件。各种接插件应注意保持良好接触，在模板插拔过程中，应确保处于断电状态（有些厂家生产的模板可以带电插拔，使用时应阅读说明书，不能盲目操作），并保证电源在开关操作时没有瞬间高压脉冲，以免对板子造成永久性损坏。禁止在未采取消除静电措施之前，用手触摸模块上的芯片，以免静电损坏芯片。

二、电力远动监控设备

（一）电力远动监控系统的结构和功能

变电所自动化系统的监控子系统可以是单机系统，也可以是多机系统，它的构成与变电所的类型和规模有关。监控子系统的功能，从业务逻辑上可分为数据服务器、操作员站、继电保护工程师站、“五防”工作站。当变电所系统规模较小时，监控子系统可由一台计算机组成，当变电所系统规模较大或为超高压变电所时，可以由多台计算机组成。牵引供电系统的变电所规模都比较小，实际应用的系统中都是由一台计算机组成全部的监控功能。

1. 数据服务器

数据服务器由实时数据库和历史数据库组成。实时数据库负责与间隔层的通信，并将数据在变电所层所有机器内保持同步。历史数据库采用商业数据库，负责各种历史数据的保存，提供查询服务。数据服务器负责整个系统的协调和管理，保持实时数据库的最新最完整备份；负责组织各种历史数据，并将其保存在历史数据库服务器。

2. 操作员站

操作员站是变电所运行人员的人机界面，完成对变电所的实时监控和操作功能，包括各种图形、数据、告警信息、管理信息，提供遥控、遥调、数据查询、事故追忆等操作显示界面。

3. 继电保护工程师站

继电保护工程师站又称保护工程师站，主要提供保护工程师对变电所内的保护装置及故障信息进行管理维护的工具。保护工程师指运行管理、维护人员及保护设计、调试人员。保护装置的管理维护主要有整定值、装置版本信息、装置记录的事件和自检信息、故障信息记录和故障录波文件等。

4."五防"工作站

变电所"五防"功能是指：防止误分、合断路器；防止带负荷分、合隔离开关；防止带电挂(合)接地线(接地开关)；防止带接地线(接地开关)合断路器(隔离开关)；防止误入带电间隔。

变电所"五防"系统由三层构成，分别是站控层防误、间隔层测控单元防误以及单元电气闭锁。在牵引供电系统中，闭锁关系相对简单，主要在间隔层测控单元防误和单元电气闭锁，没有在站控层采用专门的"五防"工作站。如果需要，可以考虑在操作员站中加入必要的闭锁逻辑。

(二)时钟同步的概念和方法

时钟同步的目的是保持变电所层的计算机、间隔层的保护测控装置、网关、远动管理机、通信管理机等各设备之间时钟的统一，实现对所内设备运行状况的全面监控，便于对故障原因的准确判断。时钟同步包括变电所内部的时间同步和变电所之间的时钟同步。变电所之间的时钟同步可以通过调度中心作为时钟同步源进行，也可由各个变电所分别配置 GPS 装置完成。通过 GPS 装置进行时钟同步主要有以下几种方式：

1. 硬件脉冲对时方式(硬对时)

常用的脉冲信号有：1 PPS，每秒钟发送 1 个对时脉冲。

2. 串行口对时方式(时间报文)

串行输出端口以广播方式发送固定格式的报文信息。

3. 网络对时方式

网络对时服务器通过网络定时发送对时报文。

4. IRIG-B 时钟码对时方式

IRIG-B 为 IRIG 委员会的 B 标准，是专为时钟的传输制定的时钟码。国外进口装置常使用该信号输入方式对时。每秒输出一帧按秒、分、小时、日期的顺序排列的时间信息。IRIG-B 信号有直流偏置(TTL)电平、1 kHz 正弦调制信号、RS-422 电平方式、RS-232 电平方式 4 种形式。

5. 互联网时间同步技术

使用互联网同步计算机和终端设备的时间是十分方便的，目前国内外都免费提供这种服务。该技术通常采用标准的 NTP 或 SNTP 协议，可以获得 1～50 ms 的时间校准精度。NTP 可以估算往返路由的延时差，以减小时延差所引起的误差。但其准确度和 NTP 服务器与用户间的距离有关，一般在国内或区域内可以获得 1～50 ms 的时间校准精度。目前 GPS 装置能够作为 NTP 的服务器提供对时服务。

将时间报文和脉冲信号相结合是一种比较完善的对时方式。在间隔层装置采用以太网通信的情况下，使用 NTP/SNTP 对时方式，可以有效地解决对时精度的问题，消除由于装置分散安装带来的脉冲对时网布置困难的问题。

（三）微机监控系统的组成

变电所自动化系统改变了常规继电保护装置不能与外界通信的缺陷，取代常规的测量系统，如变送器、录波器、指针式仪表等；改变了常规的操作机构，如操作盘、模拟盘、手动同期及手控无功补偿等装置；取代常规的告警、报警装置，如中央信号系统、光字牌等；取代常规的电磁式和机械式防误闭锁设备；取代常规远动装置等。同时充分发挥微机监控的优点，扩展传统监控的功能。微机监控系统主要包括以下几部分内容：

1. 数据采集

采集变电所运行的实时数据和设备运行状态，包括各种模拟量、状态量、脉冲量、数字量和保护信号，这些数据是监控子系统完成其他功能的基础。

(1)模拟量的采集

变电所采集的典型模拟量有：各段母线电压，线路电流、电压和功率值，馈线电流、电压和功率值，主变压器电流、有功功率和无功功率，电容器的电流、无功功率及频率、相位、功率因数；此外，还有主变压器的油温、直流电源电压、所用变压器电压和功率等。

(2)开关量的采集

变电所的开关量有：断路器状态、隔离开关状态、有载调压变压器分接头的位置、同期检查状态、继电保护动作信号和运行告警信号等。

(3)电能量的采集

电能量采集可通过电能表脉冲输出、电能表通信和通过采集的模拟量计算这三种方式得到。

(4)数字量的采集

数字量的采集主要是指采集变电所内微机保护和智能装置的信息，主要有：微机保护和智能装置的故障动作信息、自诊断信息、跳闸报告和故障波形等。

变电所自动化系统中数据的采集都是由间隔层的保护测控装置和所内的智能设备完成，通过通信网络传送到变电所层。

2. 运行监视和控制

(1)安全监视

监控系统在运行过程中，对采集到的电压、电流、频率、主变压器油温等量不断地进行越限监视，如有越限立即发出告警信号，同时记录越限时间和越限值。另外，还要监视保护测控装置和其他智能装置运行是否正常，设备之间的通信是否正常。

(2)事件记录功能(历史记录)

将遥测越限、正常遥信变位、事故变位、SOE、保护动作信息、遥控记录、操作记录等信息存入历史数据，进行集中统一管理。监控系统根据存储的历史数据可以进行各种功能分析扩展传统监控系统的功能，充分体现出变电所自动化系统的优越性，如事故追忆。

事故追忆是指对变电所内的一些主要模拟量，如线路、主变压器各侧的电流，有功功率主要母线电压等，在事故前后一段时间内做连续测量记录。通过这一记录可了解系统或某一回路在事故前后所处的工作状态，对于分析和处理事故起辅助作用。

事件顺序记录包括断路器合跳闸记录、保护动作顺序记录。微机保护或监控系统采集环节必须有足够的内存,以确保当后台监控系统或远方监控主站通信中断时不丢失事件信息,并应记录事件发生的时间(应精确至毫秒级)。

(3)故障记录、故障录波和故障测距功能

继电保护装置发生动作后故障录波数据是故障分析最有效的手段。故障测距可以尽快找出故障点,缩短修复时间,尽快恢复供电,减少损失,这一点对牵引网来说尤其重要。变电所的故障录波和故障测距可采用两种方法实现:一是由微机保护装置兼作故障记录和测距,再将记录和测距的结果送监控机存储及打印输出或直接送调度主站,这种方法可节约投资,减少硬件设备,但故障记录的量有限;另一种方法是采用专用的微机故障录波器,并且录波器应具有通信功能,可以与监控系统通信。牵引供电系统的微机保护装置一般都具有故障录波功能。测距功能由馈线保护装置完成或使用专用的故障测距装置。

牵引供电系统和电力系统的低压线路中很少设置专用故障录波器,为了方便分析故障,可以设置故障记录功能来帮助故障分析。故障记录是记录继电保护动作前后与故障有关的电流、电压、阻抗等故障电量,记录故障的详细动作信息。故障记录由微机保护装置完成。

(4)操作控制

操作人员都可通过显示器对断路器和隔离开关进行分、合闸操作,对变压器分接头位置进行调节控制,对电容器组和电抗器组进行投、切控制;同时,能接收调度中心遥控操作命令,进行远方操作,并且所有的操作控制均能就地和远方控制,就地和远方切换相互闭锁,自动和手动相互闭锁。为防止计算机系统故障时无法操作被控设备,在设计上还应保留人工直接跳合闸手段。

在显示器上的操作闭锁功能,只有输入正确的操作口令和监护口令才有权进行操作,收到返校信号后才可执行下一项。必须分对象校核、操作性质校核和命令执行三步,以保证操作的正确性。

操作管理权限按分层(级)原理管理。监控系统设有专用密码的操作口令,使调度员,遥调、遥控操作员,系统维护员和一般人员能够按权限分层(级)操作和控制。

(5)运行监视与人机联系功能

所谓运行监视,主要是指对变电所的运行工况和设备状态进行自动监视,即对变电所各种状态量变位情况的监视和各种模拟量的数值监视。通过状态量变位监视,可监视变电所各种断路器、隔离开关、接地开关、变压器分接头的位置和动作情况,继电保护和自动装置的动作情况以及它们的动作顺序。

人机联系的桥梁是显示器、鼠标和键盘。变电所采用微机监控系统后,无论是有人值班站还是无人值班站,最大的特点之一是操作人员或调度员只要面对显示器的屏幕,通过鼠标或键盘,就可了解全所的运行情况和运行参数,可对全所的断路器和隔离开关等进行分、合操作,彻底改变了传统的依靠指针式仪表和依靠模拟屏或操作屏等手段的操作方式,不仅取代了常规的仪器、仪表,而且可以实现许多常规仪表无法完成的功能,彻底改变了传统的监控。当变电所有非正常状态发生和设备异常时,系统能及时在当地或远方发出事故声响或语音报警,并在显示器上自动推出报警画面,为运行人员提供分析处理事故的信息,同时可将事故信息进行打印记录和存储。

对于无人值班变电所也必须设置必要的人机联系功能，以便当巡视或检修人员到现场时，能通过液晶显示或笔记本电脑观察到所内各设备的运行状况和运行参数。对断路器的控制应具有当地人工紧急操作的设施。

(6)报表管理和打印

根据历史数据和实时数据，提供报表管理功能，可以灵活地定义报表的格式和报表相关的数据，完成报表的编辑、显示和打印。对于有人值班的变电所，监控系统可以配备打印机，完成打印记录功能。对于无人值班变电所，可不设当地打印功能，各变电所的运行报表集中在控制中心打印输出。

(7)谐波分析与监视

谐波污染已成为电力系统的公害之一，而电气化铁路是重要的谐波污染源。因此，在变电所自动化系统中，还应重视对谐波含量的分析与监视，对谐波污染严重的变电所采取适当的抑制措施。

不论从保证电力系统和供电系统的安全经济运行或是从保证设备和人身的安全来看，对谐波污染造成的危害影响加以经常监测和限制都是极为迫切需要的。一方面，电力部门加强了对谐波源和供电点电压或电流的谐波含量或畸变值的经常性监测，对新接入的谐波源负荷进行必要验算和管理，以保证电能的质量及用电设备的安全运行和正常工作；另一方面，电力用户为了保证自身设备的安全和正常运行，也应当把自己的用电设备产生的谐波畸变值保持在规定的限度以内。

随着社会的发展，对电能质量的要求越来越高，电气化铁路作为谐波污染源，有必要加强谐波监视和分析，以便采取有力的措施减少或消除谐波污染。

3. 数据处理和记录

监控系统除了完成上述功能外，数据处理和记录也是很重要的环节。历史数据的形成和存储是数据处理的主要内容。此外，为满足继电保护专业和变电所管理的需要，必须进行一些数据统计。其内容包括：

(1)主变压器和输电线路有功功率和无功功率每天的最大值和最小值以及相应的时间；

(2)母线电压每天定时记录的最高值和最低值以及相应时间；

(3)计算变配电电能平衡率；

(4)统计断路器动作次数；

(5)断路器切除故障电流和跳闸次数的累计数；

(6)控制操作和修改定值记录。

随着变电所自动化系统技术的发展，需要统计的数据和记录也会不断地变化，对数据的处理也会不断扩展监控系统的功能。

4. 其他功能

监控子系统采集了变电所内的所有数据和设备运行状态，在此基础上可以完成一些单个装置难以完成的功能，即监控系统可以增加功能模块，协调多个装置共同完成某一特定的功能，避免装置之间的通信增加系统的复杂性，比如电压无功控制功能和小电流接地选线功能。

第二节　电力远动传输方式

在电力远动系统中，数据通信是一个重要环节，其主要任务体现在两个方面：

一方面是完成自动化系统内部各子系统或各种功能模块间的信息交换。这是因为变电所自动化系统实质是由分层分布式的多台微机组成的控制系统。在各个子系统中，往往又由多种智能模块组成。因此，必须通过内部数据通信，实现各子系统内部和各子系统之间的信息交换和信息共享。

另一方面是完成变电所与调度中心的通信任务。

网络通信技术是变电所自动化技术发展的核心，网络通信技术的突破带来了变电所自动化技术的突破。

首先分析变配电所的一个开关发生变位后信息传输的过程。开关变位的信息需要传送到变电所的当地监控系统中，还需要通过远动装置传送到调度中心。在变电所自动化系统中这个变位信号由智能装置来完成采集，之后通过它的通信接口传送到当地监控系统和远动通信单元。

（一）变电所自动化系统通信子系统功能

1. 变电所内的信息交换

(1)现场一次设备与间隔层间的信息传输

间隔层设备主要完成保护、测控、控制功能，需要从现场一次设备的电压和电流互感器采集正常情况和事故情况下的电压值和电流值，采集设备的状态信息和故障诊断信息，这些信息主要是：断路器、隔离开关位置，变压器的分接头位置，变压器、互感器、避雷器的诊断信息以及断路器操作信息等。目前情况下间隔层设备和一次设备的信息交互是通过电缆来完成的。随着技术的发展，一次设备开始智能化，也可以通过通信来和间隔层设备交互信息。

(2)间隔层内部的信息交换

在一个间隔层内部相关的功能模块间，即继电保护、测量、控制模块之间的数据交换，比如变压器可能会配置主保护、后备保护、测控单元共三个智能设备，它们之间可能需要信息交换。这类信息有测量数据，断路器、隔离开关的位置、状态等。

(3)间隔层之间的信息交换

有些功能需要在不同的间隔层之间交换数据，比如不同间隔的断路器、隔离开关的闭锁，变压器的自投等。

(4)间隔层与变电所层的信息交换

间隔层和变电所层之间的通信是最主要的通信，信息交换的内容很多，主要有以下三类：

①测量及状态信息。正常及事故情况下的测量值和计算值，断路器、隔离开关、变压器分接开关位置，各单元层设备运行状态，保护动作信息等。

②操作信息。断路器和隔离开关的分、合闸命令，主变压器分接头位置的调节，自动装置的投入与退出等。

③参数信息。微机保护和自动装置的整定值等。

(5)变电所层内部信息交换

变电所层可能有多台计算机设备来完成变电所层的功能，不同设备之间的通信，要根据设备的任务和功能的特点，传输所需的测量信息、状态信息和操作命令等。

2. 变电所和调度中心的信息交换

变电所自动化系统都具有远动功能，远动通信单元会把变电所内的相关信息传送到调度中心，同时能接收调度的数据和控制命令。变电所向调度中心传送的信息通常称为“上行信息”；而由调度中心向变电所发送的信息，常称为“下行信息”。这些信息可按“四遥”功能划分，主要包括：

(1)遥测信息：变电所上送模拟量的相关信息。

(2)遥信信息：变电所上送开关位置信号、有关状态信号、保护动作信号等。

(3)遥控命令：调度中心下发命令控制断路器、隔离开关位置，保护装置的保护元件的投入/退出，装置复归等。

(4)遥调命令：调度中心下发命令改变变电所设备的工作状态和参数调整。

上述“四遥”功能是传统远动需要完成的功能，在变电所自动化下还需要完成整定值功能、详细故障信息功能、远传故障录波功能等。随着技术的发展，变电所和调度中心的信息交换内容也在不断地增加。

（二）变电所自动化系统通信的要求

1. 变电所通信网络的要求

由于数据通信在自动化系统内的重要性，经济、可靠的数据通信成为系统的技术核心，而由于变电所的特殊环境和自动化系统的要求，使变电所自动化系统内的数据网络具有以下特点和要求。

(1)快速的实时响应能力。变电所自动化系统的数据网络要及时地传输现场的实时运行信息和操作控制信息。在电力工业标准中对系统的数据传送都有严格的实时性指标，网络必须很好地保证数据通信的实时性。

(2)很高的可靠性。变电所是连续运行的，数据通信网络也必须连续运行。通信网络的故障和非正常工作会影响整个变电所自动化系统的运行，设计不合理的系统，严重时甚至会造成设备和人身事故，造成很大的损失，因此变电所自动化系统的通信子系统必须保证很高的可靠性。

(3)优良的电磁兼容性能。变电所是一个具有强电磁干扰的环境，存在电源、雷击、跳闸等强电磁干扰和地电位差干扰，通信环境恶劣，数据通信网络必须注意采取相应的措施消除这些干扰的影响。

(4)分层式结构。这是由整个系统的分层分布式结构所决定的，也只有实现通信系统的分层，才能实现整个变电所自动化系统的分层分布式结构。系统的各层次又各自具有特殊的应用条件和性能要求，因此每一层都要有合适的网络系统。

2. 信息传输响应速度的要求

不同类型和特性的信息要求传送的时间不同，根据我国电力行业标准 DL/T 5149—2020《变电站监控系统设计规程》的规定：模拟量越死区传送≤2 s；状态量变位传送时间≤1 s；模拟量信息响应时间≤3 s；状态量变化响应时间≤2 s；控制执行命令从生成到输出的时间≤1 s。

第三节 SCADA 系统基本理论

SCADA(supervisory control and data acquisition)系统,即数据采集与监视控制系统,是以计算机为基础的生产过程控制与调度自动化系统。它可以对现场的运行设备进行监视和控制,以实现数据采集、设备控制、测量、参数调节以及各类信号报警等各项功能。SCADA 系统的应用领域很广,它可以应用于电力系统、给水系统、石油、化工等监控领域。

一、SCADA 系统的功能

SCADA 系统具有"五遥"功能:遥控、遥测、遥信、遥调、遥视。

1. 遥控(YK):对被控对象进行远距离控制。调度中心运用通信技术,对变配电所、箱变等被控对象的设备发送开停或投切的命令,相应被控对象收到命令后执行。在高速铁路电力系统中遥控对象主要有电力变配电所、电力远动终端(RTU)。

2. 遥测(YC):遥测就是对被测对象的某些参数进行远距离测量。如遥测铁路电力系统中变配电所、箱变的有功和无功功率、电度、电压、电流等电气参数。这些信息经过采样后,运用通信技术送到调度中心端储存并显示。

3. 遥信(YX):将被控站的设备状态信号远距离传送给调度端。状态信号如变配电所的设备状态信号及报警信号,断路器、隔离开关的位置状态,继电保护、自动装置的动作状态。开关位置只取"合"或"分",设备状态只取"运行"或"停止"。信号采集后,运用通信技术送到调度中心端储存并显示。

4. 遥调(YT):调度端直接对被控站某些设备的工作状态和参数进行调整。如调度中心端利用通信技术,对变配电所可调节设备的电压、功率因素等进行调节。

5. 遥视(YS):调度端直接对被控站设备进行远程监视控制。变配电所的遥视涉及以下场所和设备:变配电所内场区环境;主变压器外观及中性点接地开关;变配电所的户外断路器、隔离开关以及接地开关等;变配电所内的各主要设备间。监控中心进行远程监控、管理和维护。

二、高速铁路电力 SCADA 系统构成

高速铁路电力 SCADA 系统,由监控站(调度端)、通信通道、被控站(被控端)三个部分构成,基本结构如图 11-2 所示。

1. 调度端

调度端是整个 SCADA 系统的大脑,一般设于各铁路局集团公司、铁路总公司调度所。负责协调、组织、指挥、指导电力系统相关工作。调度端完成数据收集、数据处理、控制与调节和人机联系功能,根据运行需要发送 YK、YT 命令。调度端将通道送来的信号进行数据处理后,送至后台服务器中,显示各种图形,制作各种报表、曲线;必要时,将数据送到上一级调度,数据存储在后台服务器供运行分析使用。

2. 通信通道

通信通道是指网络中任意两点或两个节点之间的路径。在高速铁路电力系统中通道主

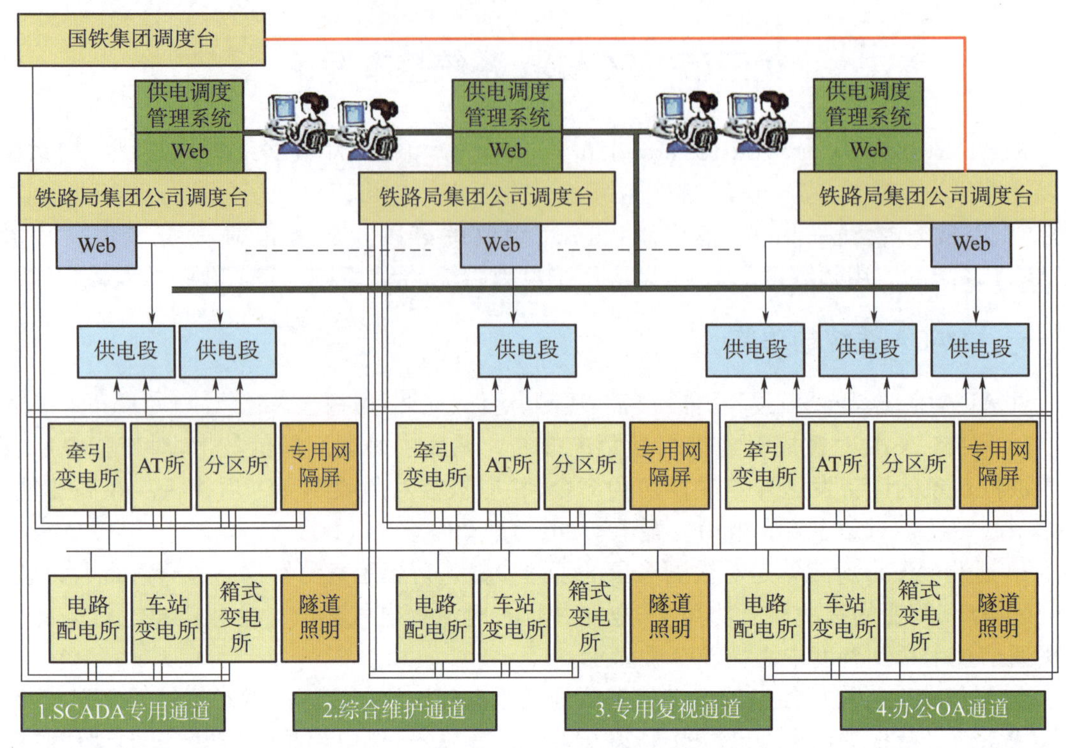

图 11-2　高速铁路电力 SCADA 系统的基本结构

要由单模光纤、485 网线、通信机房等部分组成。通信通道起到了数据的上传及下载作用，是高速铁路电力 SCADA 系统重要组成部分。

3. 被控站

被控站也叫被控端，完成 SCADA 数据采集、预处理、接收及输送执行功能。主要包括牵引变电所综合自动化系统、电力变配电所综合自动化系统、电力箱变 RTU、接触网开关控制站。高速铁路电力系统中的被控站主要是指电力箱变的 RTU 装置，它主要的功能是实现调度端对箱变的信号、电量的监控及对开关的控制。

第四节　电力远动现场数据资料的调阅方法

目前综合自动化系统生产厂家较多，这里以国电南京自动化股份有限公司的产品 NDT650 为例进行介绍。

一、后台主程序运行

执行“idt650. exe”后台主程序，进入如图 11-3 所示的主画面。此时，NDT650 监控系统已处于运行状态。

二、后台主程序的主要界面

整个界面(图 11-3)由以下几个部分组成。

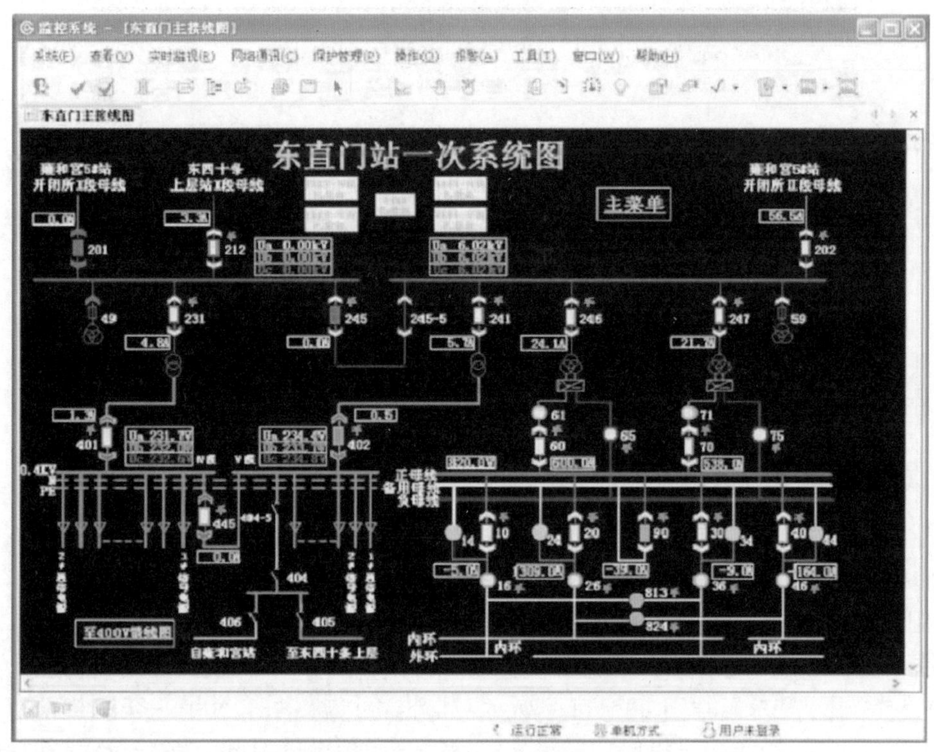

图 11-3 系统后台主画面

1. 主菜单

提供系统运行配置、实时画面管理、通信监视、保护综合管理、报警处理等各种功能选项。

2. 工具条

工具条中各项按钮均与菜单中的操作选项相对应。

3. 实时图形画面及功能视图显示窗口

当执行不同功能时，后台主程序会显示不同的功能视图并相应地更新工具栏和“操作”下拉菜单。所有的已打开功能视图采用分页显示，用户可通过点击如图 11-4 所示的视图分页选项条在不同的功能视图间进行切换。

图 11-4 功能视图分页选项条

4. 事件和告警信息分页窗口

事件/告警信息分页窗口设置在主界面的下部，可自动隐藏，如图 11-5 所示。当有事件发生时，事件/告警窗口会自动弹出并闪烁地显示该事件信息内容。事件/告警窗口显示的事件可以由用户自定义筛选，通常事件窗口显示全部事件信息，而告警窗口显示紧急、重要的事件信息并优先弹出提醒。

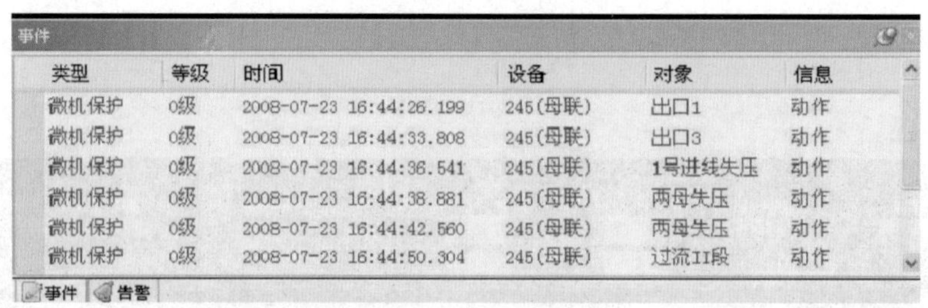

事件

类型	等级	时间	设备	对象	信息
微机保护	0级	2008-07-23 16:44:26.199	245(母联)	出口1	动作
微机保护	0级	2008-07-23 16:44:33.808	245(母联)	出口3	动作
微机保护	0级	2008-07-23 16:44:36.541	245(母联)	1号进线失压	动作
微机保护	0级	2008-07-23 16:44:38.881	245(母联)	两母失压	动作
微机保护	0级	2008-07-23 16:44:42.560	245(母联)	两母失压	动作
微机保护	0级	2008-07-23 16:44:50.304	245(母联)	过流II段	动作

事件 告警

图 11-5　事件/告警窗口

5. 状态条

显示当前系统运行方式及当前用户登录状态。

三、后台主程序的使用

后台主程序集合了后台监控系统的通信规约加载及运行监视、实时图形画面显示、保护综合管理等功能。下面结合主界面的操作来介绍各种具体功能的使用。

1. 用户登录、运行设置修改及退出

在主菜单上选择“系统”，弹出如图 11-6 所示的下拉菜单。

(1)选择“用户登录”，弹出如图 11-7 所示对话框，可进行用户登录并获取相关权限。通过用户密码验证后，操作用户将成功登录并将保持一段预设的时间。在登录保持时间内，主界面内进行的所有操作将自动获有已登录操作用户的操作权限。另外，可选择同时登录监护人用户，以执行需要人员监护的操作。

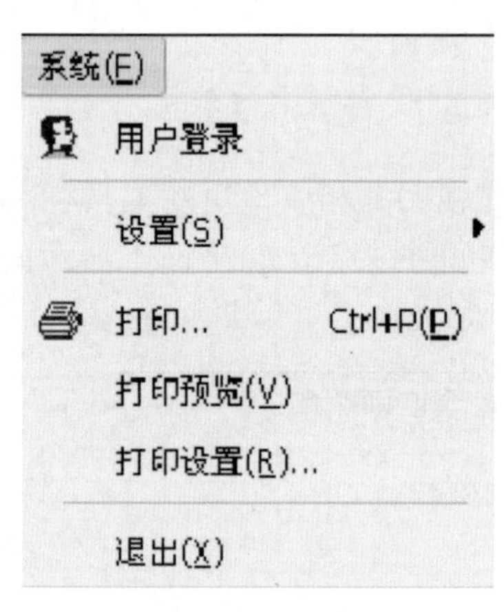

图 11-6　系统菜单

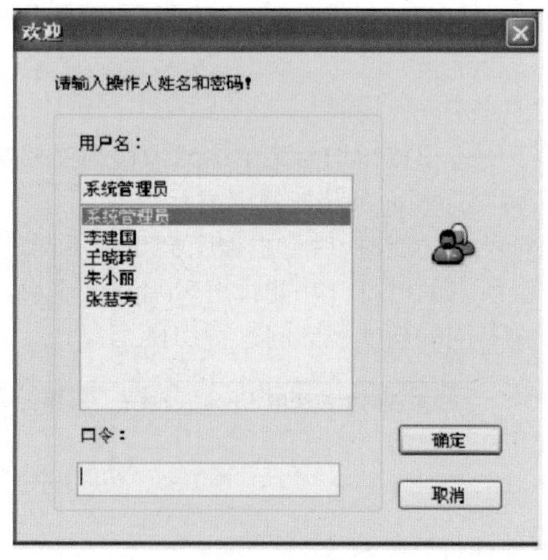

图 11-7　用户登录

(2)选择“设置”，弹出如图 11-8 所示的级联菜单。具有系统设置权限的用户可进行“实时数据备份”“历史数据保留设置”“时间控制”和“定时任务”等系统配置的修改。

①选择“实时数据备份”。NDT650 的实时数据库是以 SQLServer 磁盘数据库为基础

的，系统启动时从 SQLServer 中读入相应数据表的数据，在运行过程中又可以周期性地把实时数据写入到 SQLServer 数据库中。实时数据写入到 SQL Server 中去的周期即实时数据备份周期，可以由用户灵活设定。此外，用户还可以选择在系统退出时是否自动进行数据备份。

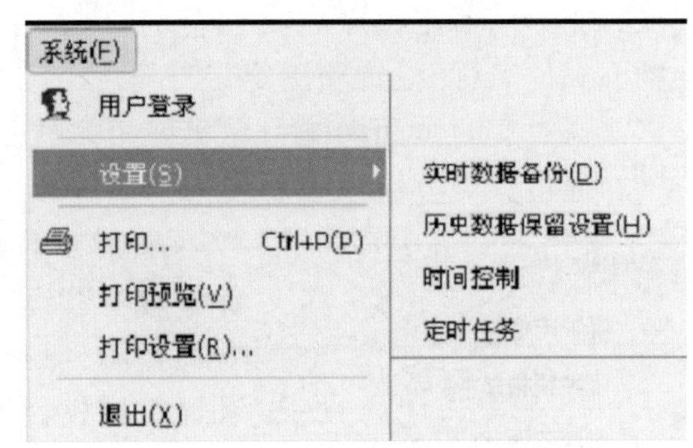

图 11-8　设置级联菜单

②选择“历史数据保留设置”。历史数据指采样数据和事故追忆数据。随着时间的推移，历史数据的数据记录将不断增长，占据大量的磁盘空间，因此必须有删除的手段。系统允许用户选择历史数据保留的天数，或设为永不覆盖。

③选择“时间控制”。可以设置数据刷新周期来控制实时画面上各种数值和状态变量刷新的时间间隔。也可以实现对实时画面上各个断路器、开关进行连续操作时遥控操作状态的保持时间。当用户成功登录后，可以通过设置用户登录保持时间实现登录状态自动保持，当该段时间结束后，系统将自动将当前用户身份恢复为匿名用户并且后续界面操作也将只有匿名用户的权限。

④选择“定时任务”。设置对话框如图 11-9 所示，可以新增、删除任务项，也可以更改(设置)已定义的任务项。

点击“运行”按钮，可以立即启动选中的任务。

(3)“打印”“打印预览”和“打印设置”执行对当前显示画面的打印、打印预览及相应的设置。具有任务管理权限的用户可通过选择“退出”而退出关闭整个后台监控系统。

2. 主界面显示控制

在主菜单上选择“查看”，弹出如图 11-10 所示的下拉菜单，用户可以控制相应窗口的隐藏、显示和程序外观风格。当然各子窗口也可以通过点击其上的关闭按钮进行隐藏。

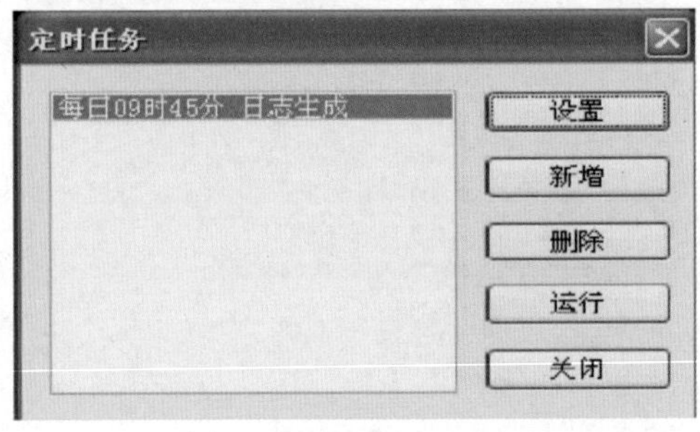

图 11-9　定时任务对话框

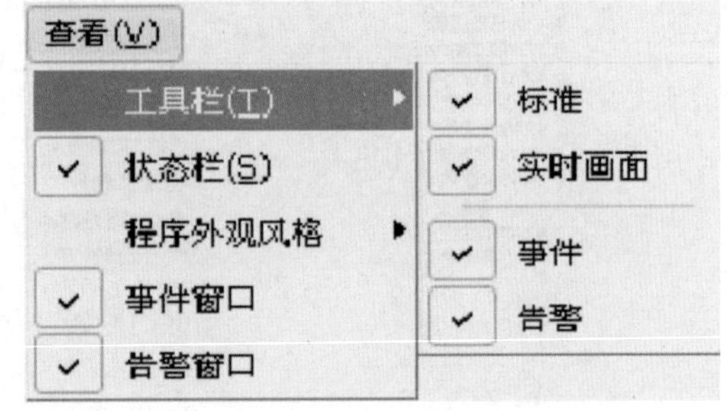

图 11-10　查看菜单

3. 实时图形画面显示与操作

实时图形画面形象直观地显示了各种实时采集的数据以及系统和各运行设备的实际运行情况，并可以反映当前观察对象的变化趋势，还可以直接在画面上实现遥控、遥调以及人工封锁变化参数等操作。图形画面可以通过以下几种方式打开。

(1)作为后台主程序启动运行时,默认主画面文件自动打开,可由“ndt6. ini”文件中的“主画面文件名称”设置项指定。

(2)通过实时画面内的引导实现相关画面打开。

(3)通过分类分组以画面名称调用打开。

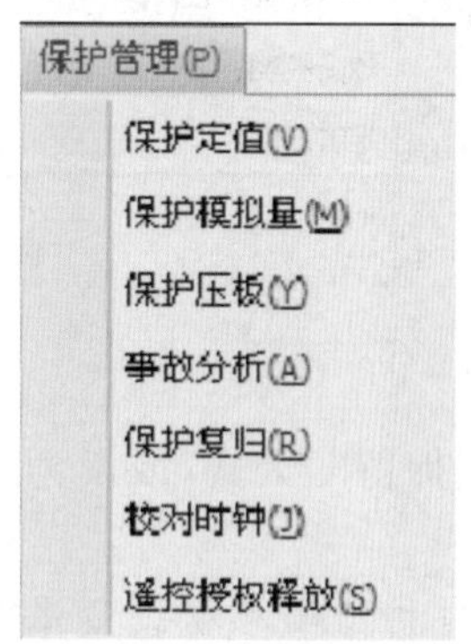

图 11-11　保护管理菜单

4. 保护综合管理

保护综合管理的主要功能分为保护定值管理、保护实时数据(模拟量)查阅、保护压板管理、保护事故分析、保护信号复归、保护对时和遥控授权释放七个部分。选择“保护管理”,弹出如图 11-11 所示的下拉菜单。

(1)保护定值

选择该项后,显示如图 11-12 所示的保护定值管理。上部为快捷工具栏,左侧窗口用树状结构表示全所装置信息,可以选定某个装置为操作对象。右侧窗口显示选定装置的当前操作区号以及对应该区的定值清单。操作区号是指被操作的定值区号,可以手动更改。定值清单表格有序号、定值名称、单位、范围、缺省值、召唤值和新定值共七个部分。召唤值是指从装置中或数据库中上传的定值数据;新定值是指用户修改后的定值。用户可以通过鼠标双击新定值的格子进行定值的修改。

图 11-12　保护定值管理

(2)事故分析

选择该项后,显示如图 11-13 所示的保护事故分析。保护事故分析主要包括两方面的内容:事故报告和事故录波。

“更新清单”用于从装置召唤所有的事故报告清单,成功后会显示如图 11-14 所示的事故报告清单对话框。选择需要查看的事故报告,确定后将从装置召唤该条事故报告,成功后事故报告内容将显示在右侧事故报告文本显示窗口内,如图 11-15 所示。

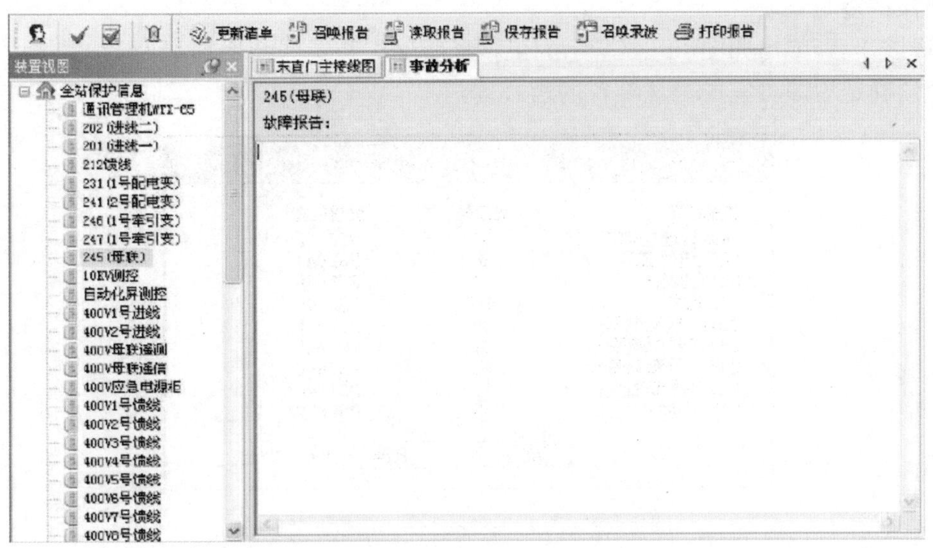

图 11-13　保护事故分析

图 11-14　事故报告清单对话框

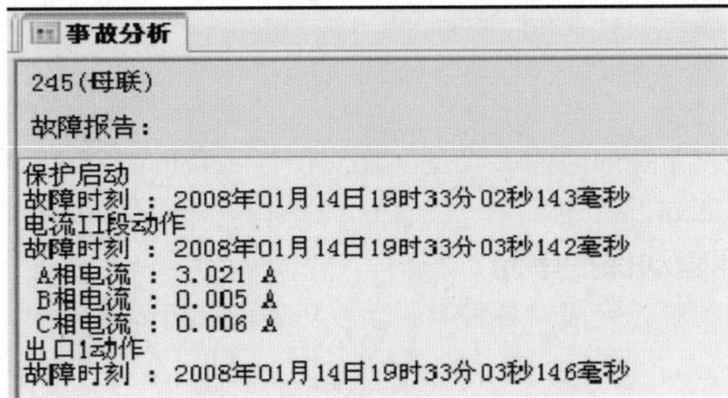

图 11-15　事故报告内容文本显示

(3)保护复归

选择该项后，弹出如图 11-16 所示的包含全所保护装置的装置选择对话框，选中所要复归的装置，确定后即可完成对该装置的信号复归。

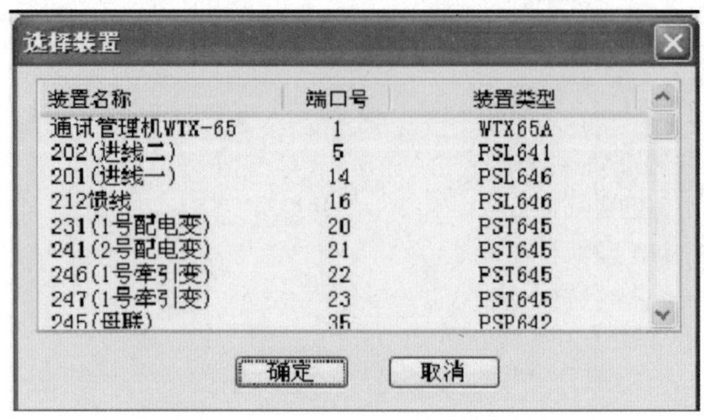

图 11-16　装置选择对话框

(4)校对时钟

选择该项后，弹出如图 11-16 所示的包含全所保护装置的装置选择对话框，选中需要校时的装置，确定后即可完成对该装置的时钟校对。

第五节　综合自动化系统

变电所综合自动化系统作为高速铁路牵引供电远动系统的数据采集与执行系统，主要负责对牵引变电所供电设备的数据采集和操作命令的执行。随着嵌入式计算机技术及现场网络技术的发展，高速铁路变电所内的被控站系统已发展为分层、分布、网络化的综合自动化系统，该系统集数据采集、微机保护、图像监控、故障录波等功能于一身。

该系统纵向分为间隔层、网络层及站级管理层。间隔层设备既可集中组屏，也可在横向按变电所一次设备分布式配置。间隔层设备通过现场网络实现与站级管理层计算机设备及远方调度中心的通信。网络层是实现两个端系统之间的数据透明传送，包括寻址和路由选择、连接的建立、保持和终止等。站级管理层的计算机可独立配置，也可预留接口在需要时接入维护计算机。

一、间　隔　层

变电所综合自动化系统的间隔层设备实现对供电设备的控制、保护、数据采集等功能。间隔层主要设备的功能如下所述。

(一)主变压器差动保护单元

主变压器差动保护单元完成对各种牵引主变压器内部故障的保护，其主要功能有：

1. 电流速断保护；

2. 3 段式比率差动保护(二次谐波制动)；

3. 存放至少两套整定值；

4. 记录装置动作事件报告、自检报告、故障报告；

5. 故障录波功能；

6. 具备以太网或其他现场总线通信接口。

（二）主变压器后备保护单元

主变压器后备保护单元完成对各种牵引主变压器相间及接地故障的保护和非电量保护，其主要功能有：

1. 变压器相间及接地故障的保护：

(1)高压侧低压启动过电流保护；

(2)高压侧反时限过电流保护；

(3)低压侧低压启动过电流保护；

(4)5 段 5 时限过负荷保护；

(5)零序过电流保护；

(6)零序过电压保护；

(7)失压保护；

(8)完善的自检功能，包括对交流采样通道异常告警的功能；

(9)存放至少两套整定值；

(10)记录装置动作事件报告、自检报告、故障报告。

2. 主变压器非电量保护：

(1)重瓦斯跳闸；

(2)压力释放跳闸；

(3)温度Ⅱ段跳闸；

(4)轻瓦斯信号；

(5)温度Ⅰ段信号；

(6)操作箱回路。

（三）主变压器综合测控单元

主变压器综合测控单元的主要功能有：

1. 通过交流采样对主变压器高低压侧电流、电压进行测量；

2. 油温测量；

3. 主变压器高压侧谐波监测及分析功能；

4. 对主变压器单元断路器、电动隔离开关等开关设备的控制功能；

5. 信号输入功能，采集各开关量及其他相关设备的状态信息；

6. 具备以太网或其他现场总线通信接口。

（四）馈线保护测控单元

馈线保护测控单元集保护、测量、控制功能于一体，并且每一台断路器对应一套保护测控单元，其主要功能有：

1. 二次谐波闭锁的 3 段自适应距离保护；

2. 电流速断保护；

3. 自适应电流增量保护；

4. TV 断线闭锁功能；
5. 具有带故障性质判断的一次重合闸；
6. 馈线故障测距功能；
7. 存放至少两套整定值；
8. 故障及负荷录波功能；
9. 记录装置动作事件报告、自检报告、故障报告；
10. 测量功能，测量母线电压、馈线电流；
11. 控制功能，完成本间隔单元断路器、隔离开关的控制；
12. 信号输入功能，完成本间隔单元断路器、隔离开关位置及其他相关信号的采集；
13. 具备以太网或其他现场总线通信接口。

（五）电容器保护测控单元

电容器保护测控单元集保护、测量、控制功能于一体，并且每一台电容器对应一套电容器保护测控单元，其主要功能有：

1. 差电压保护；
2. 差电流保护；
3. 电流速断保护；
4. 过电流保护；
5. 谐波过电流保护；
6. 过电压保护；
7. 低电压保护；
8. 故障及负荷录波功能；
9. TV 断线告警；
10. 存放至少两套整定值；
11. 记录装置动作事件报告、自检报告、故障报告；
12. 测量功能，测量母线电压、馈线电流；
13. 控制功能，完成本间隔单元断路器、隔离开关的控制；
14. 信号输入功能，完成本间隔单元断路器、隔离开关位置及其他相关信号的采集；
15. 具备以太网或其他现场总线通信接口。

二、网 络 层

变电所综合自动化系统中的网络层负责管理间隔层设备与站级管理层间的通信，其普遍采用具有较强抗干扰性、抗振动性，具有较大的温度适应范围及适合于较恶劣工业环境的现场总线。变电所综合自动化系统网络层的传输介质通常采用光纤介质，以提高变电所内数据传输网络的抗干扰能力。在国内的牵引变电所综合自动化系统中，采用的现场总线网络有 CAN、LonWorks、工业以太网等。

（一）CAN 现场总线

CAN(controller area network)即控制器局域网络，是一种全数字化、多主和双向的现场总线。CAN 总线数据通信具有很高的可靠性、实时性和灵活性，已越来越广泛地应用于各种工业现场。CAN 使用 ISO 开发系统互联 7 层模式中的最下面两层(物理层和传输层),而把上层的协议留给用户自己进行定义,这样可以提供一个灵活多变的数据传输平台。

(二) LonWorks 现场总线

LonWorks(Local Operating Networks)即局部操作网络,现场总线技术是由美国埃施朗(Echelon)公司研制的,其主要特点有:

1. 开放性:网络协议是开放的,并且对任何用户都是平等的。

2. 互操作性:网络协议完整到任何制造商的产品都是平等的。

3. 通信媒介:可用任何传输媒介进行通信,包括双绞线、电力线、光纤、同轴电缆、无线电波和红外光波,并且多种媒介能够在同一个网络中混合使用。

4. 网络结构:能够适用所有现在已有的网络结构,如主从式、对等式以及客户/服务器式。

5. 网络拓扑:不受总线型网络拓扑单一形式的限制。网络拓扑可以自由组合,也就是说,除了总线型拓扑结构之外,用户还可以选择任意形式的网络拓扑。

(三) 工业以太网

控制系统网络可分为三层,信息层、控制层和设备层。传统的控制系统在信息层大多采用以太网,而在控制层和设备层一般采用不同的现场总线或其他专用网络。目前,随着以太网技术及互联网技术的发展,以太网的应用越来越普及,且因现场总线种类繁多并缺乏统一的标准,以太网已经渗透到了控制层和设备层,几乎所有的 PLC 和远程 I/O 供应商都能提供支持 TCP/IP 的以太网接口产品。以太网应用的普及主要有三个方面的原因:

1. 低成本的刺激和速度的提高。以太网适配器的价格大幅度下降以及各种产品和标准对以太网的支持是其成功的重要因素,最初的 10 Mb/s 以太网需要 1~2 ms 才能传送一个 1 518 bit 大小的帧。现在,快速 100 Mb/s 以太网已经将这一时间减少到 120 μs。如果采用千兆位以太网,这一时间只需 12 μs。现代以太网标准(如交换、全双工传输、实时数据的优先级、带宽由 10 Mb/s 到 100 Mb/s 乃至 1 000 Mb/s)的升级,使以太网成为工业自动化网络中首选的传输方式。

2. 现代企业对实时生产信息有越来越高的要求,为了提高生产的效率和效益,人们迫切需要了解生产过程的实时数据,将实时生产信息与企业的 ERP 系统结合起来。而企业的信息层大多采用了以太网的解决方案,当控制层和设备层都采用以太网时,则可实现各层之间信息的无缝连接,而且整个网络系统将是透明的。

3. 以太网的开放性和兼容性。现场总线从 1984 年开始提出到现在,共产生了 60 多个数字通信网络标准,但这些标准分别为不同的公司所拥有,并与他们的产品捆绑在一起,相互之间兼容性很差。这就给那些使用多家产品的大型系统的集成和维护带来了很大的麻烦,因此迫切需要建立一个统一、开放的通信标准。工业以太网因为采用由 IEEE802.3 所定义的数据传输协议,它是一个开放的标准,从而被 PLC 和 DCS 厂家广泛接受。与现场总线相比以太网还具有向下兼容性。

因此,基于工业以太网的变电所综合自动化系统逐渐成为未来发展的趋势。

三、站级管理层

站级管理层设备由当地监控主机、打印机、通信处理单元(含远程通信与网关)及 GPS

组成。站级管理层设备作为牵引变电所综合自动化系统的调度、运行及维护人员的人机交流平台，负责采集与显示牵引变电所内的测控、保护单元的各种测量、保护信息，实现对变电所内的各种开关的分/合控制、信号复归、保护装置的复归与参数整定，实现相应的数据处理、曲线显示、流水打印等信息处理功能，以及实现与远方控制中心的通信。

复习思考题

1. 电力远动系统的定义是什么？由哪几部分组成？
2. 远动终端(RTU)的主要功能是什么？
3. 远动装置的日常维护及注意事项有哪些？
4. 电力远动监控系统中数据服务器的主要作用是什么？
5. 变电所“五防”功能包括什么内容？
6. 变电所自动化系统改变了常规继电保护装置的哪些不足？
7. 微机监控系统主要包括哪几部分内容？
8. 在变电所自动化系统中，谐波分析与监视有什么重要意义？
9. 数据处理和记录模块中，需要处理哪些数据？
10. 电力远动系统中，数据通信的主要任务体现在什么方面？
11. “四遥”功能的内容有哪些？
12. 变电所通信网络的要求是什么？
13. SCADA 系统的定义及功能是什么？
14. 高速铁路电力 SCADA 系统由哪几部分构成？
15. 被控站主要包括哪几部分？

第十二章 电力应急故障处理

第一节 电力应急故障处理知识及抢通恢复原则

自动闭塞和车站电气集中电力供应的可靠性直接影响正常的运输秩序和行车安全，一旦发生事故中断供电，将造成信号关闭、电动转辙设备停止运转，严重影响铁路的运输生产。

一、抢修原则

电力设备抢修应坚持统一指挥的原则，铁路局集团公司供电调度是高速铁路电力设备故障的应急处置者和组织、指挥者。各段供电调度是普速铁路电力设备故障的应急处置者和组织、指挥者，同时协助铁路局集团公司供电调度对管内高速铁路电力设备故障进行应急处置。现场抢修人员及现场指挥者应在供电调度（下同，按职责权限分指铁路局集团公司供电调度和段供电调度）统一指挥下，实施故障抢修工作，严禁盲目蛮干、违章作业、违章指挥。

电力设备抢修应遵循“快速隔离故障区段，恢复非故障区段供电，先通后复，保证行车畅通”的原则。

高速铁路电力故障抢修与普速铁路电力抢修有较大区别，普速铁路发生故障主要依靠维护人员现场处理，并经过抢修恢复正常供电方式。高速铁路电力故障处理的原则：正确判断故障地点，迅速切除故障区段，确保高速铁路行车供电、天窗点内处理完善。高速铁路电力故障的处理，主要是电调操作，优先保证行车，只要能够维持行车，具体故障处理应安排在天窗时间进行，很多情况是一个故障需要若干个天窗才能全部完成，在此期间，高速铁路电力需要在非正常方式下运行。

二、抢修要求

1. 在整个抢修作业中，必须严格遵守《铁路电力安全工作规程》和《铁路电力安全工作规程补充规定》等有关规定，始终将安全放在首位，坚持安全作业，防止扩大故障影响范围和发生意外事故。抢修工作务必要组织严密，坚决杜绝衍生事故的发生。

2. 电力故障区段隔离或设备切除后，供电调度应与行调互通信息，对故障影响做出判断并采取相应措施。

（1）电力故障已严重影响行车，应立即下达故障抢修出动命令。

（2）电力故障未对行车产生影响，可下达巡视检查出动命令，对故障区段或设备进行巡查。

(3)电力故障影响行车秩序,但可以维持行车,宜下达故障抢修出动命令。

3. 故障抢修人员接到故障抢修出动命令后,应立即根据故障信息携带通信工具、照明工具、测量工具、小型发电机、应急抢修包等应急抢修工器具及零星材料赶往故障现场,将现场情况报告供电调度,并按照调度指令进行抢修处理。

4. 故障抢修人员接到巡视检查出动命令后,应赶往故障隔离区段或地点,现场查看电力故障有无扩大范围、着火、冒烟等构成影响行车的隐患。存在隐患时,应请示供电调度及时处理。经确认不危及正常行车时,及时向供电调度反馈信息。供电调度应维持设备故障隔离后的运行方式,故障处理宜安排在天窗点内进行。电力故障虽影响行车秩序,但可以维持行车情况下,供电调度经与行调协商,有权决定维持现状或即时抢修。

5. 如需登乘列车或使用作业车协助故障处理,段调度向集团公司供电调度提出申请,集团公司供电调度根据抢修需要,联系行车调度后安排登乘列车或作业车配合。

6. 集团公司、段分界处电力故障,由双方供电调度协商后操作,尽快隔离故障区段或切除故障设备。故障处理期间,分别按照非正常运行方式运行,故障处理完毕后,经双方供电调度确认、协商,恢复正常运行方式。

7. 铁路防护栅栏外的电力设备发生故障后,在确保行车及人身安全的情况下,经供电调度批准,可以在天窗点外进行处理,处理完毕后宜在天窗点内恢复正常运行方式。

8. 当电力故障在一个天窗内不能完全修复时,供电调度应按照相关规定调整运行方式,保证安全供电,确保行车畅通。电力故障彻底修复后,应恢复正常运行方式。

9. 电力抢修人员到达现场后和撤离现场前,要指派专人与供电调度时刻保持联系,传达上级有关指示。供电调度与抢修现场应保持信息畅通,随时了解抢修进度。

10. 故障抢修结束后,现场抢修人员确认设备具备送电条件后,应及时向供电调度汇报,送电后注意观察设备运行状态,待正常后方可撤离现场。

三、抢修工器具及备品管理

抢修工器具包含交通工具、受力工具、生产工具、计量工具、安全工具、工具类设备、应急抢修包等,各供电车间和工区应建立完善的抢修料具出入库制度,专人负责,分库存放,定置管理,不得无故外借或挪作他用。

铁路电力故障分析一般在故障发生后,分析结果与故障定责密切相关。普速铁路电力故障分析一般是定性分析,推论较多。高速铁路电力 SCADA 系统记录了详细的运行数据,包括故障发生全过程的所有信息,主要有:故障发生的时间、故障电流、故障电压、频率、图形等。因此,高速铁路电力故障应充分利用 SCADA 系统提供的丰富的数据进行定量分析,用数据说话,确定故障的真正原因,排除故障隐患,并杜绝故障的再次发生。

例如,当普速铁路一路电源故障时,影响信号供电,电力工作者分析会说:“另一路电源是好的,与我们无关”。但这只是推论。高速铁路电力遇到同样情况,可以从 SCADA 系统调出相关数据、图形,证明故障地点发生故障时刻的供电情况,两路电源电压、电流情况,从而以数据说话。

现场抢修人员应注意保存电力故障及抢修工作的原始资料,包括必要的影像资料,集团公司供电调度应对故障处理过程中的通话进行录音，保存三个月。

故障抢修结束后，段供电调度应及时填写“故障速报”报铁路局集团公司供电部、供电段技术、安全等部门，应组织人员从日常运行管理、检修质量、设备质量工艺、施工工艺、外部环境、人员素质等方面深入调查，分析故障的原因，总结经验教训，制定针对性的整改措施进行闭环整改，形成“故障分析报告”报铁路局集团公司供电部。

第二节 事故救援配合知识

高速铁路事故救援是指高速铁路线路发生事故，造成人员伤亡、财产损失、中断行车及其他影响铁路正常行车，需要实施应急救援的情况。高速铁路事故救援工作应当遵循“以人为本、逐级负责、应急有备、处置高效”的原则。

当高速铁路发生事故，供电段（公司）值班调度接到上级部门对事故现场进行救援的要求后，应立即启动供电段（公司）高速铁路各专业抢修预案。

相关车间接到通知后应立即启动本车间高速铁路各专业抢修预案，并确定现场救援电力负责人。电力救援现场应及时与事故救援指挥建立联系，确认救援地点、要求，确定救援现场电力供应及照明方案。同时段（公司）应立即组织人员、材料、机具，出动赶往事发现场开展救援工作，抢修人员出动昼间不超过 15 min，夜间不超过 20 min。参加事故救援的人员，应佩戴具有明显标识并符合防护要求的安全帽、防护服、防护靴等。

当电力事故救援人员赶到现场后应立即向现场事故救援指挥部（或现场职务最高者）报到，请示要开展的工作，服从指挥和分配。

在事故救援过程中，电力救援人员应首先保证救援现场的临时照明工作，救援人员在现场应尽可能利用附近的电力设备为救援照明提供电源，如现场无可利用电源时可以利用发电机或从附近农电为事故救援现场提供照明临时电源。

第三节 电力故障抢修预案

为了迅速地处理电力故障及时恢复供电，各供电段（公司）应根据《铁路电力管理规则》、《铁路电力安全工作规程》、铁路局集团公司相关文件制定供电段（公司）抢修预案。车间应根据段（公司）预案细化抢修预案措施。

1. 电力抢修预案的组织机构

建立健全电力抢修组织机构，各供电段（公司）、车间及工区成立电力抢修队伍，按逐级负责制的原则，在电力设备发生故障时全面负责故障的处理和抢修及现场指挥工作。

各供电段（公司）成立以段长（总经理）为组长的电力故障抢修领导小组，组员包括：各主管副段长（经理），安全、技术、材料、段（公司）办等相关职能科室科长，各车间主任等。

车间应成立以车间主任为队长的电力故障抢修队，队员包括：主管副主任（或主管技术员）、安全员、车间管内各工长、车间材料员、汽车司机等。

工区应成立以工长为组长的电力故障抢修小组，组员包括：副工长、安全员、材料员、工区骨干等。

2. 电力故障抢修预案的启动

根据铁路局集团公司电力调度命令，启动供电段（公司）的抢修预案，由供电段（公司）值班调度下达命令，各部门应严格按调度命令执行。

铁路局集团公司电力调度是电力故障抢修的直接组织指挥中心，供电段（公司）是电力故障抢修具体实施部门，根据铁路局集团公司电力调度的命令组织人员、机具进行故障排查、处理。供电段（公司）值班调度负责协助铁路局集团公司电力调度进行抢修工作以及信息传达，所有值班人员、抢修电力工作人员都应服从铁路局集团公司电力调度的命令。

3. 电力故障抢修时设备操作的基本规定

(1)在抢修过程中凡不危及人身安全和不会导致故障扩大时，所有纳入远动系统的高速铁路电力设备（接地刀闸除外）的操作均应与铁路局集团公司电力调度联系，由铁路局集团公司电力调度远动操作，抢修人员现场确认。

(2)在抢修过程中采取安全措施时，柜屏上的接地刀闸的"投入"与"取消"应与铁路局集团公司电力调度联系，经其同意后，可由抢修人员在现场操作。

(3)因电力故障导致设备无法远动操作时，抢修人员在接到铁路局集团公司电力调度命令后，可以在现场手动操作。

(4)在高速铁路电力故障抢修中可不开工作票，但应按照调度命令执行，并在抢修结束后按要求及时销令。

(5)在高速铁路电力故障抢修中有危及人身和设备安全的紧急情况时，可以不经过铁路局集团公司电力调度的批准，先行断开断路器或相关的负荷开关、隔离开关，其后应立即报告铁路局集团公司电力调度，并记入工作日志，但涉及操作的断路器、开关再次闭合时则应以铁路局集团公司电力调度命令为准。

4. 发生故障时的信息传递

当发生故障时，各供电段（公司）值班调度接收到铁路局集团公司电力调度传达的（或各车间汇报）故障信息后，应该核实故障性质及地点，及时准确地将故障信息汇报到供电段（公司）的安调科科长、值班领导及主管段长（总经理）（或铁路局集团公司电力调度），并做好记录。抢修人员到达现场后，应首先将故障影响范围、设备损坏情况、初步原因等尽快通过各种方式报告铁路局集团公司电力调度，并提出抢修方案的建议。抢修人员按铁路局集团公司电力调度审核批准后的抢修方案实施抢修。抢修信息反馈应该及时、准确，现场电力抢修人员应每隔 30 min 向供电段（公司）值班调度汇报一次抢修情况，值班调度同时也应每隔 30 min 向铁路局集团公司电力调度汇报一次抢修情况。

5. 抢修备料

(1)储备原则

电力故障处理的常备用料由供电段（公司）及车间进行储备，供电段（公司）及车间应在材料库内安排专门的料架摆放抢修备品备料，建立专门的管理台账，对抢险备品备料应每月清查核对一次，以确保抢险备品备料的齐全，对一些非常用的电力备品备料可采取供电段（公司）材料科储备和联系各地电力材料供应商储备相结合的方式，对一些专有或专供的备件应定数量提前联系厂家购买并进行储备。抢险备品备料非因抢修需要不得随意使用，所有在抢修中消耗的备品备料应及时给予补充。

(2)储备数量

参照各铁路局集团公司相关规定。

6. 高速铁路电力故障抢修的注意事项

(1)发生高速铁路电力抢修时，各级抢修人员应当积极进行抢修，对结合部相关单位的配合应以大局为重，主动配合，减少损失，缩小影响。

(2)各供电段(公司)应规范值班制度，各车间必须 24 h 不间断值班。高速铁路电力故障抢修预案需要启动时，全体抢修成员及汽车司机应做好抢修材料、机具的准备工作(白天 15 min，夜间 20 min)，所有抢修人员第一时间赶到现场进行抢修应急处理，所有参与抢修的人员应该严格按照标准化着装。

(3)高速铁路电力故障发生后，应首先判断故障区域，锁定故障范围，切除故障点，临时恢复送电，抢修工作应听从铁路局集团公司电力调度统一指挥，有序开展抢修工作。

(4)其他支援力量在接到准备抢修命令后，应迅速做好各项抢修准备工作，随时准备出动。

(5)高速铁路电力故障抢修时应针对不同故障发生的具体情况，采取针对性的、有效的安全防护措施。高速铁路电力故障抢修时应按正常的停电作业程序进行要令、验电、接地，设置好行车防护措施后方可进行抢修工作。在整个抢修工作中，特别要强调人身安全，防止引发人身伤害及其他次生灾害。

第四节　电力典型故障分析

一、电缆烧损案例

1. 故障概况

某日，××动车所同沟敷设的 10 kV 配电所两路电源进线电缆、两路至动车所 7 号所的馈出电缆短时间内发生 5 处电缆烧损故障，造成××动车所 7 个站区变电所无电，影响××高速铁路线路 20 列动车组不同程度晚点。故障位置和××动车所的供电示意，如图 12-1 所示。

2. 故障原因

(1)一处绝缘薄弱电缆头绝缘击穿，发生 A 相电缆单相接地，由于多根电缆同沟敷设，造成多处电缆同时烧损故障。

(2)接地系统保护和环形供电方案不完善。一是全电缆线路，中性点不接地电力系统发生单相接地故障时，不跳闸，扩大了故障范围。二是环形供电不完善，一路电源故障后另一路电源无法通过环网供电。

二、箱变故障案例

1. 故障概况

某日凌晨，天气寒冷，某站公安及公寓综合楼(道岔融雪北)及站房电源过流跳闸，动作

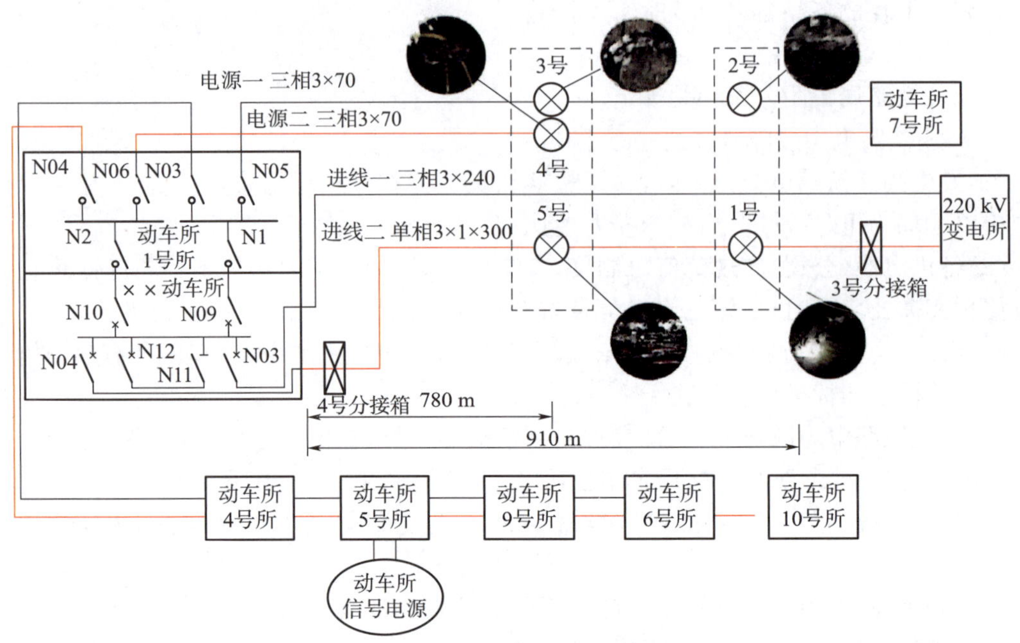

图 12-1　××动车所的供电示意

电流 3.21 A。维管单位马上派出人员检查，发现该站南 1 号融雪箱变负荷开关到变压器的电缆头爆炸，立即采取临时措施，切除故障电缆烧损处，重新做热缩电缆头并接在变压器上，确保道岔融雪设备供电。

2. 故障原因

经过厂家、施工单位与维管单位技术人员现场分析，该箱变馈出电缆头存在施工质量问题。由于该供电系统采用中性点不接地方式，施工方在对电缆半导体剥切中，尺寸没有达到规定标准。在运行一段时间以后，半导体对线芯长期放电，而在中性点不接地系统中，单相接地是不跳闸的，所以电缆头本体逐渐形成薄弱点，电缆头击穿后放电，拉弧，导致三相短路过流动作，最终造成三相电缆头均烧损。

三、电杆侵限案例

1. 事故概况

某日，××贯通线 39 号电杆向铁道线路侧倾斜近 45°，侵入铁路安全限界。

2. 事故原因

(1)日常巡检不到位。事故发生前不久，工区多次徒步巡视检查，未发现贯通线 39 号杆受雨水冲刷，造成埋深不足、基础不牢的隐患。

(2)安全敏感性不强。工区对电杆外部环境以及基础变化情况不掌握，对坡脚、路堑、沟边等轨旁设备隐患排查整治不到位。该电杆地处路堑边坡边缘，埋深不足，受降雨因素影响，土质松软，基础不牢，导致电杆向铁道线路侧严重倾斜。

复习思考题

1. 普速铁路电力设备抢修应遵循怎样的原则?
2. 高速铁路电力设备抢修应遵循怎样的原则?
3. 抢修要求是什么?
4. 抢修时需要携带哪些工器具?
5. 电力故障及抢修工作的原始资料需要保存多久?
6. 高速铁路事故救援工作应当遵循怎样的原则?
7. 抢修人员出动昼间夜间的时间要求是什么?
8. 电力故障抢修预案的启动由谁下达?
9. 电力故障抢修时设备操作的基本规定是什么?
10. 发生故障时的信息传递,现场人员应多久汇报一次?
11. 电力故障处理的常备用料储备原则是什么?
12. 高速铁路电力故障抢修的注意事项有哪些?
13. 在高速铁路电力故障抢修中是否必须开具工作票?
14. 电力故障抢修的直接组织指挥中心和具体实施部门分别是谁?
15. 车间成立电力故障抢修队的成员有哪些?

第三篇　相关知识

第十三章　铁路电力系统相关基础知识

第一节　铁路电力相关一般知识

一、概　　述

在日常铁路线路上运行的电力机车以及动车组列车的动力来源离不开供电，铁路运输车站、枢纽、站段等处所的信号、通信、道岔、调度等用电设备也离不开供电，所以供电可靠性将直接影响铁路的运输秩序和安全。

二、供电与电力的区别

铁路供电系统按功能划分为牵引供电系统和电力供电系统两大部分。

（一）牵引供电系统

牵引供电系统向电力机车（含动车组，下同）提供电源。地方电力系统区域变电所或发电厂通过高压输电线路送电至设在铁路沿线的牵引变电所，经牵引变电所变换为电力机车所需电压等级的单相电后，送到铁路轨道上方的接触网上，电力机车通过车顶的受电弓从接触网获得电能，牵引列车运行。电力机车负荷称为牵引负荷，其供电可靠性直接影响行车，是重要的一级负荷。牵引供电系统由牵引变电所和接触网组成，牵引网是由馈电线（供电线）、接触网、轨道和大地等构成的供电网的总称。

1. 牵引变电所

牵引变电所的作用是将电力系统引入的 110 kV 或 220 kV 三相交流电变换成 27.5 kV 或(2×27.5) kV 的单相交流电，通过馈线输送至铁路线上的接触网，为电力机车供电。有少数牵引变电所还承担向铁路地区工农业用户的 10 kV 动力负荷供电，所以牵引变电所是接受和分配电能并改变电能电压的枢纽，是电力系统和电力机车之间的重要环节，它主要由牵引变压器和相应的配电装置构成。

2. 牵引网

牵引网是由馈电线、接触网、钢轨、回流线组成的双导线供电系统。牵引供电回路为牵引变电所→馈电线→接触网→电力机车→钢轨和大地→回流线→牵引变电所。

(1)馈电线是连接牵引变电所和接触网的导线。馈电线也送电给车站、机务折返段、开闭所等。馈电线一般都采用大截面的钢芯铝绞线。

(2)接触网是牵引网的主体,是悬挂于电气化铁道钢轨的上方并和钢轨顶面保持一定距离的输电网。电力机车的受电弓和接触网滑动接触,获取电能。接触网的额定电压是25 kV。由于接触网运行条件恶劣,且又无法备用,所以其正常与否对电气化区段安全运行意义重大。

(3)轨道在电气化区段,除作列车导轨之外,还是牵引回归电流的导线,是牵引电路的组成部分,所以电气化区段轨道是导电的。

(4)回流线是连接钢轨和牵引变电所中牵引变压器接地相之间的导线,它的作用是将轨道中的牵引回归电流引入牵引变电所。

3. 分区所

分区所在电气化铁道上,为了提高供电可靠性,增加供电的灵活性,在两个相邻供电分区的分界处常用分相绝缘器断开。若是单线电气化区段,在分相绝缘器断开处设旁路隔离开关,以便实行一侧变电所事故时临时越区供电。若是复线电气化区段,则在断开处设置开关和相应的配电装置,组成分区所。

分区所可提高牵引供电的可靠性和灵活性。其作用如下:

(1)可以使相邻两供电区段实行双边并联供电或分开供电;也可使复线区段的上下行线实行并联或分开供电。采用并联供电、双边供电,均可减小线路压降,加大变电所距离,减少变电所数量,降低造价。

(2)相邻牵引变电所发生故障而不能继续供电时,可以闭合分区所的断路器,由非故障的牵引变电所实行越区供电。

4. 开闭所

在铁路枢纽地区,除线路区间外,还有许多负载枢纽编组站、客站、机务段等都需要牵引供电。为了保证供电的可靠性和灵活性,接触网按作业及要求分为若干个组,需要多条馈线向这些接触网分组供电。而实际中,牵引变电所又常远离这些负载,为经济性而考虑,一般在这些负载附近设立开闭所来解决问题。

开闭所的进线是由牵引变电所的牵引母线经馈电线引入,输出线向各接触网分组供电。它的进线与出线均通过断路器进行控制和保护。开闭所实质是一个不设变压器的开关站。

5. 自耦变压器站(AT 所)

电气化区段若采用 AT 供电方式时,在沿线每 8～12 km 应设置一个自耦变压器和相应的配电装置,即自耦变压器站(简称 AT 所)。

自耦变压器容量较小,接线方式简单,故一般只设简单的瓦斯保护和碰壳保护,由远方电源侧进行保护切除。

因自耦变压器间距与铁路区间间距大致相同,一般都将自耦变压器站设于车站以便于管理。实用中若供电区中间设有分区亭时,自耦变压器站也可并入分区亭内。这种情况下,因分区亭具有直流操作电源,自耦变压器可以经过断路器接入牵引网,一旦自耦变压器发生事故,可以由断路器就地切除。

(二)电力供电系统

铁路是国民经济发展的大动脉,而电力则为铁路运输生产提供重要的能源,是铁路的重要组成部分。铁路电力系统对提高铁路的运输能力以及保障行车安全起着非常重要的作用，其供电可靠性直接关系到铁路设备运行稳定与铁路运输的畅通，提供安全、稳定、可靠的电源，是铁路电力工作的基本任务。

铁路电力供电系统向牵引负荷以外的其他铁路用电负荷提供电源，包括铁路信号、通信、信息、生产、车站、供水等系统的用电负荷。铁路电力供电系统供电可靠性根据负荷的性质有不同的要求，如与行车密切相关的通信、信号、运营调度系统以及车站供电等负荷是特别重要的一级负荷。

第二节　电力机车、车辆、动车组的一般知识

一、电力机车相关知识

（一）机车的作用

机车是牵引旅客列车、货物列车和调车作业的动力。由于铁路车辆大都不具备动力装置，需要把客车或货车连挂成车列，由机车牵引沿钢轨运行。在车站上，车辆的转线以及货车取送、调车作业，也需要机车来完成。

（二）机车的分类

1. 按所用动力分

铁路运用的机车按所用动力分为蒸汽机车、内燃机车和电力机车。蒸汽机车由于其热效率低，目前我国铁路已将其淘汰。

2. 按用途分

机车按用途分为货运机车、客运机车、调车机车、安货通用机车、工矿机车等。货运机车主要型号有 SS_4 型、DF_4 型、HX 系列等；客运机车主要型号有 SS_8 型、DF_{11} 型等；调车机车主要型号有 DF_7 型、BJ 型等。

（三）主要机车的一般知识

1. 内燃机车

内燃机车是以内燃机作为原动力，通过传动装置驱动车轮的机车。按用于机车内燃机种类不同，内燃机车可分为柴油机车和燃气轮机车。在我国，内燃机车习惯指柴油机车。

内燃机车的运用热效率达 30%左右，较已淘汰的蒸汽机车高 3 倍。其功率大，维修保养量小，适宜干线牵引，应用非常广泛。但其缺点是对大气和环境产生污染。

内燃机车有机械传动、液力传动、电力传动三种传动方式，现代机车多采用电力传动和液力传动。目前，我国内燃机车以电传动为主，代表车型有东风型直流电传动内燃机车和 HXN 系列交流电传动内燃机车，以下以 HXN_5 型内燃机车为例进行介绍。

HXN_5 型内燃机车采用了“轴控”式交流传动控制、计算机控制、电控制等先进技术，是国内单轴功率最大、黏着利用率最高的大功率重载货运内燃机车。

(1)内燃机车的基本组成及各部作用

内燃机车类型很多，但其基本结构和工作原理基本相同。

①基本结构

内燃机车的基本结构由柴油机、传动装置、车体走行部、车钩缓冲装置、制动装置、辅助

装置和控制设备等组成。

从外部看，HXN_5 型内燃机车前端下部是车钩装置，用来连接机车车辆，传递机车牵引力。另装有排障器，用来排除线路上的障碍物，保证机车运行安全。裸露在外的部分为车体走行部，包括车体、车架、转向架等基础部件。

车体是车架上部的外壳，起保护机车上的人员和机器设备不受风、沙、雨、雪的侵袭和防寒作用。

车架是机车的骨干，采用矩形钢结构，由中梁、侧梁、枕梁、横梁等主要部件组成，上面安装柴油机等设备，下面由两个转向架支撑并与车架相连，车架中梁前后两端的中下部装设车钩及缓冲装置。车架承受荷载大，并传递牵引力使列车运行，因此，车架必须有足够的强度和刚度。

转向架是机车的走行装置，主要实现牵引、支承和传递功能，直线和曲线导向功能，隔振、缓冲功能和制动功能。单司机室 HXN_5 型内燃机车转向架为单独驱动的三根动轴，主要由轮对电机驱动装置、轴箱、构架、一系悬挂装置、二系悬挂装置、牵引装置、基础制动装置、绝缘润滑装置、附件（排障器、清扫器、撒砂装置）等组成。

②柴油机

柴油机是内燃机车的动力装置，它是利用柴油燃烧所产生的热能作动力的一种机械。柴油机由固定部件、运动部件、配气机构，以及进排气、燃油、冷却、润滑等系统组成。HXN_5 型内燃机车柴油机采用动力组结构，主要包括气缸盖、加强套、气缸套、活塞和连杆，拿出气门推杆后便可将动力组整体从柴油机中取出。此结构非常方便于柴油机的维护，有利于缩短检修周期，避免冷却水对润滑油的影响。

③交流电传动系统

HXN_5 型内燃机车采用交流电传动系统，分为牵引电传动系统、辅助电气系统、计算机网络控制系统及行车安全系统。

牵引电传动系统先要产生交流电源，然后转换成直流电，再转换成交流电。转换后的交流电源的电压幅值及频率由计算机控制系统精确控制，以确保牵引电机输出需要的行车速度及牵引力。

辅助电气系统由辅助电机及其控制系统组成，实现了辅助设备的电驱动和控制。辅助电源由与主发电机同轴的辅助发电机提供，为机车各辅助设备供电。

(2)交-直流电传动内燃机车的工作原理

交-直流电传动内燃机车的工作原理是柴油机曲轴输出端与发电机的转子连接在一起，组成发电机组。当柴油机工作时，燃料在气缸内燃烧，所产生的高温高压气体在气缸内膨胀，推动活塞往复运动，连杆带动曲轴旋转对外做功，燃料的热能转化为机械能。柴油机发出的动力传输给传动装置的主发电机，主发电机转子旋转，如果给主发励磁绕组输入电流，发电机便可发出三相交流电，机械能转化为交流电能，经整流柜将三相交流电变换为直流电，供给牵引电动机使用，牵引电动机电枢轴与车轴齿轮箱相连，至此把电能再转变成机械能。通过对柴油机、传动装置的控制和调节，将适应机车运行工况的输出转速和转矩送到每个车轴齿轮箱驱动动轮，动轮产生的轮轴牵引力驱动列车前进。

(3)我国内燃机车的发展

我国内燃机车的发展始于 20 世纪 60 年代，历经四代，依靠科技进步，机车的技术含量不断提升，内燃机车已从液力传动、电力传动并举发展到全部采用电力传动，柴油机装车功率、热效率、传动装置效率等参数性能不断优化提高，机车功率、结构、可靠性和使用寿命显著提高。目前，内燃机车的机型多达十几种，形成了内燃机车的型谱和系列化产品。

进入 21 世纪，以车载计算机控制及故障诊断、交流传动、径向转向架、柴油机电子燃油喷射装置为标志的内燃机车技术得到了快速发展。目前，交流传动内燃机车也已形成 HXN_3、HXN_5 系列，以满足铁路客运高速和货运重载的需求。

2. 电力机车

电力机车是利用电能由电动机驱动运行的机车。电力机车平均热效率比内燃机车高，它在提高铁路运输能力、合理利用资源、保护生态环境等方面，是铁路最理想的牵引动力。

电力机车按照传动方式分为直流传动电力机车、交流传动电力机车。直流传动电力机车又分为直流供电和交流供电两种。目前，采用交流供电直流传动的电力机车，典型机型是韶山系列电力机车；采用交流供电交流传动的电力机车，典型机型是和谐型系列电力机车。

(1)电力机车的工作原理

①交-直型电力机车

交-直型电力机车是靠其顶部升起的受电弓，从接触网上取得单相工频交流电，经牵引变压器降压，再经变流装置将交流电转换为直流电，供给直流牵引电动机，经齿轮传动装置牵引列车运行。

②交-直-交型电力机车

交-直-交型电力机车属于交流传动电力机车，由各种变流器供电，采用同步或异步电动机做牵引动力，有电压型、电流型两种基本结构。交-直-交变流器供电的异步电动机系统和交-交变流器供电的同步电动机系统的工作原理和特点如下：

a. 具有异步牵引电动机电力机车的工作原理。机车在工作时，受电弓将网压引入机车变压器一次侧绕组，经变压器二次侧绕组降压后，经整流电路将交流电转换为脉动直流电，经滤波器平滑脉动，经逆变器将直流电逆变为电压和频率可调的三相交流电，经平波电抗器，供给三相异步牵引电动机，实现牵引运行。

b. 具有同步牵引电动机电力机车的工作原理。同步电动机电力机车是一种交-交型电力机车，机车工作时，单相交流电由接触网经受电弓送入牵引变压器的高压绕组，经变压器降压后送入变频变流装置，变频变流装置将单相交流电转换为三相交流电，供给三相同步电动机，实现牵引运行。

与异步电动机电力机车相比，交流同步电动机电力机车没有中间环节，直接由变频变流装置将单相交流电变为三相交流电，因此结构简单，并能获得在工频电流下较宽的调频范围。但是，由于同步电动机仍有滑环和电刷装置，在结构、空间利用、维修等方面都不及异步电动机。

(2)电力机车的基本组成

电力机车的结构分为转向架、车体、司机室、机械间、车顶电器等部分，也可以说由机械部分、空气管路系统和电气部分组成。

①机械部分

电力机车机械部分主要由车体、走行部、车底架、车钩缓冲装置、制动装置等组成。

电力机车走行部也称转向架。电力机车转向架的每个轮轴上都安装有动力装置，称为动轴。

通常用轴式来表示电力机车走行部分的特征。

a. C_0-C_0

“C”代表数字 3，表示转向架有 3 根轮轴，下角标“0”表示每根轮轴都有驱动装置。C_0-C_0 表示该机车有两台完全相同的互不相连的转向架，机车有 6 根动轴，单独传动。

b. B_0-B_0-B_0

“B”代表数字 2，表示该机车由 3 个二轴转向架组成，6 根动轴，单独传动。

c. $2B_0$-B_0-B_0

$2B_0$-B_0-B_0 表示由两节机车连挂、每节机车由 2 个二轴转向架组成的 8 轴电力机车。

②空气管路系统

空气管路系统除了供给空气制动外，还要给受电弓、主断路器等电气设备的操作供给压缩空气。

电力机车空气管路系统按功能分为风源系统、控制气路、辅助气路和制动机四部分。风源系统主要由空气压缩机、压力调节器、总风缸及其连接管路组成，为制动机系统及全车气动器械供给稳定和洁净的压缩空气；控制气路主要由辅助空气压缩机、辅助风缸、控制风缸、换向阀、联锁阀及其连接管路组成，是用以供给全车气动电器的压缩空气以及用作安全保护措施；辅助气路主要由撒砂器、风喇叭、刮雨器及其连接附件、管路等组成，用以确保机车安全运行及改善性能；制动机主要由制动机的整套装置及其连接管路、电路等组成，由司机操纵制动机对列车实施减速、停车。

③电气部分

电气部分包括受电弓、牵引变压器、牵引电机、整流柜机组、辅助电机及司机控制器、接触器、继电器、转换开关、电空阀等。另外，电力机车上还装设有列车运行监控记录装置，客运机车上还加装轴温报警装置，以保证行车安全。

(3)电力机车的电气设备与电路

电力机车上的各种电气设备，分别装设在主电路、辅助电路和控制电路三大电路中。

①主电路

主电路将产生机车牵引力和制动力的各种电气设备连成一个系统，实现机车的功率传输。主电路中主要电气设备有受电弓、主断路器、主变压器、整流调压装置、电抗器、牵引电机和制动电阻等。

a. 受电弓

机车顶部一般装有两套单臂受电弓，受电弓紧压接触网导线滑行摩擦受流。机车运行时只需升起一套受电弓，另一受电弓作为备用。接触网上送来的 25 kV 工频单相交流电由此引入机车。

b. 主断路器

主断路器是机车的总电源开关和保护开关，用来接通或断开电力机车高压电路。当主电路发生短路、接地或整流调压电路、牵引电动机等设备发生故障时，它能自动切断机车电源，实现对机车上设备的保护。

c. 主变压器

主变压器又称牵引变压器。它把从接触网上取得的 25 kV 高压电降低为牵引电动机所适用的电压。变压器共有四个绕组，一个原边绕组接 25 kV 高压电，三个次边绕组，其中牵引绕组用来向牵引电动机供电，励磁绕组用在电阻制动时给电动机提供励磁电流，辅助绕组用来给机车的辅助电机供电。

d. 牵引电机

直流传动机车大多采用直流（脉流）串励电机作为牵引电机，交流传动机车均采用三相异步电动机做牵引电机。

三相异步电机的结构主要由定子和转子组成。定子铁芯中嵌有三相定子绕组，通入三相交流电，产生旋转磁场，旋转磁场切割笼型转子，在转子中产生电流，轴上输出电磁转矩，驱动电机旋转而实现牵引。

②辅助电路

辅助电路电源来自主变压器的辅助绕组，通过劈相机将单相交流电转变成三相交流电后，供给牵引通风机、油泵机组和空气压缩机等辅助电机使用。

③控制电路

控制电路将主电路和辅助电路中各电气设备的控制电器（包括各种控制开关、接触器、电空阀等）同电源、照明、信号等的控制装置连成一个电系统。

以上三个电路系统在电气方面一般是相互隔离的，但三者通过电磁、电空或机械传动等方式相互联系，配合动作，用低压电控制高压电，保证司机操作安全，实现机车安全运行。

（4）电力机车制动

制动就是“刹车”，当列车需要减速或停车，以及停放车辆防溜时均需要实施制动。对制动系统的要求是刹车有力，制动距离短，不擦伤轮对。

电力机车配备有空气制动和电气制动两套制动系统。

空气制动是用压缩空气推动闸瓦摩擦车轮踏面进行的制动。电力机车空气制动系统主要由电空制动控制器（俗称大闸）、空气制动阀（俗称小闸）、空气制动柜（各种阀及管路）、制动缸、基础制动装置、闸片等组成。司机操纵电空制动控制器可对全列车实施制动，操纵空气制动阀仅对机车实施制动。由于空气制动利用机械摩擦减速，因此，当列车高速实施空气制动时，机械摩擦产生的高温会使摩擦件变软，制动力下降而降低制动效果，所以空气制动一般作为辅助制动手段在低速时使用。

电气制动也叫动力制动，制动时将牵引电机变为发电机，使列车动能转化为电能，对这些电能的不同处理方式形成了不同方式的动力制动。司机通过操纵司机控制器，牵引电机由电动机转为发电机运行，车轴带动电动机的电枢旋转，产生一个与速度成比例的阻力阻止列车运行。电能被制动电阻变成热能逸散就称之为电阻制动，电能反馈回电网就称之为再生制动。电阻制动技术的优点是电路简单，主电路工作可靠、稳定，再生制动则经济性好。

二、车辆相关知识

铁路车辆是指铁路运输的运载工具，一般没有动力装置，需附挂于机车等动力设备运行。

（一）车辆的种类

铁路车辆按用途分为客车、货车及特种用途车三类。

1. 客车可分为运送旅客、为旅客服务和特殊用途的车辆三种。

(1)运送旅客的车辆包括：硬座车、软座车、硬卧车、软卧车、双层客车、简易客车、代用客车。

(2)为旅客服务的车辆包括：餐车、行李车。

(3)特种用途的车辆包括：邮政车、空调发电车、公务车、医疗车、卫生车、文教车。

2. 货车是供运输货物和为此服务的车辆，一般编组在货物列车中使用。货车类型很多，按用途可分为通用货车、专用货车。

(1)通用货车是适用于运输多种货物的车辆，如通用敞车、通用棚车、共用平车等。

①棚车是设有底架、侧墙、端墙及车顶和门、窗(或通风口)，可防止雨水进入，供运输各种需防止湿损、日晒或散失的货物(如布匹、粮食等)的铁路货车。棚车按结构不同可分为通用棚车、活顶棚车、活墙棚车等。

②平车是设有底架，通常两侧设有柱插，不设侧墙、端墙和车顶的铁路货车。部分车辆设有可活动向下翻倒的端门和侧门，大部分车辆的底架承载面为平形结构，也有少部分车辆的底架为凹形结构，用来装运钢材、机器、设备、集装箱、汽车、拖拉机等。设有可向下翻倒的活动矮侧墙和端墙的平车，可用来装运矿石、砂土等块粒状货物。

(2)专用货车是专门运输某一种类货物的车辆，如集装箱车、漏斗车、冷藏车、毒品车、小汽车运输专用车、长大货物车、罐车等。

3. 特种用途车是具有特殊用途的车辆。其中有试验车、发电车、检衡车、除雪车、救援车、维修车、轨道检查车等。

三、动车组相关知识

动车组是新型铁路运载工具，它是由动力车和拖车或全部由若干节动力车固定地连挂在一起组成的车组，现已成为铁路客运输的主要运输设备。除高速铁路城际客运、市郊客运运用的动车组外，城市中的地铁列车和轻轨电车也属于动车组范畴。

（一）动车组的分类

动车组中带有动力的车辆称为动力车，不带动力的车辆称为拖车，动车组两端都带有司机室，可在线路上往复运行。

动车组按牵引动力方式分为内燃动车组和电力动车组；按动力配置方式分为动力集中动车组和动力分散动车组；按各车辆之间的连接方式的不同则可分为独立(转向架)式动车组和铰接(转向架)式动车组。

动力集中动车组是指两端为动力车，或一端为动力车，另一端为控制车，中间为拖车的动车组，动车组两端均设有司机室。复兴号 CR200J 动车组是其代表。

动力分散动车组是指一定数量的动力车和拖车组成单元，若干单元再编组成车组，型号有“和谐号”CRH1 型、CRH2 型、CRH3 型、CRH5 型、CRH380A 型、CRH380B 型，“复兴号”CR400AF 型、CR400BF 型等。动力分散动车组配置有两种模式：一种是完全分散模式，即列车编组中的车辆全部为动力车；另一种是相对分散模式，即列车编组中大部分是动力车，小部分为无动力的拖车。动力分散动车组具有牵引功率大、最大轴重小、启动加速性能好、可靠性高、列车利用率高、编组灵活、运用成本低等诸多优点。

（二）动车组的特点

动车组集成了交流传动技术、复合制动技术、高速转向架技术、高强轻型材料与结构减阻降噪技术、密封技术、高速受电弓技术、现代控制与诊断技术等一系列当代高新技术，具有高速、高效、经济、灵活等特点。相对于传统的机车车辆牵引模式，动车组在旅客运输方面有着很突出的优点。

动车组列车在运行中是固定编组，在车站需要折返或换向运行时无须摘挂机车，可以节约停站时间，提高列车使用效率，减少车站咽喉作业能力的压力。动车组采用轻量化设计，轴重低，加速度设置大，在显著提高列车的运行速度和运输效率的同时却不过分增加工务部门对线路维修养护工作的负担。密接式、半永久式车钩的使用也减少了动车运行的纵向冲动，同时也降低了噪声和振动的影响，从而提高了旅行舒适度。动车组多采用电空联合制动，制动空走时间短，制动减速度大，制动距离短，制动方式灵活，可以在短时间内反复缓解制动，也可以阶段制动阶段缓解，在保证安全的前提下，可明显提高行车密度，提高整个铁路网的运输能力。

第三节　铁路工务线路一般知识

铁路工务段是铁路系统的重要单位之一，专门负责铁路线路及相关设备保养与维修，包括桥梁、隧道、涵洞、路基、钢轨、道岔、轨枕、道砟等大、中维修和养护工作定期维护。另外铁路巡道、铁路道口的看守，都属于工务段职责范围，多以大型机械作业为主。

轨道在机车车辆动力作用下，在风、沙、雨、雪和温度变化等自然条件的侵袭下，逐渐产生各种变形或损坏，以致发生病害。如钢轨磨损，轨枕腐朽、损坏，道床脏污，路基松软、下沉、翻浆，轨道爬行以及轨道几何超限等，从而削弱了轨道的强度和稳定性，影响列车高速、平稳运行，甚至威胁行车安全。因此，为了确保列车能按规定速度安全、平稳、不间断地运行，延长线路的使用寿命，必须加强线路的修理，保证线路设备经常处于完好状态，这是铁路工务部门的基本任务。

线路设备修理分为线路设备大修和维修。线路设备修理采用周期修与状态修相结合。线路设备大修以周期修为主，线路设备维修以状态修为主。线路设备修理应贯彻“修理标准与线路等级匹配、投入产出经济合理”理念，实行线路分级管理。优化劳动组织，实行检、养、修分开，大力推进检测、修理专业化建设；积极推行工务、电务、供电等专业日常维修一体化管理，促进专业管理和综合管理融合。全面实行天窗修制度，铁路局集团公司应安排足够数量的天窗，以满足线路设备修理的需要。大力推广集中修，各项施工、维修作业采用平行作业的方式，综合利用天窗。积极推行施工作业机械化，采用新技术、新设备、新材料、新工艺，改善劳动条件，提高作业效率，保证作业质量。

一、线路设备大修

线路设备大修是为全面恢复和提高线路设备固有可靠度而对线路进行大规模的修理。

应按照“运营条件匹配、轨道结构等强、修理周期合理、线路质量均衡”和“全面规划、适度超前、区段配套”原则，根据运输需要及线路设备变化规律，及时对线路设备进行更新和修理，恢复和提高线路设备强度。线路设备大修项目原则上应按周期安排，并可根据设备状态评价结果合理调整。线路设备大修应由专业大修设计、施工队伍承担。

根据线路设备各部件状态变化规律的不同，线路设备大修可分为钢轨大修、道岔大修、轨枕大修、道床大修、线路中修、扣件大修、道口大修、其他大修(以上未涵盖的线路设备大修项目列为其他大修)。

二、线路设备维修

线路设备维修是根据线路设备变化规律，维持列车以规定速度安全和不间断地运行，而对线路进行的日常维护和小规模修理。线路设备维修应坚持“预防为主、防治结合、修养并重、严检慎修”原则，根据线路设备变化规律，合理安排计划维修与临时补修，有效预防和整治线路病害，有计划地补偿线路设备损耗，保持线路设备完整和质量均衡，延长设备使用寿命，以取得较好的技术经济效益。线路设备维修项目原则上按状态评价结果进行合理安排。线路设备维修分为计划维修与临时补修。

1. 计划维修

计划维修指根据线路及其各部件的变化规律，依据维修周期，结合设备状态评价，以大型养路机械为主要作业手段，全面调整和改善轨道空间线形线位，消除轨道结构病害，恢复道床弹性，更换失效轨枕和联结零件，调整轨道几何尺寸，消除钢轨轨头病害，达到钢轨目标廓形，以及其他各结构部件的修理等为主要内容的单项或多项修理，以恢复线路完好技术状态。

2. 临时补修

临时补修指以小型养路机械为主要作业手段，对轨道几何不平顺超过临时补修容许偏差管理值及其他不良处所进行的临时性整修，以保证行车安全和平稳。

第四节 铁路信号一般知识

铁路信号是保证行车安全、提高区间和车站通过能力以及解编能力的手动控制、自动控制和远程控制技术的总称。它是计算机技术、现代通信技术和自动控制技术在铁路运输生产过程中的具体应用，是铁路运输的“中枢神经”，是铁路现代化的重要标志之一。

铁路信号是在行车工作中，对乘务人员与行车有关人员指示运行条件而规定的物理特征符号，即指示列车运行及调车作业的命令。铁路信号设备是保证行车安全，提高运输效率，改善行车组织方式，提升运营管理水平的关键设施。

铁路信号系统通常由车站联锁设备、列车运行安全防护设备、远程调度设备、信号检测及监测设备、数据传输网络、信号电源及信号基础设备等组成。

铁路信号基础设备是铁路信号系统的重要组成部分，主要包括信号装置、转辙设备、开关按钮及继电器、轨道状态检查装置、应答器等。

信号装置一般分为信号机和信号表示器两类。

1. 信号机

信号机是表达固定信号显示所用的器具，按类型分为臂板信号机、色灯信号机和机车信号机三种，按用途分为进站、出站、通过、进路、预告、接近、遮断、驼峰、驼峰辅助、复示、调车信号机。

(1)臂板信号机

臂板信号机是固定信号机的一种，其白天用臂板的不同位置，夜间用不同颜色的灯光显示信号。按每一信号机上装设臂板的数目来划分，臂板信号机分为单臂板信号机、双臂板信号机和三臂板信号机。三臂板进站信号机有三块臂板，上面的叫主臂板，中间的叫通过臂板，下面的叫辅助臂板。

臂板信号机操作烦琐，效率低，可靠性差，也不利于实现自动化。目前主要采用色灯信号机。

(2)色灯信号机

色灯信号机现多采用透镜式色灯信号机。为提高显示距离，透镜式色灯信号机后又发展为组合式色灯信号机。现以透镜式色灯信号机为例说明色灯信号机的结构和机构。

①透镜式色灯信号机的类型和结构

透镜式色灯信号机有高柱和矮型两种类型，高柱信号机的机构安装在钢筋混凝土信号机柱上，矮型信号机的机构安装在信号机基础上。

高柱透镜式色灯信号机由机柱、机构、托架、梯子等部分组成。机柱用于安装机构和梯子。机构的每个灯位配备有相应的透镜组和单独点亮的灯泡，给出信号显示。托架用来将机构固定在机柱上，每一机构需上、下托架各一个。梯子用于信号维修人员攀登及作业。

矮型透镜式色灯信号机用螺栓固定在信号机基础上，没有托架，更不需要梯子。

高柱和矮型透镜式色灯信号机又各有单机构和双机构之分。单机构只有一个机构，色灯信号机可构成二显示、三显示和单显示信号机，如单机构二显示信号机。双机构色灯信号机可构成四显示、五显示，如双机构五显示信号机。各种信号机根据需要还可以分别带引导信号机构、容许信号机构或进路表示器。

②透镜式色灯信号机的机构

透镜式色灯信号机的每个灯位由灯泡、灯座、透镜组、遮檐和背板等组成。

灯泡是色灯信号机的光源，采用直双丝铁路信号灯泡。灯座用来安放灯泡，采用定焦盘式灯座，在调整好透镜组焦点后固定灯座，更换灯泡时无须再调整。透镜组装在镜架框上，由两块带棱的凸透镜组成，里面是有色带棱外凸透镜(可有红、黄、绿、蓝、月白、无色六种颜色)，外面是无色带棱内凸透镜；两块透镜组成光学系统，利用光的折射和反射原理，将光源发出的光线集中射向所需要的方向，以增强该方向上的光强。这样，就能满足信号显示距离远而且具有很好的方向性的要求。信号机灯光显示的颜色取决于有色透镜，可根据需要选用。遮檐用来防止阳光等光线直射时产生错误的幻影显示。背板是黑色的，构成较暗的背景，可衬托信号灯光的亮度，改善瞭望条件，只有高柱信号机才有背板，一般信号机采用圆形背板。各种复示信号机、遮断信号机及其预告信号机、容许信号机则采用方形背板，以示区别。

(3)机车信号机

机车信号机装在司机室内,显示与线路上列车接近的地面信号机的显示含义相符,保证了行车安全,提高了运行效率,也改善了司机的工作条件。机车信号主机是处理机车从地面上接收到的信号处理的主要部件,通过主机板解码由接收线圈从钢轨上接收到的移频信号,对应显示在机车信号机相应灯位上,向司机提供运行前方地面信号机显示。

目前采用的机车信号分为接近连续式和连续式两种。

①接近连续式

接近连续式机车信号用于非自动闭塞区段。自列车进入接近区段轨道电路上时起,发送装置就连续不断地向机车上传送地面信号的信息,使机车信号机连续复示进站信号机的显示。

②连续式

连续式机车信号用于自动闭塞区段,装在机车上的接收线圈器能够连续接收到地面轨道电路的信息,经过解码使机车信号机不断地显示与前方地面信号机相同的信号。

2. 信号表示器

信号表示器是对行车人员传达行车或调车意图,或对信号进行某些补充说明所用的器具,按用途分为道岔、脱轨、进路、发车、发车线路、调车及车挡表示器。

第五节　铁路通信一般知识

铁路通信是指根据满足铁路运输生产和经营管理需要,为准确、及时、可靠传送相关信息而建设运用的通信系统的总称。铁路通信网是铁路的重要基础设施,满足铁路运输生产和经营管理需要,在保障铁路运输安全、提高生产管理效率、提升经济效益和社会效益、服务铁路改革和推动铁路高质量发展等方面发挥着重要作用。铁路通信网主要包括承载网、业务网和支撑网。

通常在铁路枢纽设通信站,在铁路沿线车站设通信机房,在沿线区间设置相关通信设施。以上设备设施作为通信节点,通过接入网(光纤、电缆等)实现延伸覆盖,接入用户(包括终端和系统)并为其提供所需的通信业务。

一、铁路通信的特点

铁路通信具有高可靠、广覆盖、多业务和技术快速迭代等特点。

(一)高可靠

与公众通信相比,铁路通信具有更高的可靠性。铁路通信最主要的任务之一是实现列车与调度员(或车站值班员)之间的通信,及时交互行车信息以保证列车运行安全和效率。

此外,列车运行控制系统,列车调度指挥系统,电子客票、货票系统等生产系统以及铁路自然灾害及异物侵限监测系统,地震预警系统等与铁路行车安全有关的监测系统对可靠性和及时性有很高的要求。通信网络作为上述系统重要组成部分,其可靠性必须与其所承载业务系统的可靠性要求相匹配。

铁路通信可靠性要求还体现在业务开通时限和故障修复时限两方面。一是铁路通信业务需求较为急迫,往往要求在短时间内提供;二是铁路通信业务发生阻断时,要求在尽可能短的时间内恢复业务。铁路通信业务开通时限和故障修复时限的要求远远高于公众通信服务标准。

（二）广覆盖

铁路点多线长，调度车务、机务车辆、工电供电等专业生产岗点分布在沿线车站、区间，铁路各级经营管理机构分布在市、区、县、乡镇。为满足上述各生产岗点、经营管理场所等对铁路通信业务的需要，相关处所均设有铁路通信设施。日常使用的桌面办公电话、手持电台、视讯会议终端、GSM-R 手持终端，以及动车组、机车和自轮运转车辆上普遍装备的机车综合无线通信设备（CIR），都属于铁路通信设备。各类联网的办公电脑、监测终端和控制终端，都离不开通信网络的有力支撑。可以说，除了面对面的直接交流沟通（语音听觉、肢体视觉等）以外，远程实时的信息交流都离不开通信网络。

（三）多业务

为适应铁路运输生产和经营管理需要，铁路通信提供了多种多样的通信业务。按照使用对象分为直接面向用户（人）的业务以及面向系统的铁路通信业务。直接面向用户（人）的铁路通信业务，主要包括语音通信（办公电话、调度电话）、视频会议、图像监控等；面向系统的铁路通信业务，主要是专线电路、网络接入等承载型业务。按照业务接入所用的信道类型划分，既有有线（固定）通信业务，也有无线（移动）通信业务。

（四）技术快速迭代

铁路改革发展对通信的需求牵引、信息通信技术进步带来的推动，使得铁路通信快速发展。从 20 世纪 90 年代初到 2005 年左右，铁路通信基本实现了光纤传输、程控交换。从 2005 年至现在，铁路数据通信网和专用移动通信得到推广应用，高速铁路已全面部署运用铁路数字移动通信系统（GSM-R），覆盖全路的骨干光传送网（OTN）、骨干数据网以及铁路局集团公司管内通信网络陆续建成投产，以通信光缆为主的接入网已基本覆盖各个作业岗点、生产管理岗位。铁路视频监控从无到有发展迅猛，视讯会议已走进车间班组提供普遍服务，一批铁路通信新业务、新技术、新装备得到推广应用。

需要指出的是，当前铁路数字移动通信系统（GSM-R）属于第二代移动通信（2G），与公众电信 2014 年 4G 商用、2019 年 5G 商用相比，技术代差明显。由此导致两个问题：一是 2G 难以满足铁路对移动数据传送的需求，二是 2G 产业链维系困难、技术支撑能力日渐薄弱。对此问题国铁集团高度重视，正在加紧开展铁路下一代移动通信的研究工作。

二、铁路通信业务的分类

铁路通信业务是指铁路运输生产和经营管理等活动中所使用的通信业务，主要包括语音通信业务、图像通信业务、数据通信业务、铁路电报业务和其他通信业务。

（一）语音通信业务

语音通信业务包括普通电话业务、专用电话业务、会议电话业务和广播业务。

1. 普通电话业务

普通电话业务是指在铁路运输生产、指挥中所使用的公众电话业务。普通电话具有公众性，普通电话用户分固定用户和移动用户两类。普通电话业务包括固定电话业务、移动电话业务和电话查号/接转业务。

2. 专用电话业务

专用电话业务是指专门用于铁路运输生产和经营管理的电话业务。专用电话系统具有相对独立性，专用电话用户分固定用户和移动用户两类。专用电话业务包括调度电话业务、车站(场)电话业务、站间行车电话业务和其他专用电话业务。

(1)调度电话业务是指调度员与其所管辖区内有关运输生产作业人员之间业务联系使用的专用电话业务，可通过有线调度通信系统、铁路移动通信系统实现。按照业务使用者的不同，调度通信分为列车调度、牵引供电调度、货运调度、客运调度、机车调度、车辆调度、动车调度、综合维修调度、工务调度、电务调度以及其他调度电话业务。

(2)车站(场)电话业务是指铁路车站(场)内进行作业指挥和业务联系的专用电话业务，包括固定电话和移动电话。根据使用者的不同，车站(场)电话分为车站值班员电话、站场调度电话、扳道(清扫)电话、调车电话、货运电话、列检电话、车号电话、货检电话和其他车站(场)电话。

(3)站间行车电话业务是指相邻车站(场)值班员之间办理行车等事宜而使用的专用直通电话业务。

(4)其他专用电话业务包括桥隧守护电话、区间电话、隧道应急电话、道口电话、列车乘务电话等。

3. 会议电话业务

会议电话业务是指通过会议汇接设备或者电话网，把铁路内部两点以上的多点会议电话终端连接起来，实现多点间实时双向语音通信的业务。

4. 广播业务

广播业务分为车站客运广播和旅客列车广播，为单向通信业务。

(1)车站客运广播是指客运站为客运部门指挥工作人员进行客运作业和对旅客通告乘车有关事项而使用的广播通信业务。

(2)旅客列车广播是指在旅客列车上，对旅客通告乘车有关事项及播送时事、文艺节目等使用的广播通信业务。

(二)图像通信业务

图像通信业务包括视频监控业务和视频会议业务。

1. 视频监控业务

铁路视频监控系统是铁路运输指挥、生产作业和治安防范的重要设施，分为综合视频监控系统和专业视频监控系统。铁路综合视频监控系统为调度(车务)、客货运、机务、车辆、工务、电务、供电和公安等专业用户提供服务。

2. 视频会议业务

视频会议业务是采用图像、语音压缩技术，利用视频会议通信设备和通信网络，在两点或多点间实时传送活动图像、语音、应用数据(电子白板、图形)等信息的通信业务。

(三)数据通信业务

数据通信业务包括数据传送业务和数据终端业务两类。

1. 数据传送业务

通过铁路传输网(含光纤)、数据网为各类应用系统组网提供电路、VPN 等传送通道。

各类应用系统包括列车运行控制、CTC/TDCS、信号集中监测、列车安全监控、电力远动、防灾安全监控、环境监测、安全管理信息、客票、旅客服务信息、货物运输管理、货运服务、计划调度管理、人力资源管理、车辆管理、办公自动化、其他运输生产、经营管理信息系统。

2. 数据终端业务

数据终端业务是通过通信网络及其终端设备，向用户提供应用层功能的数据通信业务。数据终端业务包括列车调度命令无线传送、列车进路预告信息传送、车次号校核信息无线传送、列车尾部风压信息传送、列车防护报警、道口报警和其他数据终端业务。

（四）铁路电报业务

铁路电报业务是为处理铁路公务而使用的一种公文传递业务。

（五）其他通信业务

其他通信业务包括应急通信业务、战备通信业务和时间同步业务三类。

1. 应急通信业务

应急通信业务是指在发生行车事故及自然灾害等突发情况下，为确保实时救援指挥，在事件现场与应急中心之间、各相关应急中心之间以及现场内部进行的语音、数据和图像传输业务。

2. 战备通信业务

战备通信业务是指在战时和突发事件时，通过各种通信设施，采用有线通信、无线通信等多种手段，确保各部门通信畅通的业务。

3. 时间同步业务

时间同步业务是指通过接受源自地面时间输入信号或卫星定位系统的时间同步信号，采用自守时和时间跟踪的方式，实现时间的同步，并为各种通信设备或其他应用系统设备提供不同精度的时间同步信号的业务。

第六节　铁路行车一般知识

铁路行车组织是铁路运输组织的重要组成部分，是铁路综合运用各种技术设备、合理组织列车运行、实现旅客和货物运输过程的计划和组织工作。

一、行车组织原则

1. 行车组织基本原则

铁路行车组织工作，必须贯彻安全生产的方针，坚持高度集中、统一领导的原则。运输、机务、车辆、工务、电务、供电、信息、房建等部门要发扬协作精神，主动配合，紧密联系，协同动作，不断提高效率，挖掘运输潜力，完成和超额完成运输任务。

2. 列车运行图

列车运行图是铁路行车组织工作的基础。所有与列车运行有关的铁路各部门，必须按列车运行图的要求，组织本部门的工作，以保证列车按运行图运行。机车周转图应与列车运行图同时编制。

3. 调度集中系统

调度集中系统应具备分散自律控制和非常站控两种模式。分散自律控制模式分为中心操作方式、车站调车操作方式和车站操作方式。

4. 行车工作原则

行车工作必须坚持集中领导、统一指挥、逐级负责的原则。铁路局集团公司与铁路局集团公司间由国铁集团、铁路局集团公司管内各区段间由铁路局集团公司、一个调度区段内由本区段列车调度员统一指挥。

高速铁路列车调度台原则上应独立设置。高速铁路与普速铁路间联络线的行车调度指挥原则上纳入高速铁路调度指挥。

集控站由该区段列车调度员直接指挥。转为车站控制时，根据列车调度员指示，由车站值班员指挥。非集控站由车站值班员统一指挥。

列车和单机由司机负责指挥。列车或单机在车站时，所有乘务人员应按列车调度员（车站控制时为车站值班员）的指挥进行工作。

司机等相关人员应直接向列车调度员报告有关行车工作；在非集控站及转为车站控制的集控站，应向车站值班员报告。

二、列车的编组

（一）列车的定义、分类、车次及运行等级顺序

1. 列车的定义

列车是指编成的车列并挂有机车及规定的列车标志。单机（包括单机挂车）、大型养路机械及重型轨道车虽未完全具备列车条件，亦按列车办理。

列车必须具备三个条件：按有关规定编成的车列；挂有牵引本次列车的机车；有规定的列车标志。动车组列车为自走行固定编组列车。

2. 列车按运输性质的分类

（1）旅客列车（动车组列车，特快、快速、普通旅客列车等）；

（2）特快货物班列；

（3）军用列车；

（4）货物列车（快速货物班列、快运、重载、直达、直通、冷藏、自备车、区段、摘挂、超限及运转列车等）；

（5）路用列车。

3. 列车的车次

为便于计划安排和具体掌握列车运行情况，各类列车均应有固定车次。这样，就可以从不同的车次辨别该次列车的种类、等级和运行方向。

列车运行原则上以开往北京方向为上行，车次编为双数；相反方向为下行，车次编为单数。在铁路支线上，一般由连接干线的车站开往支线的方向为下行，相反方向为上行。在个别区间使用直通车次时，可与上述规定方向不符。

为确保旅客列车车次全路唯一性，各铁路局集团公司管内列车车次不足时，需向国铁集团申请车次，不得自行确定车次。

4. 列车运行等级顺序

列车运行等级顺序原则上按速度等级从高到低排序，同速度等级的列车原则上按以下等级顺序排序：

(1)动车组列车：固定编组，运行速度和行车要求比其他列车高。

(2)特快旅客列车：一般运行于大城市之间，停站少且旅行速度快，最高运行时速达到160 km。

(3)特快货物班列：使用最高允许时速达到160 km的机车和行邮车底，按特快旅客列车运行标尺运行。

(4)快速旅客列车：一般运行于大中城市之间，停站较少且旅行速度较快，最高运行时速为120～160 km。

(5)普通旅客列车：一般运行于城乡之间，停站较多，方便各地群众乘降，最高运行时速不超过120 km。

(6)军用列车：运送军事人员及军用物资的专用列车。

(7)货物列车：运送铁路承运的各类货物。

(8)路用列车。

由于自然灾害、设备故障或铁路交通事故等原因，须开往现场救援、抢修、抢救的列车，包括救援机车和除雪机等，应优先办理，不受列车等级的限制。

（二）各类列车的编组

1. 旅客列车的编组

动车组以外的旅客列车按列车编组表编组，机车后第一位编挂一辆未搭乘旅客的车辆作为隔离车。行李车、邮政车、发电车等非乘坐旅客的车辆应分别挂于机车后第一位和列车尾部，起隔离作用。在装设集中联锁的区段，并设有列车运行监控记录装置时，旅客列车可不挂隔离车。如隔离车在途中发生故障摘下时，可无隔离车继续运行。铁路局集团公司管内旅客列车经铁路局集团公司主要领导批准，可不隔离。

2. 货物列车的编组

铁路行车组织需要解决的重要问题，就是正确地组织重空车流及合理地将规定车辆编入相应列车向目的地运送。车流组织是根据车流流向不同、流量大小、流程远近、设备条件不同、作业性质与能力的差异，将发、到站各不相同的重车流及不同车种的空车流合理地组织起来，在适当的地点编组成各种不同去向和种类的列车。铁路要制定货物列车编组计划，使全路编组的列车互相配合、互相衔接，成为统一的整体，保证各站产生的车流都能迅速而经济地运送到目的地。

货物列车编组计划是全路车流组织计划，由装车地直达列车编组方案和技术站列车编组方案两大部分组成。它根据全路车流结构、各站设备能力和作业条件，统一安排全路各站的解编作业任务，具体规定全路各货运站、编组站和区段站编组货物列车的种类、到站及车组编挂办法。

货物列车应按照列车编组计划、列车运行图和《铁路技术管理规程》等的有关规定进行编组。

(1)编入货物列车的车辆去向、车辆编挂方法等应符合列车编组计划的规定。

(2)货物列车的质量和计长应符合列车运行图的规定(摘挂列车除外)。未经有关部门批准,车站不准发出欠轴、超重和超长列车。

(3)编入货物列车中的车辆技术条件、装载危险货物车辆的隔离、关门车的编挂、机车编入列车的条件等,均应符合《铁路技术管理规程》的规定。

第七节　与各单位设备接口知识

铁路接引供电局的各类高、低压电源线路(专盘专线或T接回路),以双方签订的供用电协议及调度协议上所列设备分界点为准。

一、分　　界

原则上按《铁路电力管理规则》(铁运〔1999〕103号)有关规定进行分界。

(一)房建照明

1. 凡房建部门管理维护的房屋,室内照明线路设备(配线、灯头、开关及插座)由房建部门管理维护。房屋内单独设置的照明配电箱(盘)由房建部门管理维护。霓虹灯、灯泡、日光灯具、专用生产作业照明、应急照明、事故照明、节日装饰照明、客运站台电铃、文化宫(俱乐部)的舞台配光、电扇及配线、客运引导系统揭示牌及配线、烟火报警装置、36 V及以下的配电设施等由使用单位管理维护。装于建筑物上的电线路和灯具,由使用单位管理维护。日常锁闭管理由使用单位负责。

2. 凡装有灯塔、灯桥、灯柱(不含路灯)的车站、站场及机务、车辆、客运等单位整备作业场所,其照明灯具(含配件)及电线路,使用单位提供配件,由管辖车间管理维护。其中,沿线中间站站台照明钢杆灯(含控制箱)由设备使用单位管理维护。

3. 广场或站坪灯柱、灯桥等属铁路产权且由铁路供电的室外照明,由供电部门管理维护。大型建筑物门廊外的装饰灯,由使用单位管理维护。

(二)供电设备

1. 分界原则

(1)凡为运营铁路设置的供电设备,由管辖车间管理维护;用电设备及装设于建(构)筑物的电气设备,由使用单位管理维护。有特殊规定的按相关规定办理。

(2)电源引入建(构)筑物的,以引入该建(构)筑物第一横担或第一配电箱(柜)为分界点。分界点至电源侧供电设备由管辖车间管理维护,分界点至负荷侧用电设备由使用单位管理维护。

(3)由市政供电的,按协议执行。

2. 集团公司办公楼供电电源

(1)室外电力线路、箱式变电站、低压配电室及室内动力配线、封闭母线由供电部门管理维护,以引入各使用单位室内第一个配电箱(柜)上端子分界,配电箱(柜)上端子以外(不含端子)由管辖车间管理维护,配电箱(柜)(含上端子)至用电单位设备的配线及设备由使用单位管理维护。

(2)安全监控、消防系统(含消防广播、气体灭火设备、火灾自动报警设施等)及相应配电箱(柜)等非动力用电设备均由机关服务所维护管理,以低压配电室内配电柜馈出开关下端子分界,低压配电室室内配电柜馈出开关下端子(含端子)以上由管辖车间维护管理,馈出开关下端子至用户端非动力线路及设备由机关服务所管理维护。

3. 电务部门供电电源

(1)调度系统信号电源室、室外电力线路、箱式变电站、低压配电室及室内动力配线、封闭母线由管辖车间管理维护,以引入信号电源室室内第一个配电箱(柜)上端子分界,配电箱(柜)上端子以外(不含上端子)由管辖车间管理维护,配电箱(柜)(含上端子)以内由电务部门管理维护。

(2)光纤直放站电源、通信机房电源、地面语音系统电源、无线列调电源、中继站电源以用电方室内或杆上第一个配电箱上端子分界,端子以上至电源侧由管辖车间管理维护,端子(含配电箱)及以下负荷侧设备由电务部门管理维护。

(3)在电务专用房屋中,引入通信、信号机械室内电源线,以机械室内配电箱内第一开关引入线端子分界,引入线端子及以下(含配电箱)至机械室由电务部门管理维护,引入线端子以上由管辖车间管理维护。

(4)信号楼供电电源以室内配电箱中开关引入线的端子分界,引入线端子电源电缆(含电度表)由管辖车间管理维护,引入线端子(含开关、配电箱)及负荷侧由使用单位管理维护。

4. 车务部门供电电源

铁路货车装载视频监视系统、超限检测系统电源,货运内勤微机电源,车站客票、货票微机电源,轨道衡、可控停车器、到发线防溜设备电源,以室内第一配电箱(柜)上端子分界,端子以上电源侧由管辖车间管理维护,端子及以下负荷侧设备(含配电箱)由使用部门管理维护。

5. 车辆部门供电电源

(1)客车整备地面电源设备。地面电源输入电压为 AC 380 V、DC 600 V 客车直供电系统,以 AC 380 V、DC 600 V 箱变引入端子分界,端子以上电源侧由管辖车间管理维护,端子及以下负荷侧由车辆部门管理维护。

(2)车辆红外线轴温探测、货车图像动态检测等 5T 系统、车号识别系统(AEI)以电力外线形式电缆引入配电箱端子为界,端子以上电源侧由管辖车间管理维护,端子及以下负荷侧设备(含配电箱)由车辆部门管理维护。

6. 大桥、天桥、隧道、地下通道、风雨棚等建(构)筑物的用电设备

位于大桥、天桥、隧道、地下通道、风雨棚等建(构)筑物用电处所应设独立电源配电箱(开关箱),以引入该建(构)筑物的第一个配电箱(开关箱)上端子分界,端子以上电源侧由管辖车间管理维护,端子(含配电箱、开关箱)及以下负荷侧电力设备配线及用电设备、照明设备和避雷设备,由设备使用单位管理维护。

7. 维管单位牵引供电电源

(1)供牵引变电所、开闭所、分区所的自用电电源以“T”接贯通线电杆上跌落开关上端子分界,端子以上电源侧由管辖车间管理维护,端子及以下负荷侧设备(含电缆、变压器)由设备使用单位管理维护。

(2)供接触网工区的电源以接触网工区专用变压器的二次侧端子分界,二次端子、电源侧(含变压器)及二次侧计量设备由管辖车间管理维护,二次端子以下负荷侧设备由设备使用单位管理维护。

(3)牵引变电所动力变压器,以牵引变电所动力变压器二次侧电缆头分界、电缆连接端子、连接线夹由变电所设备管理单位管理维护,电缆头及以下由使用车间管理维护。

(4)接触网电动隔离开关、故障智能切除装置、电动隔离开关户外监控盘等操作(控制)电源以控制箱(盘、柜)内电缆引入端子分界,端子及以下设备由使用部门管理维护,端子以上设备由管辖车间管理维护。

8. 工务、电务部门供电电源

(1)隧道内工务检修电源线和电务无线直放站、分布式基站备用电源线由管辖车间管理维护。

(2)以工务插座箱进线总开关上端头为界,以下部分由工务部门管理维护。

(3)以无线直放站或分布式基站最近的配电箱进线总开关上端头为界,以下部分由电务部门管理维护。

9. 空气源热泵供电设备分界

由室外箱变(变台)供电时,以室外箱变(变台)馈出低压电缆末端接线端子为分界点,分界点(不含)至电源侧供电设备由管辖车间管理维护,分界点(含)至负荷侧用电设备由用电单位或该主体结构的产权单位管理维护。由管辖车间的变电厅(低压室)低压配电柜供电时,以管辖车间的变电厅(低压室)低压配电柜出线端子为分界点,分界点(含)至电源侧供电设备由管辖车间管理维护,分界点(不含)至负荷侧用电设备由用电单位或主体结构的产权单位管理维护。

(三)工电设备

线路、桥梁、隧道电力电缆与信号或通信电(光)缆同径路时电缆沟(槽)、盖板等分界。

1. 信号电缆、电力电缆或通信电(光)缆独立设置的电缆沟(槽)或盖板由本专业设备管辖车间管理维护。

2. 当信号电缆与电力电缆、通信电(光)缆同沟(槽)、同电缆井时,电缆沟(槽)及盖板、井盖的维护工作由电务部门负责。当电力电缆与通信电(光)缆同沟(槽)时,电缆沟(槽)及盖板等的维护工作由管辖车间管理维护。

3. 当信号电缆与电力电缆、通信电(光)缆同沟、不同槽、同盖板时,槽的维护由各专业分别负责,电缆沟及盖板的维护工作由电务部门负责。

4. 当电力电缆与通信电(光)缆同沟、不同槽、同盖板时,槽的维护由各专业分别负责,电缆沟及盖板的维护工作由管辖车间负责。

5. 检查维护电(光)缆时造成盖板、井盖损坏,由损坏单位修复。

6. 在桥梁人行道托架等部位上新增的支撑电(光)缆槽钢结构及紧固件由电(光)缆所属部门管理维护。

(四)其他设备

1. 道岔融雪设备

(1)以道岔融雪装置室外电气控制箱引入电源端子分界,端子以上部分由管辖车间管理维护，端子及以下（含控制箱）部分由电务部门管理维护。

(2)运转室道岔融雪装置控制柜以引入电源端子分界，以上部分由管辖车间管理维护，以下（含端子）部分由电务部门管理维护。

(3)运转室道岔融雪装置控制柜、室外电气控制柜、隔离变压器箱、接线盒、轨温传感器、加热元件、卡具及相应缆线等由电务部门管理维护。

2. 上跨铁路电气化区段构筑物

非路产上跨铁路的电力线路及附属设施由设备产权单位负责管理，铁路供电部门负责上跨铁路电力线及支撑线杆的监督检查；路产电力线及附属设施由管辖车间管理维护。

复习思考题

1. 铁路供电系统分为哪两部分？
2. 牵引网是由哪几部分构成的？
3. 什么是回流线？
4. 简要陈述什么是分区所？
5. 简要陈述什么是开闭所？
6. 与电务部门的分界是什么？
7. 与车辆部门的分界是什么？
8. 与车务部门的分界是什么？
9. 与维管部门牵引供电的分界是什么？
10. 与工务部门的分界是什么？
11. 铁路车辆按用途分为哪几类？分别是什么？
12. 铁路通信的特点是什么？
13. 铁路通信业务分为哪几类？
14. 行车组织的基本原则是什么？
15. 列车按运输性质分为哪几类？